Theologie im Umbruch der Moderne

T V Z

Christentum und Kultur

Basler Studien zu Theologie und Kulturwissenschaft des Christentums

Herausgegeben von

Albrecht Grözinger, Georg Pfleiderer und Ekkehard W. Stegemann

---

I	«Gelebte Religion» als Programmbegriff Systematischer und Praktischer Theologie
II	Protestantische Kirche und moderne Gesellschaft. Zur Interdependenz von Ekklesiologie und Gesellschaft in der Neuzeit
III	Politische Religion. Geschichte und Gegenwart eines Problemfeldes
IV	Christlicher Wahrheitsanspruch – historische Relativität. Auseinandersetzungen mit Ernst Troeltschs Absolutheitsschrift im Kontext heutiger Religionstheologie
V	Religion und Respekt. Beiträge zu einem spannungsreichen Verhältnis
VI	Körper – Kulte. Wahrnehmungen von Leiblichkeit in Theologie, Religions- und Kulturwissenschaften
VII	David Plüss, Gottesdienst als Textinszenierung. Perspektiven einer performativen Ästhetik des Gottesdienstes
VIII	Religion und Ethik als Organisationen – eine Quadratur des Kreises?
IX	Wirtschaft und Wertekultur(en). Zur Aktualität von Max Webers ‹Protestantischer Ethik›
X	Protestantisches Ethos und moderne Kultur. Zur Aktualität von Ernst Troeltschs Protestantismusschrift
XI	Im Auge des Flaneurs. Fundstücke zur religiösen Lebenskunst
XII	Rudolf Otto – Religion und Subjekt
XIII	Erfassen – Deuten – Urteilen. Empirische Zugänge zur Religionsforschung
XIV	Lucius Kratzert, Theologie zwischen Gesellschaft und Kirche. Zur nationalen Prägung von Gesellschaftslehren deutscher und schweizerischer Theologen im 20. Jahrhundert
XV	Theologie im Umbruch der Moderne

Georg Pfleiderer, Harald Matern (Hg.)

Theologie im Umbruch der Moderne

Karl Barths frühe Dialektische Theologie

T V Z

Theologischer Verlag Zürich

Publiziert mit Unterstützung des Schweizerischen Nationalfonds zur Förderung wissenschaftlicher Forschung.

Die Deutsche Bibliothek – Bibliografische Einheitsaufnahme
Die Deutsche Bibliothek verzeichnet diese Publikation in der Deutschen Nationalbibliografie; detaillierte bibliografische Daten sind im Internet über http://dnb.ddb.de abrufbar.

Umschlaggestaltung
Simone Ackermann, Zürich

Druck
ROSCH-BUCH, Scheßlitz

ISBN 978-3-290-17755-3

www.tvz-verlag.ch

Inhaltsverzeichnis

Dialektische Theologie als Theologie der Krisen der Moderne. Einleitung in den Band

Georg Pfleiderer und Harald Matern

1. Theologie der Krisen

Die dialektische Theologie des Basler Theologen Karl Barth hat sich in Auseinandersetzung mit den grossen gesellschaftlichen, kulturellen, politischen und religiös-theologischen Krisen des 20. Jahrhunderts entwickelt. Ihr – ihrerseits dialektisches – Spezifikum kann man darin sehen, dass es gerade diese Intensität der Auseinandersetzung mit ihrer so krisenreichen Zeit ist, die Barths Theologie zu einer immer stärker das eigentümlich Theologische betonenden Denkform geführt hat. Zudem hat Barth – wiederum in eigentümlich dialektischem Verhältnis zu jener Signatur der Zeitläufte – auch inhaltlich mehr und mehr die Überlegenheit Gottes betont, die gerade darin bestehe, dass sich Gott der Menschheit und ihrer Geschichte mit ihren krisenhaft-katastrophalen Verwicklungen und Verstrickungen heilsam zuwende. «Hominum confusione et Dei providentia Helvetia regitur.» Der alte Schweizer Wahlspruch gehörte für den krisengewohnten, Krisen nicht scheuenden, auch von persönlichen Krisen nicht verschonten Basler Theologen zeitlebens zu seinen Lieblingszitaten.[1]

Die sensible Wahrnehmung der Krisenhaftigkeit der Zeit, in der nach Barths Dafürhalten die Krisenhaftigkeit des Menschseins überhaupt aufscheint, und die dialektische Strukturierung der Theologie gehören bei Barth also aufs Engste zusammen.[2] Mit dieser spezifischen Signatur ist ferner verbunden, dass diese eine dialogische, also dem Genre nach eine rhetorische

1 Vgl. als vielleicht ersten Beleg den Vortrag «Gott im Vaterland» (1910), in: Barth, Karl: Vorträge und kleinere Arbeiten 1909–1914. In Verbindung mit Helms, Herbert und Marquardt, Friedrich-Wilhelm hg. v. Drewes, Hans-Anton und Stoevesandt, Hinrich (Karl-Barth-Gesamtausgabe, Abt. III), Zürich 1993, S. 139–144.

2 Dieser Zusammenhang wird in seiner gedanklichen wie auch in einer geradezu ästhetischen und vor allem lebensführungspraktischen Dimension ablesbar an einem anderen schönen Zitat, nämlich an der in einem Brief an Thurneysen formulierten Parole: «Vor allem: in necessariis keinen Schritt nachgeben, in dubiis sich nichts merken lassen, in omnibus die Pfeife nicht ausgehen lassen.» Karl

Dialektik ist. Barths Theologie entwickelt sich stets in Auseinandersetzung mit bestimmten anderen – theologischen und oft auch aussertheologischen – Positionen. So wie das Wort Gottes von ihm als den Menschen direkt ansprechende und in Anspruch nehmende Grösse verstanden und gefasst wird,[3] so ist auch seine Wort-Gottes-Theologie – unerachtet ihres gerade in der späteren Phase der «Kirchlichen Dogmatik» mehr und mehr monologisch-monolithischen Erscheinungsbildes – eine in hohem Masse dialogische, sich auseinandersetzende, sich wehrende, aber vor allem auch um Verständnis und Teilnahme werbende und nicht zuletzt eine sich in solchen Auseinandersetzungen, auch in der kritischen Auseinandersetzung mit sich selbst, weiterentwickelnde Theologie.

Die Brunnenstube dieser solchermassen mehrfach und mehrdimensional dialektischen Theologie liegt zweifellos im Zeitraum des Ersten Weltkriegs und seinem unmittelbaren zeitlichen Umfeld. In der Auseinandersetzung mit dieser ersten grossen allgemeinen, ja totalen[4] Gesellschaftskrise des 20. Jahrhunderts formt und formiert sich die Theologie Karl Barths als dialektische Theologie. Aber, und darin scheint das dialogische Element jener Dialektik auf: Es sind bekanntlich nicht so sehr die Kriegsereignisse als solche, die Barths Denken im Herbst 1914 in eine neue theozentrisch orientierte Bewegung setzen, sondern sehr viel mehr die Reaktionen seiner ehemaligen deutschen theologischen Lehrer auf den Krieg. Beides zusammen – die Dramatik des Krieges und die Reaktionen darauf – zeigen für ihn die

Barth, Brief vom 22. Jan. 1922, in: Thurneysen, Eduard (Hg.): Karl Barth – Eduard Thurneysen. Briefwechsel Bd. 2. 1921–1930, bearbeitet und hg. v. Thurneysen, Eduard (Karl-Barth-Gesamtausgabe, Abt. V), Zürich 1974, S. 30.

3 Das illustriert paradigmatisch ein drittes Barthsches Lieblingszitat, das Horaz-Diktum «*Tua* res *agitur*» – ebenfalls bereits früh, nämlich mindestens 1915 bei erstmals nachweisbar. Vgl. Barth, Karl: «Krieg, Sozialismus und Christentum» (1915), in: Barth, Karl: Vorträge und kleinere Arbeiten 1914–1921, in Verbindung mit Friedrich-Wilhelm Marquardt (†) hg. v. Drewes, Hans-Anton, Zürich 2012, S. 113; vgl. als späteren Beleg z. B. Barth, Karl: «Unterricht in der christlichen Religion». 1. Bd.: Prolegomena 1924, hg. v. Hannelotte Reiffen (Karl-Barth-Gesamtausgabe, Abt. II), Zürich 1985, S. 154.

4 Dass der Erste Weltkrieg tatsächlich die erste, die gesamte Gesellschaft krisenhaft erfassende, insofern «totalitäre» Krise des 20. Jahrhunderts war und darin das «Zeitalter des totalen Krieges» heraufgeführt hat, hat Eric Hobsbawm erklärt (vgl. Hobsbaum, Eric. Das Zeitalter der Extreme. Weltgeschichte des 20. Jahrhunderts, aus dem Englischen von Yvonne Badal, 6. Aufl., München 2003, S. 37) und in einer spannenden Mikrostudie am Beispiel der Stadt Freiburg im Breisgau vor kurzem der Historiker Roger Chickering gezeigt. Vgl. Chickering, Roger: Freiburg im Ersten Weltkrieg: Totaler Krieg und städtischer Alltag 1914–1918, Paderborn u. a. 2009.

Grenzen jeder Erlebnistheologie auf, und es beginnt ein Suchen nach einer neuen theologischen Sprache. Diese Suche wird zunehmend radikaler, denn es zeigt sich für Barth bald, dass auch die zweite, für ihn zu diesem Zeitpunkt noch massgebliche Bezugsgruppe, nämlich die Religiösen Sozialisten, aus seiner Sicht keine adäquaten Antworten auf die – theologischen – Herausforderungen der Gegenwart zu geben vermögen.

Alle diese Zusammenhänge sind inzwischen recht gut erforscht. Dem jungen Barth und der Entwicklung seiner dialektischen Krisentheologie hat sich in den letzten Jahren und Jahrzehnten eine intensive, vor allem, aber keineswegs nur deutschsprachige Forschung zugewandt; und es sind auch mancherlei mehr oder weniger heftige Positions- und Schulkämpfe um die Deutung und Deutungshoheit dieser für das Spätere so wegweisenden Entwicklungsphase des Barthschen Denkens ausgetragen worden. Die entsprechenden Debatten fanden freilich auf der Basis einer in gewisser Hinsicht noch eingeschränkten Quellenlage statt: Das entscheidende *tool*, nämlich eine historisch-kritische Edition aller – publizierten und vor allem auch unpublizierten – Texte Barths aus jener Ära hatte bisher noch gefehlt. Barths «Vorträge und kleinere Arbeiten 1914–1921» waren noch nicht veröffentlicht. Eben dies hat sich jetzt geändert; und darum ist eine neue Sichtung dieser Zusammenhänge nun möglich, aber auch erforderlich.

Aufgrund der kritischen Edition ist jetzt erkennbar, in welchem Masse Barths Texte in konkreten Auseinandersetzungen mit einzelnen Personen und in damals geführten Debatten entstanden sind, viele davon mit einigem Lokalkolorit, aber mit nicht minder allgemeiner und grundsätzlicher Bedeutung. Eine auf solche Zusammenhänge achtende Sichtung sollte in einer ersten und gewiss noch alles andere als abschliessenden Weise im Rahmen einer Basler Vernissage-Tagung vorgenommen werden, die unmittelbar nach Erscheinen jenes Bandes im November 2012 stattfand.

Ähnliches gilt, wenngleich mit grossen Abstrichen, auch für Barths Hauptwerk aus jener Epoche, nämlich für seinen «Römerbrief» in der zweiten Auflage von 1922. Zwar war der Text als solcher wahrlich bekannt; aber eine historisch-kritische Edition dieses Textes ist doch erst jetzt, nämlich seit 2010, verfügbar.[5] Dass die darin enthaltenen Verweise auf zeitgeschichtliche Kontroversen und nähere und fernere intellektuelle und kulturelle Zusammenhänge und Bezüge, vor deren Hintergrund und in die hinein auch und gerade dieses vermeintlich so monolithische, ja erratische Werk des Römerbriefkommentars geschrieben und darum auch zu lesen ist, die For-

5 Vgl. Barth, Karl: Der Römerbrief (zweite Fassung) 1922, hg. von van der Kooi, Cornelis und Tolstaja, Katja (Karl-Barth-Gesamtausgabe, Abt. II), Zürich 2010.

schung weiterbringen werden, steht zu erwarten. Insbesondere können Fernerstehende, die sich nicht die Mühe der eigenen Erkundung jener zeitgeschichtlichen Diskurszusammenhänge machen können oder wollen, auf neue Weise an gerade diesen Text herangeführt werden.[6]

Der Erste Weltkrieg war auch für ein nicht kriegführendes Land wie die Schweiz eine enorme Belastungsprobe für die Leistungsfähigkeit von Institutionen, sozialen Verbänden, Individuen und Familien, aber auch und darin für die Kohärenz der Gesellschaft insgesamt. Einerseits wurden die grossen sozialen Spannungen und Ungleichheiten, welche die teilweise rapide und radikale Industrialisierung der Schweiz in der Vorkriegszeit mit sich gebracht hatte, während der Kriegsjahre verschärft und ausgeweitet, andererseits wurde ihre politische Bearbeitung weitgehend sistiert. Darum kamen sie im sogenannten General- oder Landesstreik von 1918 zum offenen Ausbruch. Karl Barth hat diese Abläufe als SPS-Mitglied intensiv mitverfolgt und in zahlreichen Auftritten im Rahmen seiner Möglichkeiten mit zu beeinflussen versucht. Die betreffenden Redemanuskripte und -skizzen, die sogenannten «Sozialistischen Reden», deren Publikation lang ersehnt war, liegen jetzt endlich vor.

Ob die wissenschaftliche Rezeption dieser wie der übrigen nun edierten oder neu edierten Texte Barths aus diesen Jahren das Bild und Verständnis seiner Theologie und theologischen Entwicklung in diesem Zeitraum entscheidend verändern wird, bleibt abzuwarten. In jedem Fall wird man die verschiedenen Stränge von Barths Theologie, ihre zeitkritischen und sozialethischen Dimensionen auf der einen Seite und ihre immer deutlicher die Form einer dialektischen, bibelbezogenen Wort-Gottes-Theologie annehmende Erscheinung auf der anderen Seite, nicht mehr unabhängig voneinander deuten dürfen. In dem Masse, wie solche Zusammenhänge und Verwobenheiten nun plastischer denn je greifbar werden, dürften sich einseitige Lesarten verbieten, die Barth in diesen Jahren entweder insgesamt als Sozialisten verstehen wollen oder aber seine theologische Entwicklung rein ideengeschichtlich, aus intellektuellen Gesprächen und Selbstgesprächen mit philosophischen und theologischen Positionen der näheren oder ferneren Theologie- und Philosophiegeschichte zu deuten suchen oder aber in einem einsamen, unmittelbaren und vermeintlich von allen zeitgenössischen Brillen weitgehend freien Blick in die Bibel begründet sehen.

Zugleich wird es erforderlich werden, bisher probate Beschreibungen solcher zeitgenössischer Tinkturen der Barthschen Texte wie etwa die Etiket-

6 Als kleinen Beleg für die Berechtigung solcher Erwartung mag die Rezension in der holländischen Zeitung «NRC Handelsblad» gelten, die Cornelis van der Kooi in seinem Beitrag erwähnt. S. u. S. 173f.

tierung des zweiten «Römerbriefs» als expressionistisches Dokument genauer zu explizieren. Expressionismus ist eben, wie im vorliegenden Band Folkart Wittekind eindrucksvoll aufzeigt, nicht einfach eine kunsthistorische Kategorie, die in der ordnenden Rückschau einen bestimmten Phänotypus damaliger künstlerischer und literarischer Produktionen markiert. Expressionismus ist vielmehr als Kürzel für zeitgenössische Debatten zu begreifen, die sehr genau auf die Aufgabe der Kunst und Literatur (und unter Umständen auch der Wissenschaft!) in der Umbruchsituation der Moderne reflektieren. Vor diesem Hintergrund sind Barths Texte nicht lediglich als theologische Ausdrucksversion expressionistischer Kunst, sondern zugleich und vielmehr als reflektierte und theologisch reflektierende Beiträge zu jener zeitgenössischen kunsttheoretischen Debatte zu lesen.

Die Aufgabe, die sich also stellt, dürfte darin bestehen, Barths Theologie und theologische Entwicklung noch sehr viel genauer als bisher in der Regel üblich und möglich vor dem Hintergrund jener Diskurse zu interpretieren, in denen die Krisenhaftigkeit der Moderne in diesen Jahren von aufmerksamen Zeitgenossen selbst wahrgenommen und zu verarbeiten versucht wurde. In dem Masse, in dem dies gelingt, wird die Grösse, aber werden auch die unvermeidlichen Grenzen von Barths Krisentheologie jener Jahre noch sehr viel genauer als bisher zum Vorschein gebracht werden können.

Dass die beiden neuen Editionen einen Quantensprung für die Quellenlage bedeuteten, der es erforderlich machte, alle vor 2011 erschienenen Arbeiten der neueren Barthforschung in neuen Auflagen zu überarbeiten, soll aber gleichwohl nicht behauptet werden. Ihre Leistung dürfte vor allem darin bestehen, dass sie den Spezialistinnen und Spezialisten das Auge fürs Detail schärfen, ihnen aber auch die Grenzen allzu fachwissenschaftlicher Spezialisierung und die Notwendigkeit verstärkter interdisziplinärer Zusammenarbeit aufzeigen und sie (so) zugleich grössere Zusammenhänge leichter als bisher erkennen lassen. Fernerstehenden sollte es nun schwerer fallen, allzu einfache Deutungsmuster der Barthschen Theologie in den oben angedeuteten Richtungen weiter zu verfolgen, und sie stattdessen ermuntern, die Differenzierungsleistungen neuerer Barthforschung intensiver zur Kenntnis zu nehmen.

Im vorliegenden Band werden in dieser Richtung und Hinsicht – nur, aber immerhin – erste Schritte unternommen. Die darin versammelten Texte gehen grösstenteils auf Vorträge zurück, die an drei Vernissage-Veranstaltungen der Theologischen Fakultät der Universität Basel anlässlich von Neuerscheinungen der Karl-Barth-Werkausgabe zwischen 2011 und 2013 gehalten wurden.

Sechs Beiträge des Bandes, nämlich diejenigen von Hans-Anton Drewes, Regina Wecker, Andreas Pangritz, Georg Pfleiderer, Bruce McCormack und

Dirk Smit, haben ihren Ursprung in der gut besuchten, auch medial viel beachteten[7] Tagung, die von der Basler Theologischen Fakultät Basel in Zusammenarbeit mit der Karl Barth-Stiftung und dem Karl Barth-Archiv am 9. November 2012 aus Anlass der Edition der «Vorträge und kleineren Arbeiten 1914–1921» im Kollegiengebäude der Universität Basel veranstaltet wurde.

Der Beitrag von Cornelis van der Kooi wurde in der Vortragsform präsentiert beim «Symposium aus Anlass des 125. Geburtstags Karl Barths sowie der Neuedition des «Römerbriefs» (1922) im Rahmen der Gesamtausgabe», das am 6. Mai 2011 ebenfalls in Basel und von den gleichen Institutionen wie jene erstgenannte Tagung veranstaltet wurde. Der bereits erwähnte Text von Folkart Wittekind ersetzt im vorliegenden Band dessen Tagungsvortrag.[8]

In den «Vorträgen und kleineren Arbeiten 1914–1921» nicht enthalten ist naturgemäss Barths Hauptwerk aus diesen Jahren, sein erster Römerbriefkommentar von 1919. Da jedoch in diesem Band der Bogen von 1914 bis zum Römerbriefjahr 1922 komplett geschlagen werden sollte, hat Harald Matern eigens für diesen Zweck einen Beitrag zu jenem ersten «Römerbrief» verfasst, dem in der Forschung vielleicht immer noch nicht die gebührende Aufmerksamkeit zugewendet wird.

Formal in gewisser Weise als Anhang, inhaltlich als eine Art Ausblick, haben sich die Herausgeber des vorliegenden Bandes entschlossen, in diesen noch einen weiteren Aufsatz aufzunehmen, nämlich Michael Hüttenhoffs genaue Rekonstruktion der Auseinandersetzung zwischen Barth und führenden Vertretern der Bekennenden Kirche im Zeitraum zwischen November 1933 und Mai 1934. Auch dieser Aufsatz wurde in Vortragsform an

7 Die mediale Beachtung war auch der Tatsache geschuldet, dass den öffentlichen Abendvortrag in der Aula der Basler Universität vor ca. 250 Zuhörerinnen und Zuhörern der Schriftsteller Martin Walser hielt. Er trug dabei Passagen aus seiner Schrift «Über Rechtfertigung, eine Versuchung. Zeugen und Zeugnisse» (Reinbek und Berlin 2012) vor. Vgl. dazu Richard, Christine: Was treiben droben die Theologen? Eine Tagung an der Universität Basel mit dem Schriftsteller Martin Walser, in: Basler Zeitung, 14. 11. 2012, S. 21; Wenzel, Uwe Justus: Die «grosse Sache». Ein Basler Symposion zu Karl Barth, in: NZZ, 12. 11. 12, S. 32.

8 Auch andere Vorträge dieses Symposiums sind inzwischen an anderer Stelle veröffentlicht worden, so Ekkehard Stegemann: «Kritischer müssen mir die Historisch-Kritischen sein.» Karl Barth als Exeget in der zweiten Auflage des Römerbriefs, in: Kirche und Israel 1 (2012), S. 3–17; Tolstaja, Katja: Literary Mystification. Hermeneutical Questions of the Early Dialectical Theology, in: NZSTh 54 (2012), 3, S. 312–331.

einem Basler Vernissage-Symposium vorgetragenen, das aus Anlass des Erscheinens von Barths «Vorträge[n] und kleinere[n] Arbeiten 1930–1933»[9] am 15. November 2013 wiederum an der Universität Basel und von denselben Veranstaltern wie jene Tagungen ausgerichtet wurde.[10] Zwar wird damit über den im Untertitel des vorliegenden Bandes signalisierten Zeitraum hinausgegriffen; zu Barths «früher dialektischer Theologie» kann sein Denken in den ersten 1930er Jahren, also in der Phase der «Kirchlichen Dogmatik» I/1 bzw. I/2, nicht mehr eigentlich gerechnet werden.

Mit der Aufnahme des Beitrags in den Band verbindet sich vielmehr der doppelte Interpretationsvorschlag, zum einen die oben skizzierte Sichtweise des integrativen Blicks auf die zeitdiagnostischen und genuin theologischen Elemente der Barthschen Theologie nicht nur an seinen frühen Texten zu praktizieren. Auch – und vielleicht gerade – die Texte der «Kirchlichen Dogmatik» sollten stärker vor dem Hintergrund der zeitgenössischen «Vorträge und kleineren Arbeiten» Barths und der dort aufscheinenden intensiven dialektisch-dialogischen Bezüge und Verstrickungen gelesen werden, als dies in der Regel bisher der Fall ist.

Der inhaltliche Teil des damit verbundenen Deutungsvorschlags ist, dass Barths Theologie möglichst in ihrer gesamten Ausdehnung, nicht nur in ihren Anfängen und in den wilden zwanziger Jahren, als «Theologie der Krise» gelesen werden möge, die spätestens mit KD I/1 in eine ruhigere, positiv-dogmatische Form, deren Architektur nicht selten mit der einer Kathedrale verglichen worden ist, überführt wurde. Auch in der allgemeinen Historiographik beginnt es sich einzubürgern, das 20. Jahrhundert insgesamt als «Zeitalter der Extreme»[11] wahrzunehmen, als die Phase einer Moderne, die bis mindestens 1989, aber vielleicht bis in unsere Gegenwart hinein, aus spannungsvollen, antagonistischen und darum stets neue Krisen erzeugenden Extremen nicht herauskommt. Möglicherweise fehlt auch uns Heutigen noch der Abstand, um zu sehen, in welchem Masse Karl Barths dialektische Krisentheologie der heilsamen Zuwendung Gottes zu gerade dieser Welt das Kind ihrer – und unserer(?!) – Zeit (gewesen) ist. Wie dem auch sei: Jedenfalls sind die für die nächsten Jahre und Jahrzehnte geplanten und zu erwartenden Bände der «Vorträge und kleineren Arbeiten» Karl Barths,

9 Barth, Karl: Vorträge und kleinere Arbeiten 1930–1933. Hg. Von Beintker, Michael, Hüttenhoff, Michael und Zocher, Peter (Karl-Barth-Gesamtausgabe, Abt. III), Zürich 2013.

10 Dabei handelte es sich zugleich um die Version 2013 der seit 2010 alljährlich, üblicherweise um Barths Geburtstag am 10. Mai herum veranstalteten, Basler «Karl Barth-Vorträge».

11 Vgl. Hobsbawm, Eric: Das Zeitalter der Extreme. Weltgeschichte des 20. Jahrhunderts, aus dem Englischen von Badal,Yvonne, 6. Aufl., München 2003.

die über das Jahr 1933 hinausführen, auch und vor allem aus diesen Gründen mit Spannung zu erwarten.

2. Krisentheologie in Einzelanalysen. Zu den Beiträgen des Bandes

Hans-Anton Drewes, langjähriger Leiter des Karl Barth-Archivs in Basel und Editor des neuen Bandes der Gesamtausgabe, führt mit seinem Beitrag in Probleme und Themenstellungen der «Vorträge und kleineren Arbeiten 1914–1921» ein. Mit Behutsamkeit und Unterscheidungsvermögen behandelt er die Frage, ob die Theologie Barths in seiner Safenwiler Zeit «die Denkform eines dialektisch-theologischen Sozialismus» darstelle. Leitend für deren Beantwortung ist die Unterscheidung zwischen theologischen Denkfiguren, die eher einer «negativen Theologie» entsprächen, und der politischen Praxis Barths, in der sich die Entwicklung seines Verhältnisses zum Sozialismus in drei zu unterscheidenden Phasen abbilde. Für die Einschätzung der politischen Praxis sei es unerlässlich, die «Interaktionen und Interferenzen» unterschiedlicher sozialer Interessenträger zu beachten. Vor diesem Hintergrund müsse auch die theologische Verwendung des Sozialismusbegriffs verstanden werden, wie Drewes in der Nachzeichnung des Denkweges Barths anhand (teilweise) neu publizierter Texte zeigt. Als Leitmotive liessen sich dabei zum einen die «Unterscheidung der Zeiten», die Barths Geschichtstheologie wie zugleich seine Gegenwartsdeutung präge, zum anderen die Zentralstellung des Lebensbegriffs identifizieren.

In ihrem Beitrag «Der Anfang des 20. Jahrhunderts und die Schweiz: Versuch einer historischen Situierung der Schriften von Karl Barth» greift die Basler Historikerin *Regina Wecker* exemplarisch drei historische Ereignisse der Schweizer Geschichte in jenem Zeitraum heraus, um an ihnen Barths Interferenzen mit der Zeitgeschichte zu untersuchen: die Landesausstellung von 1914, das Fabrikgesetz von 1914/1920 und den Landesstreik 1918. Das erste dieser drei Ereignisse sei von Barth freilich weitgehend ignoriert worden. Gleichwohl liessen sich an ihm gesellschaftliche und politische Spannungen und Problemlinien erkennen, die sich in der Folgezeit verschärft und verstärkt hätten. Dazu zählen die Animositäten zwischen der Deutsch- und der Westschweiz, aber auch die sozialen Konflikte.

Diese seien im Zusammenhang der Revision des Fabrikgesetzes 1914 zu einem ersten manifesten Ausbruch gekommen, deren Umsetzung sich wegen des Kriegsausbruches dann jedoch bis 1920 verzögerte. Barth habe sich engagiert und vergleichsweise differenziert für Arbeitszeitverkürzung, Frauenschutz und bessere Löhne für die (männlichen) Fabrikarbeiter ausgesprochen. Seine Forderungen hätten «die bürgerlichen Vorstellungen, die das Haus als Wirkungsstätte der Frau sahen und die der Gewerkschaften» vereint. Der auf die Brechung des «Burgfriedens» zwischen Bürgerlichen und Sozialdemokraten folgende landesweite Streik im November 1918 habe einen kritischen Barth auf der Seite der Gewerkschaften gesehen. Nach Weckers Darstellung sei die politische Haltung Barths wesentlich durch die Verschärfung der Spannungen zwischen bürgerlichen Kräften und Sozialdemokratie beeinflusst worden. Einmal mehr macht dieser Text damit deutlich, dass die Untersuchung des Verhältnisses von Theologie und Politik bei Karl Barth im und kurz nach dem Ersten Weltkrieg nicht ohne eine genaue Kenntnis der spezifischen Schweizer Verhältnisse vorgenommen werden kann.

Barths Verhältnis zu Sozialismus und Sozialdemokratie wendet sich auch der Beitrag des Bonner Systematischen Theologen *Andreas Pangritz* zu. In seinem «Neue[n] Bericht über Karl Barths ‹Sozialistische Reden›» sucht er die für die Beurteilung der Entwicklung der Barthschen Theologie, aber auch für die Einschätzung des Verhältnisses von theologischer und politischer Positionierung Barths so wichtige wie umstrittene Frage einer genaueren Beantwortung zuzuführen, welche konkrete historische Bedeutung und welche theologischen Implikationen Barths sozialistisches Engagement in der Zeit seines Safenwiler Pfarramts hatte. Pangritz, der selbst bei dem mit der Debatte um «Theologie und Sozialismus» ursächlich verbundenen Friedrich Wilhelm Marquardt studiert hat, kommt auf der Grundlage der nun verbesserten Quellensituation zu einem differenzierten Bild.

Barths Engagement für den Sozialismus sei in erster Linie als antibürgerliche Selbstpositionierung gegenüber dem institutionellen Christentum wie der institutionellen Sozialdemokratie zu verstehen. Dabei orientiert sich Pangritz an Marquardts Periodisierungsvorschlag der «sozialistischen» Phase Barths und wendet sich insbesondere der Reaktion auf den Beginn des Ersten Weltkriegs wie auf die Oktoberrevolution zu. Die Leitbegriffe «Persönlichkeit» und «Glaube» würden ab ca. 1915 vom Gegensatzpaar «Gott» und «Welt» abgelöst. Diese Verschiebung sei charakteristisch für Barths Umgang mit dem Sozialismus, darum könne auf ihrer Basis die Entwicklung seines theologischen Denkens insgesamt nachgezeichnet werden.

Die Frage, ob diese Wendung hin zu Gott als dem «ganz Anderen» als eine Absage an den Sozialismus zu verstehen sei, verneint Pangritz. Vielmehr sei hier Gottes Alterität als treibendes Motiv sowohl der Geschichtstheologie Barths wie auch seiner Forderung nach Radikalisierung der Sozialdemokratie vom biblischen Zeugnis her zu verstehen. Noch 1919 sei Barth der radikal-sozialistischen Position von Kurt Eisner zugeneigt geblieben. Den theologischen Hintergrund dieser politischen Positionierung sieht Pangritz insbesondere im nun edierten Aarburger Vortrag «Christliches Leben» vom Juni 1919 erstmals entfaltet, den er als Vorform des berühmten Tambacher Vortrags wertet. Auch hier sei keinesfalls eine «Abkehr vom Sozialismus» auszumachen – vielmehr müsse bezüglich Barths Safenwiler Zeit insgesamt für das Verhältnis von politischer Praxis und theologischem Denken gelten, dass «das Konzept [d]e[s] ‹ganz andere[n]› Gott[es] [...] aus dieser Hoffnung auf eine andere Welt» überhaupt erst «entsteht». Damit bezieht Pangritz eine eindeutige Stellung zur Forschungsfrage nach Religion, Theologie und Politik.

Eine etwas andere Perspektive sucht der Beitrag des Basler Systematischen Theologen *Georg Pfleiderer* für die neu veröffentlichten Texte Barths zu entwickeln. In seiner Deutung der «Entwicklung von Karl Barths theologischem Denken im Zeitraum des Ersten Weltkriegs» orientiert er sich u. a. an der spezifischen Form theologischer Religionskritik, die Barth in dieser Zeit entwickelt. Zentral ist dabei Pfleiderers These, dass Barths Religionskritik vom Anliegen getragen sei, das Verhältnis von religiöser Erfahrung und theologischer Reflexion in ein Verhältnis dialektischer Reflexionssteigerung zu überführen. Kennzeichnend für den Entwicklungsprozess der Denkbewegung Barths und damit auch für seine Texte jener Phase sei deren dialogische Dialektik.

Über die Reflexion der jeweiligen Entstehungskontexte der Texte Barths führt Pfleiderer seine Rekonstruktion weiter hin zu einer Sichtung der ethischen Implikationen, die insbesondere Barths Rekurse auf Sozialismus und Religion enthalten. Dabei werde deutlich, dass die kritische Haltung gegenüber institutionellen Kollektivakteuren wie Kirche und Sozialdemokratie, die Barth an den Tag lege, keinesfalls zu einer ethischen Abstinenz führe. Vielmehr sei gerade die theozentrische Wendung der Theologie Barths (für die der Begriff des Reiches Gottes von nun an stehe) als Ausdruck gesteigerter Einschärfung einer spezifischen theologisch-religiös-ethischen Haltung seiner intentionalen Rezipienten anzusehen. «Das neue Ethos bekundet sich seinerseits als ein Ethos kritischer theologischer Reflexionsdistanz; die theologische Theorie führt in die ethisch-religiöse Praxis – et vice versa. Diese Doppelbewegung wird seither zur eigentümlichen Signatur der theozentrischen Theologie Karl Barths.» Vor diesem Hintergrund werde die Funktion des Sozialismus für Barths Theologie und Lebenspraxis als Vehikel einer bestimmten kritisch-zeitdiagnostischen Reflexionskultur erkennbar, nicht aber vornehmlich als institutionelle oder politische Option, deren Verabschiedung als Bruch verstanden werden müsste.

Wiederum von einer anderen Seite nimmt der junge Basler Systematische Theologe *Harald Matern* die Frage des Gegenwartsbezugs der Barthschen Theologie in den Blick. Dabei soll eine Neulektüre der Erstfassung des «Römerbriefs» von 1919 das Verhältnis von Geschichte, Eschatologie und Gegenwart herausarbeiten. In diesem Zusammenhang wird auch die Frage nach dem «Realismus» der Barthschen Theologie dieser Zeit neu aufgenommen und insbesondere im Blick auf ihre ethischen Implikationen untersucht.

Die Frage danach, worin der spezifische Beitrag einer theologischen Eschatologie zum zeitgenössischen geschichtsphilosophischen Denken besteht, wird durch den vergleichenden Blick auf zeitgenössische Entwürfe mit geschichtsphilosophischer Intention oder Valenz präziser zu fassen und insbesondere auf die Verhältnisbestimmung von Apokalyptik und Eschatologie hin zu klären versucht. Die Eschatologie in der Erstfassung des «Römerbriefs» bereite Barths spätere ethische Gedankengänge vor, insofern das Ineinander von Realismus und Kritizismus sich als kritisch-selbstkritische Reflexionsperspektive auf das Verhältnis von Partikularität und Universalität des christlichen Geltungsanspruchs verstehen lasse. In dieser Hinsicht stelle gerade Barths erster «Römerbrief» ein wichtiges Dokument auch im Hinblick auf gegenwärtige eschatologische Neuaufbrüche dar.

Der Princetoner Systematiker *Bruce McCormack*, wohl der profilierteste und im deutschsprachigen Raum am intensivsten rezipierte amerikanische Barthforscher, geht in seinem Beitrag «Longing for a New World: On Socialism, Eschatology and Apocalyptic in Barth's Early Dialectical Theology» einer thematisch ähnlich gearteten Fragestellung nach. Dabei vertritt er die These, dass Barths Theologie um 1915 nicht nur apokalyptisch war, sondern dass dieser Zug sie im Verlauf der Jahre in immer stärkerem Mass präge. Dabei sei eine Ablösung von Blumhardts Eschatologie zugunsten einer paulinischen Apokalyptik zu verzeichnen. Dieser Prozess sei am Vortrag «Kriegszeit und Gottesreich» von 1915, dem Tambacher Vortrag von 1919 und der Zweitfassung des Römerbriefkommentars von 1921 ausweisbar.

Während Barths «neue Theologie» um 1915 durch einen kritischen Bezug auf den institutionellen Sozialismus geprägt sei und systematisch mit einer spezifischen Form des «Realismus», einer spezifisch modernen, objektiven Theozentrik sowie theologischer Religionskritik einhergehe, sei es insbesondere die kaum ausgebaute Christologie, die den Unterschied der Blumhardt'schen Eschatologie zur paulinischen Apokalyptik der späteren Phase markiere. Diese Ablösung gehe im Tambacher Vortrag auch mit dem Wegfall der organischen Metaphorik einher, die noch die Erstfassung des «Römerbriefs» prägte. An deren Stelle trete die Auferstehung als Gravitationszentrum der Theologie Barths, die es ihm auch erlaube, eine neue Fassung des Begriffs der «Unmittelbarkeit» zu entwickeln. Die Zweitfassung des «Römerbriefs» sei schliesslich von einer voll entwickelten paulinischen Apokalyptik geprägt – wobei McCormack auf den ursprünglichen, offenbarungstheologischen Wortsinn rekurriert und die Auferstehung Christi in den Mittelpunkt einer in erster Linie kosmologischen Apokalyptik rückt. Gerade hierin habe Barths Auslegung auch der gegenwärtigen englischsprachigen neutestamentlichen Wissenschaft einige, durchaus schulbildende Impulse gegeben, obgleich sie, hinter den soteriologisch-apokalyptischen Ausführungen der «Kirchlichen Dogmatik» noch zurückstehe.

Welchen zeitdiagnostischen und zeittherapeutischen Sinn solche an Katastrophensemantiken orientierten Barth- und Bibellektüren vor dem Hintergrund aktueller sozialer, kultureller und kirchlich-religiöser Auseinandersetzungen in den heutigen USA haben könnten, ist insbesondere von aussen schwer zu beurteilen.

Wenn es für die USA zumindest sehr wahrscheinlich ist, solche Zusammenhänge anzunehmen, muss bezüglich vieler anderer Länder diesbezüglich nicht spekuliert werden. Gut begründet dürfte die Vermutung sein, dass die Tatsache, dass Barths Theologie sich in intensiver Auseinandersetzung mit weitreichenden und tiefgehenden Modernisierungskrisen entwickelt hat, für Theologinnen und Theologen in vielen Ländern und Weltgegenden, die – anders als West- und Mitteleuropa – von massiven Schüben solcher Krisen auch in der zweiten Hälfte des 20. Jahrhunderts und bis in die unmittelbare Gegenwart hinein massiv geschüttelt wurden, einen wichtigen Grund oder Hintergrund für ihr Interesse an gerade dieser Theologie bildet.

In diesem Sinne exemplarisch für eine solche kontextuelle Lektüre von Karl Barths früher dialektischer Krisentheologie steht in diesem Band der Beitrag des südafrikanischen Theologen *Dirk Smit*. Sein Beitrag wendet sich am Beispiel seines eigenen Landes und dessen konfliktreicher jüngerer Geschichte direkt den Lektüremöglichkeiten der «Krisentheologie Barths in Kontexten radikaler Transformation» zu. Dabei weist er ausdrücklich auf die verschiedenartigen Schwierigkeiten hin, der die Rede von einer Barth*rezeption* ausgesetzt ist.

Smit unterscheidet vier Krisen, welche die südafrikanische Gesellschaft im 20. Jahrhundert durchlebt habe, und weist auf die sehr unterschiedlichen, teils widersprüchlichen Weisen hin, wie in jeder dieser Perioden auf Barth zugegriffen wurde: im Widerstand gegen die Etablierung der Apartheid, im Kampf gegen die Apartheid, im Übergang zum demokratischen Rechtsstaat sowie in der gegenwärtigen wirtschaftlichen Krise. Diese Differenzierung ist daher unerlässlich, weil erst die Aufmerksamkeit auf den jeweiligen engeren Rezeptionskontext es erlaube, den Modus der Rezeption in einer funktionalen Perspektive zu betrachten. Zugleich ermögliche der Durchgang durch die bisherigen Barthrezeptionen, die Frage nach der werkgeschichtlichen Kontinuität in Barths Denken neu aufzurollen – und, mit Blick auf die Gegenwart, den Zugriff auf die neu veröffentlichten Texte aus der Zeit um den Ersten Weltkrieg in den Modus kritischer Selbstreflexion zu überführen.

Obwohl die Niederlande mit Südafrika geschichtlich eng verbunden sind, könnten die beiden Länder hinsichtlich ihres gegenwärtigen gesellschaftlichen Modernisierungs-, insbesondere auch hinsichtlich ihres Säkularisierungsgrades (um den Begriff für einmal ganz *cum grano salis* zu gebrauchen) gewiss kaum unterschiedlicher sein. Vor diesem Hintergrund leuchtet es unmittelbar ein, dass der niederländische Systematische Theologe *Cornelis van der Kooi*, Mitherausgeber der neuen Edition von Barths zweitem «Römerbrief», dieses «Jahrhundertbuch» vor allem als theologische Antwort auf eine tiefgehende und gesamtgesellschaftliche Säkularisierungserfahrung deutet.

Die in den Niederlanden seit den 1960er Jahren noch einmal dramatisch fortgeschrittenen Säkularisierungs- bzw. Entkirchlichungsprozesse betrachtet er darum auch als Kontrastfolie für die aus seiner Sicht zumindest in Teilen erstaunlich positive Rezeption der Neuedition der Zweitfassung des Römerbriefkommentars in der weltlichen Presse seines Landes. Auf der Basis solcher Eindrücke geht er der Frage nach, warum insbesondere dieses Buch Barths eine so vergleichsweise breite aussertheologische Rezeption erfahren habe. Neben manchen Gemeinsamkeiten, welche die gegenwärtigen mit den historischen Rezeptionsbedingungen verbänden, legt van der Kooi Nachdruck auf Barths Beitrag zur Schärfung der hermeneutischen Fragestellung in der Philosophie des 20. Jahrhunderts sowie seine Bedeutung für die Formulierung einer alteritätstheoretisch orientierten Theologie.

Im Unterschied zu van der Kooi verfolgt der in Essen lehrende Systematische Theologe *Folkart Wittekind*, wenn das plakative Labelling erlaubt ist, nicht eine säkularisierungs-, sondern eine individualisierungstheoretische Interpretation der modernen Theologie, insbesondere derjenigen von Karl Barth. Seine zahlreichen eindringlichen früheren Analysen der Theologie Karl Barths führt er im vorliegenden Beitrag durch eine Studie weiter, die, wie bereits erwähnt, Barths zweiten «Römerbrief» in die kunsttheoretischen Debatten seiner Zeit, näherhin in die Debatten um religiöse Kunst, einordnet. Dies ist bisher, so weit wir sehen, noch nirgends unternommen worden.

Als Beleg für einen expliziten Brückenschlag zwischen den religionsphilosophischen und den kultur- und kunsttheoretischen Diskursen der Nachkriegszeit des Ersten Weltkriegs zieht Wittekind zunächst Paul Tillichs Überlegungen zu den Möglichkeiten einer Kulturtheologie heran, um Barths Text daraufhin vor dem Hintergrund der kunstphilosophischen Ausführungen Georg Simmels nach seinen religionsphilosophischen Implikationen zu befragen. Während für Tillich die Expressionismusdebatte von unmittelbarer Bedeutung für die Entwicklung seiner religionsphilosophischen Formel des «Gott über Gott» geworden sei, sei für Georg Simmel die Kunstphilosophie einer derjenigen Rahmen, innerhalb derer er seine Theorie religiöser Individualität illustrieren und präzisieren konnte.

Massgeblich ist für Wittekind dabei die Funktion der Inhalte der Kunst, die ihrerseits als Interpretament der Geltung (religiöser) Gewissheit zu stehen kämen. Barths Religionsbegriff stelle sich vor diesem Hintergrund als Steigerung der Reflexionshöhe des religionsphilosophischen Diskurses dar, der in der Betonung der Alterität des Gegenstandes religiöser Sprache die reflexive Funktion des Objektbezugs für den Ausweis der Geltung der Struktur des religiösen Bewusstseins als genuin theologischen Beitrag zum Religionsdiskurs und zugleich als dessen Modernisierungsprogramm in Stellung bringe.

Damit leistet Wittekind einen Beitrag zu einer kulturtheoretischen Barthdeutung, der vom Objektbezug religiöser Sprache abstrahiert und diese als Ausdruck des reflexiven Umgangs mit ihren Produktionsbedingungen interpretiert. Barths Theologie wird damit ansichtig als in hohem Masse reflexiver Ausbau neukantianischer Theorieelemente, die in ihrer kritischen Wendung des Religionsbegriffs gerade auf dessen Überbietung abziele. Aufzuklären, inwieweit diese ebenso anspruchsvolle wie luzide Interpretation dem «biblischen Realismus», der – unerachtet ihrer kunstvollen dialektischen Reflexionslogik – die Phänomenalität des «Römerbriefs» wie auch all seiner späteren Texte bestimmt, gerecht wird, muss weiterer Forschung vorbehalten bleiben.

Abgerundet, oder besser: über den Tellerrand des Untersuchungszeitraums hinaus geöffnet wird der Band durch den Beitrag des Saarbrücker Systematischen Theologen *Michael Hüttenhoff*. Seine Ausführungen über die «Kirchliche Opposition im Streit» beschäftigen sich mit Barths Verhältnis zur Bekennenden Kirche und ihren führenden Vertretern. Im Zentrum der Untersuchung stehen die Vorworte, die Barth für die «Theologische Existenz heute!» 1933 und 1934 schrieb. Anhand der Äusserungen Barths zur Lutherfeier 1933 analysiert Hüttenhoff die umstrittene Stellung Barths innerhalb der kirchlichen Opposition und seine Reaktionen darauf. Dabei stehen Barths Kritik an der Theologie (die Hüttenhoff auf der Linie seiner Polemik gegen die natürliche Theologie bzw. den Neuprotestantismus interpretiert) sowie der s. E. unrechtmässigen Übernahme der Kirchenleitung durch die Deutschen Christen im Vordergrund, die ihn zugleich in eine kritische Position gegenüber der Jungreformatorischen Bewegung, aber auch innerhalb des Pfarrernotbunds brachte. Hüttenhoffs konzise Mikroanalyse zeigt Barths Dialektische Theologie in der dramatischen Phase der gesamtgesellschaftlichen und humanitären Krise, die der nationalsozialistische Staat zu diesem Zeitpunkt noch nur Deutschland brachte. Sie zeigt die «Dialektische Theologie in Scheidung und Bewährung» (Walter Fürst). Ob die Scheidungen, die Barth in dieser Phase oft auch gegenüber engeren Weggefährten aus grundsätzlichen theologischen Erwägungen meinte vornehmen zu müssen, der politischen und ethischen, aber auch theologischen Bewährung seiner Theologie in allen Fällen wirklich dienlich waren, – dies zu beurteilen muss, wie vieles andere auch, ebenfalls der weiteren Forschung vorbehalten bleiben.

3. Dank

Die Herausgeber danken zunächst der Autorin und den Autoren dafür, dass sie ihnen ihre Beiträge für diesen Band überlassen und dabei teilweise einige Geduld bewahrt haben.

Dass die betreffenden Anlässe, aus denen der Grossteil der Beiträge hervorgeht, möglich wurden, ist vor allem der Förderung und Unterstützung der Karl Barth-Stiftung und namentlich ihrem Präsidenten, Dr. iur. Dr. theol. h. c. Bernhard Christ, zu danken. Ihm bzw. ihr danken wir auch für einen namhaften Beitrag zur Deckung der Druckkosten des vorliegenden Bandes. Ebenfalls danken wir dem Schweizerischen Nationalfonds (SNF) für einen Beitrag zur Förderung der Tagung vom November 2012.

Die redaktionelle Bearbeitung dieses Buchs ist grossenteils von Tanja Manz, Julia Vitelli sowie Paul Schalck geleistet worden, denen für ihre vielfältigen Mühen und beständige Unterstützungsbereitschaft besonders gedankt sei. Schliesslich, aber nicht zuletzt danken wir dem Theologischen Verlag Zürich in der Person von Lisa Briner sowie von Stephan Landis, deren geduldige Begleitung und freundliche Kritik dem Text viel Gutes getan und diesem Buch nun endlich zu seiner Veröffentlichung verholfen haben. Sie bewahren auch in dieser Hinsicht aufs Beste das Erbe ihrer Vorgängerin, der so früh verstorbenen Marianne Stauffacher, der wir auch an dieser Stelle noch einmal in grosser Dankbarkeit und Anerkennung gedenken möchten.

Basel, im Oktober 2014
Georg Pfleiderer und Harald Matern

I.

Theologie im Horizont der Krise des Ersten Weltkriegs

«Abwechselnd über der Zeitung und dem Neuen Testament brütend». Themen und Probleme in Barths «Vorträgen und kleineren Arbeiten 1914–1921»

Hans-Anton Drewes

Die Dramaturgie des Symposiums, in dem der nachstehende Beitrag seinen Sitz im Leben hatte, hatte für das erste Referat eine Einführung in Barths «Vorträge und kleinere Arbeiten 1914–1921» vorgesehen, denen die Konferenz insgesamt gewidmet war.[1]

Wenn wir uns zum Vergleich an den Studienbetrieb der Hohen Schulen des Mittelalters erinnern, die doch ein bleibendes Modell der *universitas magistrorum et scholarium* darstellen, wäre meine Aufgabe also die des *baccalaureus*, der zu einer *quaestio disputanda* Fragen und Antworten, traditionelle und womöglich auch neue, zusammenzutragen und zu ordnen und das Für und Wider dieser oder jener Problemlösung zu besprechen hatte, um so die *determinatio magistralis* vorzubereiten.

1 Ich habe den Stil dieser Einführung nicht ändern wollen, sondern nur die unerlässlichen Belege hinzugefügt, sonst aber den kolloquialen Charakter eines Austausches unter Freunden beibehalten, unter denen ich besonders Georg Pfleiderer nennen möchte, der seit 2003 als Verantwortlicher für das SNF-Projekt «Bearbeitung des literarischen Nachlasses von Karl Barth» sozusagen der Magister regens des Barth-Archivars war.
Abkürzungen: VuklA 1909–1914: Barth, Karl, Vorträge und kleinere Arbeiten 1909–1914, in Verbindung mit Helms, Hermann und Marquardt, Friedrich-Wilhelm hg. von Drewes, Hans-Anton und Stoevesandt, Hinrich (Karl-Barth-Gesamtausgabe, Abt. III), Zürich 1993;
VuklA 1914–1921: Barth, Karl, Vorträge und kleinere Arbeiten 1914–1921, in Verbindung mit Marquardt, Friedrich-Wilhelm (†) hg. von Drewes, Hans-Anton (Karl-Barth-Gesamtausgabe, Abt. III), Zürich 2012;
BwTh I: Barth, Karl – Thurneysen, Eduard, Briefwechsel, Bd. I: 1913–1921, hg. von Thurneysen, Eduard (Karl-Barth-Gesamtausgabe, Abt. V), Zürich 1973.

I.

Gewiss wird es heute mehrere solche *determinationes magistrales* geben. In jedem Fall hat die vorbereitende Sammlung von Perspektiven und Aspekten jetzt mit der Formulierung der Disputationsfrage zu beginnen, die in unserem Fall also wohl hiesse: «Utrum doctrina Barbae in tempore Safenviliensi sit doctrina dialectico-theologici socialismi.»[2] Und die erste Angabe, der erste Schritt zur Beantwortung dieser Frage müsste traditionsgemäss lauten: «Videtur quod non», es scheint so, dass Barths Denk- und Lehrform in der Safenwiler Dekade nicht die Denkform eines dialektisch-theologischen Sozialismus gewesen sei.

Als einen ersten Beleg für diesen Eindruck möchte ich, um gleich mitten in die Sache zu springen, den kurzen Text anführen, den Barth mit «Sozialismus und Kirche» überschrieben hat. Barth sagt hier einerseits, er sei «*mehr* Pfarrer als Sozialist», andererseits, er sei «*auch* Sozialist wenigstens». Die Stichworte, die Barth sich wohl für eine Aussprache im Safenwiler Arbeiterverein notiert hat, erläutern dieses «mehr» und dieses «auch wenigstens» so: Das «Unausgesprochene» im Sozialismus ist gerade das Wesen des Sozialismus, und deshalb ist hinter und über dem Parteiprogramm von der Bibel zu reden – von der Bibel, die aber in der kirchlichen Tradition entleert worden ist; deshalb ist im gleichen Vorgang ebenso umgekehrt von der Bibel, von der Theologie her auf den Sozialismus Bezug zu nehmen, um die einseitig geistige, die einseitig moralische, die insgesamt zu wenig radikale Auffassung und Wahrnehmung der Bibel zu korrigieren.

Friedrich-Wilhelm Marquardt, dessen ich auch an dieser Stelle mit aufrichtigem Dank gedenken möchte, hat diese Notizen in den Zusammenhang der thematisch ähnlichen Vorträge über «Religion und Sozialismus», «Krieg, Sozialismus und Christentum» und über «Christus und die Sozialdemokraten» gestellt und entsprechend in die Jahre 1915/1916 eingeordnet. Das ist gewiss sehr erwägenswert. Trotzdem stellt sich hier eine Frage: Denn zum einen ist das Schriftbild z. B. der Ausführungen über «Krieg, Sozialismus und Christentum» vom 14. Februar 1915 doch deutlich anders als das der Notizen über «Sozialismus und Kirche».[3] Zum andern aber und vor allem: Die Stichworte über «Sozialismus und Kirche» sind auf der Rückseite eines Textentwurfs notiert, dessen Schrift ebenso wenig oder noch weniger

2 «Ob Barths Theologie in der Safenwiler Zeit als eine ‹Theologie des dialektisch-theologischen Sozialismus› zu betrachten sei.» Die Formulierung nimmt Bezug auf den Titel des Symposiums: «Dialektisch-theologischer Sozialismus. Karl Barths Theologie zur Zeit des Ersten Weltkriegs».

3 Vgl. die Abbildungen auf S. 46–50.

der von 1915/1916 gleicht.[4] Die Gedankenmotive in diesem Textfragment erinnern an die Predigt, die Barth am 26. Oktober 1919 gehalten hat.[5] Das gibt uns einen Orientierungspunkt.

Gemeinsam ist dem Textfragment und der Predigt die Unterscheidung von *drei bzw. vier Zeiten:* Das Textfragment unterscheidet sie deutlich als erste, zweite und dritte Zeit. Soviel aus den wenigen Zeilen – in Barths an Thomas von Aquins «littera inintelligibilis» erinnernder Schrift – zu entnehmen ist, sind sie im Blick auf die Frage unterschieden, «die verborgen im Herzen der Menschen lebt»; die dritte Zeit, «in der wir daran denken müssen», wird der ersten gegenübergestellt, in der wir daran denken – vielleicht akzentuiert Barth: «noch daran denken» –, und der zweiten, in der wir nicht daran denken – vielleicht: nicht daran denken wollen. Vermutlich hatte Barth zuvor, auf der nicht erhaltenen oberen Blatthälfte, davon gesprochen, dass wir in Beziehung auf die Lebensfrage *auch* in der ersten und der zweiten Zeit leben. «Die gegenwärtige Zeit» ist, «aufs Ganze gesehen», jedoch «jedenfalls dritte Zeit»: «die Zeit der offenen, der brennenden Frage», in der «viel Sicherheit, viel Befriedigung, viel Gerechtigkeit» dahin ist; aber gerade da «fängt das Leben an».

Wenn es sich hier wirklich um ein Fragment aus dem ersten Anlauf zur Predigt vom 26. Oktober 1919 handelte, dann wäre er wohl kassiert worden, weil Barth die Kennzeichen und das Verhältnis der drei Zeiten noch genauer ausarbeiten wollte. In der Predigt, wie sie dann gehalten wurde, kehren viele Motive aus dem Textfragment wieder: «Die grosse, brennende Frage unserer Zeit, die wie ein Erdbeben durch alle Herzen hindurchgeht», die nun bestimmter gefasst wird als die Frage: «Wo ist Gott in der Menschenwelt?»[6]; die Menschen, die «sehnsüchtig» geworden sind[7], die «erwacht sind und nun wachen müssen»[8], über die die «Unruhe» gekommen ist[9], die «ganz am Anfang des Lebens stehen».[10] Vor allem kehrt die Unterscheidung der Zeiten wieder – nun aber zunächst konzentriert auf den Gegensatz von unserer Zeit[11] und der Zeit vor dem Krieg[12], der jedoch charakteristisch differenziert wird: zunächst durch die Feststellung, dass in der

[4] Vgl. die Abbildung und die Transkription auf S. 47.
[5] Vgl. die Abbildung auf S. 48.
[6] Barth, Karl: Predigten 1919, hg. von Schmidt, Hermann (Karl-Barth-Gesamtausgabe, Abt. I), Zürich 2003, S. 368, vgl. S. 376.
[7] A. a. O., S. 371, vgl. S. 372.
[8] A. a. O., S. 372, vgl. S. 374.
[9] A. a. O., S. 375.376.
[10] A. a. O., S. 372.
[11] A. a. O., S. 368.
[12] A. a. O., S. 368f.

Vorkriegszeit Gott «überflüssig» wurde, indem die Menschen dieser Zeit und des in ihr sich zusammenfassenden Zeitalters, die «im Grossen Ganzen mit sich selbst und mit dem Leben fertig» waren, «allerdings auf die Frage kommen» mussten, «ob es einen Gott gibt»[13]. Aus der Zeit eines nicht problematisierten Glaubens geht also die Zeit des Zweifels an Gott hervor.[14] «Unsere heutige Zeit» ist aber nicht nur durch einen «Rest» «in uns allen» mitbestimmt, «in dem wir auch noch vor dem Krieg sind»[15]. Sie ist auch, in einer gegenüber dem Fragment genauer zu unterscheidenden Analyse, als die Zeit gesehen, die von der Frage nach «Gott in der Menschenwelt» «bewegt ist oder doch im Begriff steht, nun an diese Frage heranzukommen»[16]. Sie steht vor der Entscheidung, das «Rätsel» jener Frage ernst zu nehmen. «Von dieser Entscheidung wird es dann abhängen, ob der Verheissung, die wir heute unzweifelhaft haben, die Erfüllung folgen kann.»[17] Es sind also vier Zeiten, die in verschiedener Aktualität, in Potenz und Latenz, die Gegenwart von 1919 bestimmen: die Zeit des Glaubens, die Zeit des Zweifels, die Zeit der Verheissung (die in der offenen Frage gegeben ist) und die Zeit der Erfüllung. Die Zeit der Erfüllung ist noch nicht Gegenwart. Aber sie «wird kommen». «Denn wenn es mit der Frage: Wo ist Gott? wieder ernst werden wird unter uns, dann wird auch die Antwort da sein.»[18] Wenn die Antwort aus der *Frage* selber entspringt, dann ist klar, dass schon in dieser dritten Zeit «Ungläubige» wie «Gläubige», die «drinnen» und die «draussen» – eben in der offenen, brennenden *Frage* – in einer seltsamen bedeutungsvollen Weise *zusammengehören.*[19]

Der genauere Blick auf das Textfragment und auf die Predigt vom 26. Oktober 1919 war nicht nur für den Versuch einer chronologischen Einordnung der Stichworte über «Sozialismus und Kirche» notwendig. Er war

13 A. a. O., S. 369.
14 Vgl. a. a. O., S. 376.
15 A. a. O., S. 370.
16 A. a. O., S. 374.
17 A. a. O., S. 375.
18 A. a. O., S. 377.
19 Im Tambacher Vortrag wird dieser Universalismus mit dem unvergesslichen Bild des allseits offenen Hauses nachdrücklich konstatiert (VuklA 1914–1921, S. 557): «Wir werden wohl daran tun, den Zaun [vgl. Eph 2,14], der Juden und Heiden, sogenannte Christen und sogenannte Nicht-Christen, Ergriffene und Nicht-Ergriffene trennte, nicht wieder aufzurichten. Die Gemeinde Christi ist ein Haus, das nach allen Seiten offen ist; denn Christus ist immer auch für die andern, für die, die draussen sind, gestorben [vgl. Hebr 13,12f.].» Vgl. a. a. O., S. 559: «Wir ahnen, auch viele Theologen beginnen es wieder zu ahnen, dass es kein Drinnen geben kann, solange es ein Draussen gibt.»

auch schon ein erster Schritt in den Ideenzusammenhang, in den sie gehören. Wenn der Text auf der Rückseite von «Sozialismus und Kirche», wie ich vermuten möchte, aus einem ersten, dann verworfenen Anlauf zur Predigt vom 26. Oktober 1919 stammt, dann gehören die Notizen über «Sozialismus und Kirche» in die Zeit nach Ende Oktober 1919 – also vielleicht in den November 1919, in dem Barth am 18. einen Diskussionsabend im Arbeiterverein Safenwil hatte und am 29. November in Suhr die Ansprache zur Novemberfeier des Grütlivereins hielt. In dieser Rede weist Barth unter dem Titel «Vom Rechthaben und Unrechthaben» den Sozialisten die stellvertretende Rolle derer zu, die prinzipiell «unrecht haben», weil sie «das grosse Unrecht der Welt, der Gesellschaft, der Menschen» in sich haben «wie ein Feuer»[20]. Deshalb sind sie «unruhige, unbefriedigte Menschen», «die immer murren und klagen müssen gegen das, was jetzt ist», «die immer nach etwas fragen und suchen müssen, was es in der Welt offenbar gar nicht gibt»[21]. Den für den Sozialismus, den er ihm Blick hat, wesentlichen Bezug auf das Ungesagte, Unaussagbare macht Barth in einem Bild klar, das sich tief einprägt:

> «Wir *meinen* ja eigentlich gar nicht das, was in den Forderungen unseres Programmes steht, wir meinen viel mehr als das. Unsere sozialistischen Forderungen [...] sind ja nur die paar ersten Worte einer fremden Sprache, die wir unablässig wiederholen müssen, weil wir die übrigen noch nicht wissen.»[22]

Die «unmögliche Hoffnung», die in der Welt, wie sie ist, immer Unrecht haben muss, entspricht der «Notwendigkeit der geschichtlichen Stunde, in der die Menschheit heute steht»[23]. Deshalb dürfen die Sozialisten «nicht aufhören, die zu sein, die immer unrecht haben. Wir müssen Sozialisten bleiben.»[24] «Um der Bürgerlichen selbst willen dürfen wir nicht bürgerlich werden.»[25]

> «Wir müssen das Opfer bringen, die zu sein, die immer Unrecht haben. Denn erst wenn der Mensch weiss, dass er im Unrecht ist, kann der Tag des Rechtes anbrechen auf der Erde, der Tag des Advents, der Zukunft des neuen Menschen,

20 VuklA 1914–1921, S. 605.
21 A. a. O., S. 606.
22 A. a. O., S. 612.
23 A. a. O., S. 616.
24 A. a. O., S. 618.
25 A. a. O., S. 619. Barth fährt fort: «weder nach rechts noch nach links». Die Sozialisten, so hatte er zuvor festgestellt, dürfen «weder den Weg der deutschen Mehrheitssozialdemokratie gehen noch den Weg des russischen Sowjet-Sozialismus. Beider Wege sind bürgerliche Wege.» A. a. O., ebd.

> des Menschensohnes [vgl. Lk. 17,22], der das Unmögliche möglich macht – der Tag, dessen wir warten.»[26]

Insbesondere im Licht dieser Schlussworte des Suhrer Vortrags erscheint Barths Sicht- und Denkweise doch kaum als ein «dialektisch-theologischer Sozialismus», sondern eher als eine negative Theologie, die Sozialismus und Christentum in der Negation, in der Bezogenheit auf das Unausgesprochene und Unaussprechliche, auf das «ganz andre»[27] zusammenschliesst.

II.

So weit das erste «Videtur quod non». Als getreuer und beflissener *baccalaureus* muss ich dem freilich sofort eine Unterscheidung folgen lassen, die den Gesichtspunkt herausstellt, unter dem die Bezeichnung «dialektisch-theologischer Sozialismus» doch einen bestimmten guten Sinn hat. *Haec ratio procedit de distinctione prioris Barbae formae doctrinae.* Natürlich hat Barth in der Deutung des Sozialismus in den zehn Jahren seines Pfarramts in Safenwil eine deutliche Entwicklung vollzogen: Vom Fortissimo-Auftakt 1911 im Vortrag «Jesus Christus und die soziale Bewegung» mit der Identitätsbehauptung: «Jesus ist die soziale Bewegung und die soziale Bewegung ist Jesus in der Gegenwart»[28] bis zum «Generalbericht» von 1921, in dem Barth sozusagen dem «fahrenden Platzregen»[29], d. h. dem einen Augenblick, der unwiederbringlichen Möglichkeit, den «göttlichen Sinn dieser Frage, dieser Not, dieser Hoffnung [sc. im Sozialismus] zu erkennen», hinterherblickt und feststellt: «Heute ist diese Gelegenheit, dem Göttlichen im Menschlichen zu dienen, versäumt und vorbei.»[30]

Man kann in dieser Dekade – ähnlich wie es schon Marquardt getan hat[31] – wenigstens drei Phasen unterscheiden:

[26] A. a. O., S. 620.

[27] Vgl. in der Suhrer Rede, a. a. O., S. 619: «In dem Moment, wo wir *das ganz andre* vergessen, das wir eigentlich meinen, ist unser Sozialismus tot».

[28] VuklA 1909–1914, S. 386f.

[29] WA 17/II, 179, S. 29–33; WA 15, 32, S. 6–8; vgl. Barth, Karl: Predigten 1920, hg. von Schmidt, Hermann: (Karl-Barth-Gesamtausgabe, Abt. I), Zürich 2005, S. 271.

[30] VuklA 1914–1921, S. 713.

[31] Vgl. Marquardt, Friedrich-Wilhelm: Erster Bericht über Karl Barths «Sozialistische Reden», S. 478–485, in: Verwegenheiten. Theologische Stücke aus Berlin, München 1981, S. 470–488. Freilich folgt Marquardt bei seiner Abgrenzung 1911–1914/1914–1917/1917–1919 anderen Gesichtspunkten.

- die Phase des *Sympathisanten,* die – nach den nicht zu unterschätzenden Anregungen im Elternhaus und in der Studienzeit, vor allem aber nach den sozialen Erfahrungen in Genf, durch die Barths Calvin-Lektüre eine bestimmte Richtung bekam[32] – 1911 beginnt, als Barth «durch Safenwil mit dem Sozialismus bekannt und zu genauerem Überlegen und Studieren der Sache getrieben» wurde[33]. Ihr folgt
- die Phase, in der Barth sich *aktiv – bald auch als Mitglied – in der Sozialdemokratie engagierte.* Sie beginnt merkwürdigerweise ausgerechnet mit der Niederlage und dem Auseinanderfallen der internationalen sozialistischen Bewegung zu Beginn des Ersten Weltkriegs 1914. Am 25. Januar 1915 erfolgte der Eintritt in die Partei. Diese Phase, die man, *iuxta modum*, mit dem Stichwort «dialektisch-theologischer Sozialismus» benennen könnte, endete, was Zugehörigkeit und Tätigkeit in der Partei angeht, erst mit Barths Abschied aus Safenwil: Noch im März 1921 lehnte es Barth zwar ab, für den Aargauer Grossen Rat zu kandidieren, griff aber «in einer vielstündigen Sitzung des Arbeitervereins» dann doch «energisch in die Verhandlungen» ein, «was sehr nötig war, denn der Sumpf bei den Sozialisten ist gross»[34].
- Während dieser Phase verantwortlicher Mitarbeit «im Hause der gottlosen Sozialdemokratie»[35] veränderten sich jedoch Barths Auffassung von der sozialistischen Idee und seine Stellung zum Sozialismus so, dass wir die Zeit ungefähr von 1917/1918 an als eine besondere Phase ansehen müssen. Das tritt etwa zutage, wenn Barth im Oktober 1920 erklärt, es sei nicht ratsam, ihn auf die offizielle Rednerliste der Partei zu setzen, weil er «zum Sozialismus eine zu gebrochene Stellung einnehme», und dem anfragenden Parteigenossen «als Beleg, wo mein Bolschewismus anfange und hinziele», den Aarauer Vortrag «Biblische Fragen, Einsichten und Ausblicke» beilegt[36]. Wie diese auf den ersten Blick sehr seltsame Dedikation andeutet, verlief Barths Entwicklung im Verhältnis zum Sozialismus parallel zu seinem Weg in der Theologie: Die Leitbegriffe Gerechtigkeit und Solidarität veränderten sich im Kraftfeld des «Unmittelbaren», das als solches freilich keine politische Kategorie ist, von

32 VuklA 1909–1914, S. 730.
33 A. a. O., S. 731.
34 BwTh I, S. 474.
35 VuklA 1914–1921, S. 585.
36 BwTh I, S. 430 (dort versehentlich «Aargauer» statt «Aarauer Vortrag»).

dem aber auch die Spitzensätze im ersten «Römerbrief» (1919) über «die sozialistische Kirche in einer sozialistisch gewordenen Welt»[37] Begründung und Prägung erfahren. Es ist offensichtlich, dass wir mit einer dritten Phase zu rechnen haben – oder, um ein bedeutungsvolles Wort aus der politischen Diskussion jener Jahre aufzugreifen, das auch in der Interpretation der Barth-Texte noch eine bedeutsame Rolle spielt: mit einer «zweieinhalbten» Phase, in der zunächst eben das «Unmittelbare» und dann, wie vorhin berührt, das Ungesagte und Unaussagbare in den Mittelpunkt rückt, das in beiden, im Sozialismus wie im Christentum, das Entscheidende ist, in dem sie sich verbinden und zusammengehören – aber freilich nur, sofern jede ihrer Aussagen auf das Ungesagte darin bezogen bleibt.

III.

Barth hat den besonders interessanten Übergang innerhalb der ersten Phase von der allgemeinen positiven Würdigung der sozialen Bewegung zur aktiven Sympathie in «genauerem Überlegen und Studieren» in Briefen aus dem Dezember 1913 anschaulich gemacht. An Wilhelm Loew schreibt er am 15. Dezember 1913:

> «Der Sozialismus hat dies Jahr, zunächst in mir selbst, stark überhand genommen. Ich kann dir nicht ausführen, wie es so gekommen ist, ich spüre nur, dass eine innere Konsequenz mich dieser Sache zuführt. Die Verhältnisse in meiner Gemeinde tragen mehr indirekt dazu bei, ausschlaggebend ist mir das, was ich langsam erstudiere auf diesem weiten Gebiet. Du würdest mich von einer kuriosen Literatur umgeben finden hier. Die Theologie schiebt sich bedenklich in den Hintergrund; ich fürchte, die Sache über die Persönlichkeit Gottes, die jetzt dann einmal in der Z. Th. K. erscheinen soll[38], wird für längere Zeit mein letztes derartiges Wort sein. Im Sommer las ich Troeltschs Soziallehren, sonst nur noch Gelegentliches und Zeitschriften. Auch da werfe ich auf Neujahr noch Ballast über Bord, das biedere ‹Kirchenblatt› und die schweizer. theol. Zeitschrift. Dafür bin ich nun Leser der ‹Gewerkschaftl. Rundschau›, des ‹Textilarbeiters›, eines Konsumvereinsblattes u. einer Bauernzeitung.»

37 Barth, Karl: Der Römerbrief (erste Fassung) 1919, hg. von Schmidt, Hermann (Karl-Barth-Gesamtausgabe, Abt. II), Zürich 1985, S. 444.
38 Vgl. VuklA 1909–1914, S. 494–554.

«Dass ich die Gemeinde nun mit entsprechenden Predigten überschwemme, das brauchst du deshalb nicht zu befürchten. Immerhin wurde die Haltung entschiedener, in Verbindung mit etwas lebhafterer Abstinenzpropaganda noch dazu. (Wir hatten am 24. August einen kantonalen Abstinententag mit ca. 1200 Besuchern hier, der viel Rumor machte.[39]) Leider wurde das in den freisinnigen Kreisen der Gemeinde unangenehm empfunden, stärker als ich es mir vorstellte. Vor 4 Wochen etwa brach der Sturm los». «Unseligerweise standen gerade die Wahlen in die Ortskirchenpflege und in die Synode bevor. Da entstand nun ein grosses Getümmel, das noch nicht einmal beendigt ist. Zunächst hielt ich eine Predigt, in der ich beschrieb, was eine Kirchenpflege sein u. leisten sollte.[40] Gegenchoc: Bildung eines freisinnigen Ortsvereins, der dem Anschein nach neutral sein sollte, in dem aber gleich in der ersten Sitzung die Arbeiterpartei wüst majorisiert wurde, sodass ich mit dieser protestierend das Lokal verlassen musste.[41] Nun bildeten sich im Nu zwei Gruppen: Ortsverein, Lehrer, Wirte, Fabrikanten etc. gegen Arbeiter, Abstinenten, Pfarrer!»

«Die dadurch bewirkte Geisterscheidung war wie ich glaube, nötig u. nützlich; es musste nun einmal der hinterste Mann in der Gemeinde Stellung nehmen und es hat mich gefreut, dass ausser den Arbeitern auch Bauern und Handwerker offen auf unsre Seite getreten sind. Es war trotz Allem Kleinlichen u. Lächerlichen, das natürlich mitunterlief, doch ein Kampf um eine Idee, der aufweckend gewirkt hat, wenn auch etwas viel Konflikte aufs Mal zum Platzen gekommen sind. Wie schwer es für mich ist, in diesen Gegensätzen, an denen ich so stark beteiligt bin, als Pfarrer die gerade Linie beizubehalten – […] – das kannst du dir denken.»

Ich habe diesen Brief, dem andere Briefe und autobiographische Bemerkungen zur Seite zu stellen wären, etwas ausführlicher zitiert, weil in ihm deutlich wird, wie eng für Barth – und gewiss nicht nur für ihn – in dieser Zeit die Abstinentenbewegung und die soziale Bewegung verzahnt waren. Auslöser für Barths aktive Beteiligung am *sozialistischen* Kampf war offenbar zunächst die Reaktion der Freisinnigen auf die Agitation der *Abstinenten.* Ebenso auffällig ist, dass der *politische* Kampf für die Sache der Arbeiterpartei zunächst in Auseinandersetzungen um die *Kirchen*wahlen ausgetragen wurde. Das sind ungemein wichtige gegenseitige Abhängigkeiten und Beeinflussungen, von denen sich einiges in den Texten des vorliegenden Bandes spiegelt, vor allem in den Artikeln und Aufrufen zur Spielbankenfrage, die dadurch zusätzliches Gewicht bekommen.

39 Vgl. a. a. O., S. 559–562.
40 Vgl. Barth, Karl: Predigten 1913, hg. von Barth, Nelly und Sauter, Gerhard (Karl-Barth-Gesamtausgabe, Abt. I), 2. Aufl., Zürich 1994, S. 601–614.
41 Vgl. VuklA 1909–1914, S. 716.

IV.

Diese Interaktionen und Interferenzen, die eine genauere Untersuchung verdienten, spiegeln die grosse grundsätzliche Korrelation, auf die auch die Formulierung meines Themas mit dem Bild aus Barths Brief an Thurneysen vom 11. November 1918[42] vom abwechselnden Brüten über der Zeitung und über dem Neuen Testament anspielt. Fragen wir, ob sich auf dem *kirchlich-theologischen* Feld eine ähnliche Entwicklungslinie zeichnen lässt wie auf dem *politischen,* so ist zunächst festzuhalten, dass Barths theologische Produktion nicht versiegte, wie er es im Brief an Loew jedenfalls für eine gewisse Zeit in Aussicht stellte. Freilich: Der Doppelschlag misslang, mit dem er im November 1915 auf die Sackgasse aufmerksam machen wollte, in die nach seinem Urteil Kirche und Theologie geraten waren: Der «Antrag betr. Abschaffung des Synodalgottesdienstes» vom 11. November 1915 wurde nur von wenigen verstanden, der besonders gegen den Repräsentanten der Schweizer liberalen Theologie Paul Wernle gerichtete Basler Vortrag «Kriegszeit und Gottesreich» vom 15. November 1915 erwies sich als «Schlag an die Wand»[43], wie Barth es selbstkritisch ausdrückte. Aber es ist doch deutlich, dass Barth in diesem Vortrag mit den zwei Sätzen «Welt ist Welt»[44] und «Gott ist Gott»[45] den Ausgangspunkt und den Ariadnefaden für die weitere theologische Arbeit gefunden hatte[46], die sich offenbar nicht

42 Barth schreibt in den «ausserordentlichen Zeiten» des zürcherischen Generalstreiks und des beginnenden schweizerischen Landesstreiks an Thurneysen: «Wie sollte man jetzt mit vollen Händen schöpfen, deuten, erhellen, Wege weisen und öffnen können – und wie mager fliesst das Bächlein der Erkenntnis. [...] Hätten wir uns doch früher zur Bibel bekehrt, damit wir jetzt festen Grund unter den Füssen hätten! Nun brütet man abwechselnd über der Zeitung und dem N. T. und sieht eigentlich furchtbar wenig von dem organischen Zusammenhang beider Welten, von dem man jetzt deutlich und kräftig sollte Zeugnis geben können.» BwTh I, S. 299f.

43 BwTh I, S. 102, vgl. VuklA 1914–1921, S. 180.

44 VuklA 1914–1921, S. 190–193.

45 A. a. O., S. 193; vgl. S. 202.

46 Auf die redensartliche Wendung «Welt ist Welt» wird von Thurneysen in einem Brief vom 20. Mai 1915 angespielt, Barth nimmt sie am 25. Mai auf (BwTh I, S. 44f., 48). Die Wendung «Gott ist Gott» begegnet zuerst in Barths Predigt zum Reformationssonntag, 7. November 1915. Dort heisst es, nachdem die Aussage in den Predigten seit dem 2. Mai 1915 durch verwandte, im Einzelnen aber doch etwas anders akzentuierte Formulierungen (z. B. «So sicher, als eben *Gott Gott ist* und nicht etwas Anderes.» [Barth, Karl: Predigten 1915, hg. von Schmidt, Hermann (Karl-Barth-Gesamtausgabe, Abt. I), Zürich 1996, S. 174; vgl. S. 175,

zuletzt im Blick auf das sozialistische Engagement als notwendig erwies und die zu den programmatischen Vorträgen und Aufsätzen der Folgejahre und zu den beiden Auslegungen des Römerbriefes führte.

Gerade im durchgängig polemisch gegen Wernle gerichteten und ganz im Gegensatz zu ihm entwickelten Vortrag «Kriegszeit und Gottesreich» macht Barth klar, dass alle anerkannten Wertinstanzen: Philosophie, Ethik, Staat, Sozialismus, Pazifismus und auch das Christentum, wie im Weltkrieg auf bittere Weise manifest wurde, deshalb keine überlegene schöpferische Position darbieten und eröffnen können, weil sie auf das Denken und Handeln im *Gegensatz* und in *Gegensätzen* fixiert sind und fixieren. Darin erweisen und vollziehen sie alle ihre sterile unfruchtbare Wahrheit: Welt ist Welt. Gott ist jedoch nicht aus einem Gegensatz zu begreifen, sondern nur aus seiner eigenen souveränen schöpferischen neuen Wirklichkeit: Gott ist Gott. Darauf kommt alles an, das ist die letzte Not und die letzte Aufgabe, dass wir uns unter und über und in allen Gegensätzen dem sich selbst setzenden, sich selbst beweisenden, d. h. sich selbst offenbarenden Ursprung zuwenden. Diese nicht leere, sondern in sich erfüllte, lebendige Tautologie «Gott ist Gott» erkennen und bekennen – das heisst: Glauben. Und «je wirklicher unser Glaube wird, desto weniger *fragen* wir überhaupt, wie wir uns morgen u. übermorgen halten sollen [...]. Wir denken u. reden u. handeln dann einfach von Schritt zu Schritt so, wie wir *müssen.*»[47]

Kein Zweifel: Hier hatte Barth, in wenige Sätze zusammengefasst, die Grundlage, den Quellpunkt gefunden, von dem aus nun eine neue Hermeneutik, Theologie und Ethik zu entwickeln waren, die gerade nicht zu einer «Apokalyptik schroffster dualistischer Art» gerieten, wie Wernle als Hörer des Vortrags meinte.[48] Die «Vorträge und kleineren Arbeiten 1914–1921» dokumentieren, wie Barth diese Aufgabe Schritt für Schritt in Angriff genommen hat, obwohl er von solchen «Expeditionen» wie der Rede in Basel zunächst Abstand nehmen wollte.[49]

210, 274, 277, 281, 407, weiter S. 487, 489]) vorbereitet worden war: «Es ist nicht recht!, sagte das Gewissen. Es muss etwas Anderes geben. Es gibt etwas Anderes. Gott ist Gott und will etwas Anderes.» (A. a. O., S. 445). Daran knüpft Barth in seinem Basler Vortrag vom 15. November 1915 an: «Aber Gott ist Gott, u. bei ihm u. von ihm her giebt es ein Neues.» (VuklA 1914–1921, S. 190). Damit hat der Satz seine – später durch die Hervorhebung «Gott ist *Gott*» (z. B. a. a. O., S. 340) noch unterstrichene – spekulative Gestalt gefunden, in der er mit Recht als ein Grundsatz der «Dialektischen Theologie» aufgefasst und verstanden worden ist.

47 VuklA 1914–1921, S. 209.

48 A. a. O., S. 184.

49 A. a. O., S. 183.

V.

Der erste dieser Schritte liegt im Vortrag «Die Gerechtigkeit Gottes» vom 16. Januar 1916 vor. Barth hat den Einsatz, den er hier beim *Gewissen* nimmt, später als verfehlt bezeichnet.[50] Dennoch bleibt der Text ein eindrucksvolles Manifest dessen, worauf Barth nun – und man kann wohl sagen: für alle seine weitere theologische Arbeit – hinauswollte.[51] Wenn wir glauben, d. h., wenn wir «still werden und Gott mit uns reden lassen», dann bekommt das Leben «seinen Sinn wieder, das Leben des Einzelnen und das Leben im Ganzen»:

> «Wirkliche Liebe, wirkliche Wahrhaftigkeit, wirklicher Fortschritt werden möglich, ja Moral und Kultur, Staat und Vaterland, sogar Religion und Kirche werden jetzt möglich, jetzt, erst jetzt! Eine weite Aussicht tut sich auf für die Zukunft.»[52]

Mit diesen Bemerkungen werden manche Kontroversen der Folgejahre – insbesondere wichtige Punkte in der Barth-Harnack-Kontroverse von 1923 – von vornherein überholt. Ebenso bedeutsam erscheinen mir die Schlusssätze, weil sie den ja vorhin schon berührten Gedanken der unterschiedlichen Zeiten in der Geschichte Gottes mit den Menschen anschlagen, der Barth in allen Stadien seiner theologischen Arbeit grundlegend wichtig gewesen ist:

> «Es wird sich zeigen, ob die Erschütterung des Turmes von Babel, die wir jetzt durchmachen, stark genug ist, um uns dem Weg des *Glaubens* ein klein wenig näher zu bringen. Eine Gelegenheit dazu ist jetzt da. Es kann sein, dass es geschieht. Es kann aber auch sein, dass es nicht geschieht. Früher oder später wird es geschehen. Einen anderen Weg gibt es nicht.»[53]

[50] Vgl. Barth, Karl: Vorträge und kleinere Arbeiten 1922–1925, hg. von Finze-Michaelsen, Holger (Karl-Barth-Gesamtausgabe, Abt. III), Zürich 1990, S. 685.

[51] Ich denke an das Bild Barths in Barth, Karl: Brechen und Bauen – Eine Diskussion, S. 112, in: Barth, Karl: Der Götze wackelt. Zeitkritische Aufsätze, Reden und Briefe von 1930 bis 1960, hg. von Kupisch, Karl, Berlin 1961 [Nachdruck Waltrop 1993], S. 108–123, mit dem er das Verhältnis von Identität und Wandel in seiner theologischen Arbeit anschaulich macht: «Für mich war nie ein Bruch da! Im Römerbrief habe ich den Bogen einmal gespannt auf ein bestimmtes Ziel hin, und dann lässt man los, der Pfeil fliegt und die Sache, um die es geht, verändert sich dadurch – und sieht danach anders aus.»

[52] VuklA 1914–1921, S. 244f.

[53] A. a. O., S. 245.

Noch bestimmter und konkreter ist dieser Gedanke der Unterscheidung der Zeiten in Barths Vortrag «Religion und Leben» vom 9. Oktober 1917 zu greifen. Barth führt da aus – und die Namen der unterschiedenen Zeiten sind hier nun ebenso wichtig wie diese Unterscheidung selber: Es hat «auch ganze Zeiten» gegeben: «Pauluszeiten, Franziskuszeiten, Lutherzeiten, wo es wie der Schimmer von einem grossen, allgemeinen Merken durch ganze Völker lief. Und es ist mir, gerade die heutige Zeit müsste nun eigentlich viele aufrichtige Menschen förmlich zwingen zum Merken und Merkenwollen.»[54] Es wäre ein lohnender Gegenstand einer *determinatio magistralis*, darzulegen und «festzulegen», wie die Unterscheidung der Zeiten Barths Theologie im Ganzen sachlich und methodisch prägt. *Videant magistri*!

Der Vortrag über «Religion und Leben» ist für uns aber auch deshalb besonders wichtig, weil hier der Schlüsselbegriff dieser Phase zentral entfaltet und in dem im Titel angedeuteten Gegensatz erhellt wird: der Begriff «Leben». Das Verhältnis von Religion und Leben wird als kontradiktorischer Gegensatz begriffen, wenn es heisst: «Der *Fluch* ist die völlige Lebensfremdheit dessen, was man *Religion* heisst. Die *Erlösung* ist das *Leben* selbst.»[55] Damit ist freilich noch kein Ausweg aus der Aporie der Gegenwart gezeigt, sondern eine Aufgabe gestellt – die Aufgabe, darum zu ringen,

> «das Leben (das Leben in der Welt und das Leben in der Bibel!) selber erst zu sehen, zu verstehen, zu begreifen. Die Not der Welt so anzuschauen, dass ich davon reden kann als von meiner eigenen Not, und den Sieg und die Freude in der Bibel so, dass ich davon zeugen kann als Einer, der nicht nur davon gelesen, sondern der sie als Wahrheit gehört und gesehen hat.»[56]

Mit der Aufgabe dieser «inneren Arbeit» ist jedoch auch schon die Verheissung verbunden: «Wir werden das Leben sehen, und wir werden dann auch einmal vom Leben zeugen dürfen.»[57] Fast im Gestus der Propheten (Jes 9,1!) spricht Barth seinen Zuhörerinnen und Zuhörern Trost und Mut zu: «Ich sehe von weitem ein grosses Licht. Wir brauchen uns nicht zu fürchten.»[58]

54 A. a. O., S. 420.
55 A. a. O., S. 431.
56 A. a. O., S. 433.
57 A. a. O., S. 434.
58 A. a. O., S. 432.

VI.

In dem im gleichen Jahr 1917 zu Weihnachten erschienenen Predigtband von Barth und Thurneysen, der unter den sachlich höchst bezeichnenden Titel «Suchet Gott, so werdet ihr leben!» gestellt war, ist die zugleich «ontologische und axiologische Grundkategorie»[59] «Leben» immer präsent, so wie sie dann auch durchgehend den ersten «Römerbrief» bestimmt, der zu Weihnachten 1918 herauskam. Allein im fünften Kapitel kommt dort Leben als Verb und als Substantiv mehr als 60-mal vor. In der Auslegung von Röm 5,1 schreibt Barth: «In Jesus ist die ursprüngliche, für uns aber neue Natur der Dinge in Gott wieder erschienen, bricht auf, quillt, überströmt, teilt sich mit, will Alles, was ist, hineinziehen in den Rhythmus der ewigen Lebensbewegung, von Gott her, zu Gott hin. […] Kraft dieser ewigen Bewegung, die in Jesus aktuell geworden ist, die aber alle Vorgänge des natürlichen und geschichtlichen Lebens diagonal durchschneidet als das *Leben* im ‹Leben›, wird jene neue Ordnung, der *‹Friede mit Gott›* geschaffen.»[60]

Die Herkunft des hier in Anführungszeichen gesetzten «Lebens», d. h. aber des «natürlichen und geschichtlichen Lebens», das vom emphatisch so zu nennenden ursprünglichen Leben «diagonal durchschnitten» wird, erklärt Barth in seiner Auslegung von Röm 5,12 ganz in den Bahnen Hermann Kutters so:

> «Es gibt nur *eine* Sünde: Das Selbständigseinwollen des Menschen Gott gegenüber. Aus der Unmittelbarkeit des Seins mit Gott fällt der Mensch heraus. […] Er stellt sich betrachtend und beobachtend *neben* das Leben. […] Er steht nun wirklich *neben* dem Leben, *ausser* Gott und darum nicht mehr unter der Ordnung des göttlichen, sondern unter der ebenso systematischen und folgerichtigen Unordnung des widergöttlichen Daseins.»[61]

Diese Unordnung, dieses in Anführungszeichen zu setzende «Leben» durchschneidet die ewige, in Jesus aktuell gewordene Lebensbewegung als «das Leben im ‹Leben›».

59 Pfleiderer, Georg: Karl Barths praktische Theologie. Zu Genese und Kontext eines paradigmatischen Entwurfs systematischer Theologie im 20. Jahrhundert (BhTh 115), Tübingen 2000, S. 271.

60 Der Römerbrief (erste Fassung), a. a. O. (s. Anm. 37), S. 149.

61 A. a. O., S. 177–179.

VII.

Es ist dieser Gedanke des ursprünglichen Lebens im natürlichen Leben, des Unmittelbaren im abgeleitet Vermittelten, in dem sich für Barth in dieser Phase Christentum und Sozialismus selbstverständlich begegnen sollten und finden müssten – so fraglos-selbstverständlich, eins in einer Sache, wie Barth es so weder in den vorangehenden noch in den folgenden Jahren ins Auge gefasst und behauptet hat. In den umfassenden Darlegungen über «Die Zukunft des Christentums und der Sozialismus» vom Sommer 1917 führt Barth aus: Im Urteil über den Sozialismus sind nicht entscheidend die Ideen, die Menschen, die erreichten Erfolge. Entscheidend ist vielmehr: Hier brachen «Kräfte» «auf u. wurden wirksam, die das moderne Christentum aller Schattierungen nicht hat», die aber, «wie wir aus dem NT wissen[,] gerade das Wesentliche im Reiche Gottes» sind.[62]

> «Nur ein Seufzen u. Schreien ist eigentlich das Wesen des Sozialismus, ein hilfloses Ringen des Menschen mit den unpersönlichen Mächten dieser Welt, weil er ein Mensch sein[,] weil er leben möchte der tötlichen Umklammerung des Mammon u. einer mammonistischen Gesellschaftsordnung zum Trotz, ein unpraktisches, ratloses, phantastisches Hungern u. Dürsten nach Gerechtigkeit [vgl. Mt. 5,6] [...]. Das ist der Sozialismus – nicht mehr als das – aber *das* ist er.»[63]

«Dieses Unmittelbare im Sozialismus, [...] das ist seine Kraft»[64] – seine göttliche Kraft, müssen wir präzisieren. Denn «das Unmittelbare, das wir darin spüren», ist «der göttliche Stoss, der da wieder einmal aus der Tiefe gekommen ist ganz abseits von allem religiösen Wesen»[65], aber innerlich zusammengehörig mit dem Evangelium, das als «Kraft Gottes» (Röm 1,16) «ein Stoss aus der Tiefe» ist «gleichsam, zur Erneuerung u. Errettung der Kreatur, geführt von dem Gott[,] der sich selber u. darum auch seiner Welt treu bleibt»[66]. Dass dieser Stoss im gegenwärtigen Christentum anders als im Sozialismus nicht als Kraft spürbar ist, hat seinen Grund darin, dass die Christenheit das Anklopfen des Gottesreiches

> «einfach nicht verstand, sondern sich schleunigst allerhand selbstgestellten Privat- u. Spezialproblemen zuwandte, die an sich wohl wichtig u. nötig wären[,]

62 VuklA 1914–1921, S. 395.
63 A. a. O., S. 399f.
64 A. a. O., S. 401.
65 A. a. O., S. 402.
66 A. a. O., S. 396; vgl. auch S. 398.

> aber nicht für sich[,] sondern nur im Zusammenhang der Gesamterneuerung des Lebens u. der Welt aus den Kräften Gottes, die der Sinn des Evangeliums ist»[67].

Diese Kritik an der Desorientierung der Christenheit hat neben dem *spezifischen* auch noch einen *generellen* Sinn, den wir notieren müssen, weil er die für Barth entscheidend wichtige Umkehrung des Paradigmas betrifft, in dem Theologie und Kirche gewöhnlich das Verhältnis von Gott und Welt begriffen haben. Barth bringt die Umkehrung, die er den beiden Blumhardts verdankt, 1919 anlässlich der Gegenüberstellung von Friedrich Naumann und Christoph Blumhardt in einem Doppelnekrolog so zum Ausdruck:

> «Die kirchliche Auffassung [sc. von der Naumann ausging], dass die Welt im Grossen und Ganzen im Argen liege [vgl. 1Joh 5,19] und liegen bleibe, während allerdings im einzelnen durch die Religion manches gemildert, erleichtert und verbessert werden könne, kehrten sie [sc. die Blumhardts] gerade um: Es gibt im einzelnen auch ohne Religion viel Gutes und Hoffnungsvolles, viele Gleichnisse des Göttlichen in der Welt, sie bedarf und harrt aber im Ganzen einer durchgreifenden Erlösung und Neuordnung, nicht durch Religion, sondern durch die realen Kräfte Gottes.»[68]

Die Hoffnung, die in dieser Umkehrung der herkömmlichen Vorstellung von Gott und Welt wirksam ist, würde Robert Spaemann vielleicht auch einen «fast schon ruchlosen Optimismus»[69] nennen. Ohne diese Hoffnung ist Barth aber nicht zu denken. Deshalb musste davon hier die Rede sein.

VIII.

Doch zurück zum «Leben im ‹Leben›», auf das diese Hoffnung hofft. Es ist für unser Verständnis der Explikationslinie, auf der sich Barths Theologie in diesen Jahren entfaltet, ausserordentlich aufschlussreich, dass wir dem Gedanken vom «Leben im Leben» – wenn nun auch in eine andere, durch den Austausch mit dem Bruder Heinrich Barth bestimmte Tonart transponiert – im Herbst 1919 wieder begegnen: Im Tambacher Vortrag «Der Christ in der Gesellschaft» vom 25. September 1919, den Georg Pfleiderer

67 A. a. O., S. 398.

68 A. a. O., S. 540.

69 Spaemann, Robert: «Das Konzil hat die Kirche lasch gemacht». Interview mit Wiegelmann, Lucas: Wie der Zeitgeist gesegnet wurde: Der Philosoph Robert Spaemann über die verhängnisvolle Wirkung des Vatikanums von 1962, in: Die Welt, 26. 10. 2012, S. 23: «Johannes XXIII. war ein tief frommer Mann. Aber er war von einem Optimismus geprägt, den man fast schon ruchlos nennen könnte.»

zutreffend als die «Initialzündung der einflussreichsten theologischen Bewegung des 20. Jahrhunderts» bezeichnet hat.[70] Im zweiten Teil des Vortrags, der den Standort feststellen soll, an dem sich Barth mit seinen Zuhörern befindet, wird die Formel vom «Leben im Leben» wieder aufgenommen: «einmal des Lebens im Leben bewusst geworden»[71], schauen wir aus «nach einem wurzelhaften, prinzipiellen, ursprünglichen Zusammenhang unseres Lebens mit jenem ganz andern Leben» Gottes[72]. Es kann nicht anders sein: «der lebendige Gott», der uns nötigt, «auch an *unser* Leben zu glauben», bringt uns damit zum Leben – zum «Leben» in Anführungszeichen – «in kritischen Gegensatz».[73] Unsere Seele ist «erwacht [...] zum Bewusstsein ihrer Unmittelbarkeit zu Gott, d. h. aber einer verloren gegangenen und wieder zu gewinnenden Unmittelbarkeit aller Dinge, Verhältnisse, Ordnungen und Gestaltungen zu Gott»[74]. Eben dieses nie nur individuelle, immer auch soziale Erwachen der Seele ist «die Bewegung im Leben aufs Leben hin»[75] – im Erstdruck hiess es noch kräftiger: «die Bewegung aufs Leben im Leben hin»[76]. Das Movens dieser Bewegung ist die Notwendigkeit, alles Leben «am Leben selbst zu messen»[77]. Damit und darin geschieht «die Revolution des Lebens gegen die es umklammernden Mächte des Todes»[78], gegen «die tödliche Isolierung des Menschlichen gegenüber dem Göttlichen»[79]. An einer Stelle beschreibt Barth die Bewegung, die aus dem «kritischen Gegensatz zum Leben»[80] entspringt – gemeint ist natürlich: aus dem kritischen Gegensatz zum Leben als «Abstraktum»[81] –, als «Bewegung des Lebens in den Tod hinein und aus dem Tode heraus ins Leben»[82].

Das scheint sich nun aufs engste zu berühren mit einer Aussage im Aarauer Vortrag «Biblische Fragen, Einsichten und Ausblicke» vom 17. April 1920. Barth spricht dort vom «eigentümlichen Rhythmus des Fortschritts:

70 Pfleiderer, Georg: Karl Barths praktische Theologie, S. 319.
71 VuklA 1914–1921, S. 569.
72 Ebd.
73 Ebd.
74 A. a. O., S. 570.
75 Ebd.
76 Ebd., Anm. b.
77 A. a. O., S. 571.
78 Ebd.
79 A. a. O., S. 572.
80 A. a. O., S. 574.
81 Vgl. a. a. O., S. 573.
82 Ebd.

aus dem Leben in den Tod – aus dem Tode in das Leben!, der uns im Mittelpunkt der Bibel entgegentritt»[83]. Die Verwandtschaft ist offensichtlich. Doch wir müssen genauer zusehen. Diese Aussage im Aarauer Vortrag bezieht sich ja zurück auf die Formulierung, die wie eine Devise, musikalisch gesprochen, die grosse Coda des Vortrags einleitet: «Aus dem *Tode* das *Leben!*»[84] Schon wenn bei der Reprise in dieser Devise nur noch «Aus dem *Tode* das Leben!»[85] hervorgehoben ist, wird klar, dass der Gedanke aus dem Tambacher Vortrag im Aarauer Vortrag wirklich eine Umwandlung erfährt. Das wird vollends dadurch deutlich, dass dieses Kernmotiv von den beiden Sätzen eingerahmt wird: «Die eine einzige Quelle unmittelbarer realer Offenbarung Gottes liegt im *Tode.*» Und:

> «Das menschliche Korrelat zu der göttlichen Lebendigkeit heisst weder Tugend, noch Begeisterung, noch Liebe, sondern *Furcht* des Herrn, und zwar Todesfurcht, letzte, absolute, schlechthinnige Furcht.»[86]

Es ist deutlich: Das Wort Tod meint hier in seiner Grundbedeutung den Tod als radikales Ende, als wirklichen Tod. Tod meint nicht mehr, so wie Barth in Tambach in analoger Sprache ausgeführt hatte, «ein selbständiges Leben

83 A. a. O., S. 692.
84 A. a. O., S. 686.
85 A. a. O., S. 689.
86 A. a. O., S. 686. Vgl. aus Barths Predigt vom 10. Oktober 1920: «Wir möchten, wenn wir das Wort ‹Gott› aussprechen, doch immer wieder an irgendetwas Hohes, Grosses und Schönes denken, das wir selbst uns als Ziel, als Ideal aufgestellt haben. Dann würden wir uns also doch wieder selbst wägen, wollten als unsere eigenen Richter uns selbst freisprechen oder verurteilen. Ja, so machen wir es oft. Aber Gott wohnt in einem Lichte, da niemand zu kann [1. Tim. 6,16]. Auch das Höchste, was wir von ihm denken können, ist noch eine Täuschung. Nur er selbst ist Gott. Nur er selbst kennt uns. Nur er selbst nimmt uns an oder verwirft uns. Indem Gott den Menschen berührt und der Mensch sich von Gott berühren lässt, muss der Mensch sterben [vgl. Ex. 33,20]. Ihm wird ein Halt! geboten, das wir mit nichts anderem als mit dem Tod vergleichen können. Was noch aus uns ist in unserem Leben, das ist noch nicht aus Gott, und was schon aus Gott ist, das ist nicht mehr aus uns. Indem wir auf die Waagschale Gottes gelegt werden, entsteht diese Todeslinie in unserem Leben, das Kreuz wird sichtbar; was diesseits ist, das muss vergehen, was jenseits ist, unsichtbar, unfassbar, unantastbar, das ist ewiges Leben [vgl. 2Kor 4,18].» Predigten 1920, a. a. O. [s. Anm. 29], S. 354. Vgl. in der Bearbeitung dieser Predigt für den 27. Februar 1921: «Wo der Mensch vor Gott steht, da ist ihm ein Halt! geboten, über das er nicht hinaus kann, ein Halt, das sich nur mit dem Tode vergleichen lässt.» Barth, Karl: Predigten 1921, hg. von Schmidt, Hermann (Karl-Barth-Gesamtausgabe, Abt. I), Zürich 2007, S. 58.

neben dem Leben», das als solches eben «nicht Leben, sondern Tod» ist. Was Barth in Tambach einhämmerte, bleibt zwar wahr:

> «Tot ist alles Nebeneinander von Teilen [...]. Tot ist ein Innerliches für sich, ebenso wie ein Äusserliches für sich. Tot sind alle ‹Dinge an sich› [...]. Tot sind alle blossen Gegebenheiten. Tot ist alle Metaphysik.»[87]

Aber jetzt in Aarau geht es nicht mehr um die vorauslaufenden Schatten des Todes, jetzt geht es – *reduplicative*, wie die Scholastiker sagen – um den Tod selber, es geht um «Gethsemane und Golgatha»[88].

Es liegt danach auf der Hand, dass hier in Aarau mit dem gleichen Vokabular, ja mit den gleichen Sätzen etwas Neues, vielleicht sogar etwas «ganz Anderes» gesagt wird als ein halbes Jahr zuvor in Tambach. Man ist an das Bild von einem Handschuh erinnert, der umgestülpt worden ist: Es ist der gleiche Handschuh, aber er zeigt nun in den gleichen Umrissen eine ganz andere Gestalt – die *Innen*seite der Aussenseite als *Aussen*seite.

IX.

So stellt sich hier zum Schluss eine doppelte Frage:

Zum einen nach rückwärts: Ist das, was wir in Aarau 1920 hören, wirklich die verborgene Innenseite dessen, was wir bis zur Jahreswende 1919/1920 gehört haben, bis nämlich Barth Anfang 1920 Franz Overbeck[89] und dessen «Todesweisheit»[90] entdeckt und ihn als seinen «Melchisedek»[91] erkannt hatte? Anders ausgedrückt: War das Initiationserlebnis der Lektüre von Overbecks «Christentum und Kultur»[92] eine Hilfe zur exakteren, unmissverständlicheren Formulierung eines Barth seit 1915/1916 beschäftigenden und bewegenden Gedankens? Oder kam hier durch die Vermittlung

87 VuklA 1914–1921, S. 571.

88 Vgl. a. a. O., S. 694. Exakt hier ist, so scheint mir, der Ursprungspunkt für Barths immer deutlicher werdendes Konzept einer Theologie zu suchen, die als Offenbarungstheologie Christologie ist.

89 Einen, «der etwas von Gott wusste», nennt Barth ihn in der Predigt vom 25. Juli 1920. Barth, Karl: Predigten 1920, a. a. O. [s. Anm. 29], S. 272.

90 VuklA 1914–1921, S. 691, vgl. S. 649.

91 Brief vom 5. 1. 1920: BwTh I, S. 364.

92 Vgl. Unerledigte Anfragen an die heutige Theologie, VuklA 1914–1921, S. 622–661.

des «überaus merkwürdigen und selten frommen»[93] Overbeck ein ganz neuer Gedanke ins Spiel, der sich während der Arbeit am zweiten «Römerbrief» noch radikalisierte[94] und nur mühsam in einer Kontinuität mit dem τύπος διδαχῆς z. B. des «Römerbriefs» von 1919 auszudrücken war?

Und zum anderen nach vorwärts: In welcher Kontinuität steht z. B. die «Christliche Dogmatik», die «Kirchliche Dogmatik» mit der Overbeck-Besprechung und mit dem radikalen biblisch-hermeneutischen Manifest von 1920? Barth hat in seinen späteren Jahren wiederholt den inneren Abstand zur Römerbriefzeit zum Ausdruck gebracht[95] und, nebenbei bemerkt, einmal einen Hörerschein für seinen zweiten Aufsatzband, an dessen Eingang

93 Barth, Karl: Der Römerbrief (zweite Fassung) 1922, hg. von van der Kooi, Cornelis und Tolstaja, Katja (Karl-Barth-Gesamtausgabe, Abt. II), Zürich 2010, S. 7.

94 Hier ist ein Vergleich der beiden Fassungen der Predigt über Spr 16,2 lehrreich (vgl. Anm. 86). Als Barth das Manuskript vom 17. Oktober 1920 für die Vorstellungspredigt am 27. Februar 1921 in Göttingen bearbeitete, formulierte er: «Die Todeslinie in unserem Dasein ist auch die Lebenslinie, die Gnadenlinie. Der scharfe Schnitt, der uns trennt von Gott, ist auch die Grenze, durch die wir an seinem unsichtbaren, unvergänglichen Wesen [vgl. 1. Tim. 1,17] teilhaben. Gerade die *Frage* nach Gott kann nicht abreissen, nicht aufhören, nicht erledigt werden, sie ist als Frage schon die Antwort.» Barth, Karl: Predigten 1921, a. a. O. [s. Anm. 86], S. 58. In der ursprünglichen Fassung war noch nicht von der Identität der Linien, sondern von zwei Linien die Rede, noch nicht vom Schnitt, der auch die Grenze ist, noch nicht von der Frage, die als solche schon die Antwort ist: «Indem wir in die Waagschale Gottes gelegt werden, entsteht mit der Todeslinie eine *Lebenslinie*, die gleichfalls durch unser ganzes Dasein hindurchgeht, die *nie abreissen* darf. Das unvergängliche Wesen Gottes, an dem der Mensch da teilnimmt, wird nun *zur Frage* in jedem Augenblick, zur Unruhe in jeder Lebenslage, *zum Angriff* auf alles Feststehende in unserem vergänglichen Wesen.» Barth, Karl: Predigten 1920, a. a. O. [s. Anm. 29], S. 354. Übrigens schreibt Barth während der Arbeit an der neuen Fassung an Thurneysen: «Im Ganzen ist nicht viel zu ändern.» BwTh I, S. 472. Das ist sehr aufschlussreich: Offensichtlich empfand Barth die neuen Sätze einfach als klarere Formulierung dessen, was für ihn – jetzt! – schon die Meinung, die Intention der ursprünglichen Aussage war. Ähnlich instruktive Beobachtungen kann ein Vergleich der Predigt über Luk 24,36–43 vom 27. April 1919 erbringen. Barth, Karl: Predigten 1919, a. a. O. [s. Anm. 6], S. 165–172, mit der Bearbeitung und Neufassung für den 11. April 1920, Barth, Karl: Predigten 1920, a. a. O. [s. Anm. 29], S. 135–142.

95 Besonders eindrucksvoll im ersten Teil seines Vortrags Die Menschlichkeit Gottes (ThSt[B] 48), Zollikon-Zürich 1956, S. 3–10, vgl. auch z. B. Barth, Karl:

programmatisch die «Unerledigten Anfragen» Overbecks stehen, nur mit der ausdrücklichen Weisung ausgestellt: «Das sollen Sie aber nicht lesen, Sie sollen die Kirchliche Dogmatik lesen!»[96] Doch eben in der letzten Vorlesung zur «Kirchlichen Dogmatik» von 1961 steht – im Zusammenhang einer nachdrücklichen Berufung auf das für Barth entscheidende Reich-Gottes-Verständnis der beiden Blumhardts – die ausdrückliche Bekräftigung des Bildes, das emblematisch die Prägung der Theologie Barths in der Phase des zweiten «Römerbriefes» ausdrückt: «Ich würde aber noch jetzt und vielleicht mit noch grösserer Bestimmtheit [sc. als 1920] sagen», man müsse Overbeck, «um ihn recht zu würdigen, gleichsam Rücken an Rücken mit seinem Zeitgenossen, dem jüngeren Blumhardt, sehen»[97], worin doch eingeschlossen ist: den jüngeren Blumhardt Rücken an Rücken mit Overbeck! Es wäre also auch zu fragen: Gibt es ein sachliches Kontinuum zwischen 1920 und 1961? Aber diese Fragen sind nun wirklich Sache einer *determinatio magistri*![98]

Brechen und Bauen – Eine Diskussion, in: Barth, Karl: Der Götze wackelt. Zeitkritische Aufsätze, Reden und Briefe von 1930 bis 1960, hg. von Kupisch, Karl, Berlin 1961 [Nachdruck Waltrop 1993].

96 Smend, Rudolf: Studium bei Karl Barth, in: Smend, Rudolf: Zwischen Mose und Karl Barth. Akademische Vorträge, Tübingen 2009, S. 311–340, S. 334.

97 Barth, Karl: Das christliche Leben. Die Kirchliche Dogmatik IV/4, Fragmente aus dem Nachlass. Vorlesungen 1959–1961, hg. von Drewes, Hans-Anton und Jüngel, Eberhard (Karl-Barth-Gesamtausgabe, Abt. II), 3. Aufl., Zürich 1999, S. 444.

98 Wenigstens *in calce* möchte ich, ohne vorzugreifen, andeuten, dass ich die einfachere Antwort, die die Wendungen auf Barths Weg als Brüche akzentuiert, historisch für weniger zutreffend und sachlich für weniger lehrreich halte als die schwierigere Antwort, die nach der einen Linie in Barths Denken sucht. In der Frage nach dem Zusammenhang und der Einheit von Barths Weg und Werk hat Hans Urs von Balthasar m. E. im Ganzen mit der Feststellung Recht, «dass die Letztgestalt, wie die Dogmatik sie enthält, von Vornherein die Absicht und gleichsam die Entelechie dieses dramatischen Werdegangs war.» Von Balthasar, Hans Urs: Karl Barth. Darstellung und Deutung seiner Theologie, 4. Aufl., Einsiedeln 1976, S. 47. So kann «der spätere Weg Barths» in der Tat als «eine paradoxe Rehabilitation des ‹Römerbriefs›» verstanden werden, insofern nun klar wird, was dieses seltsame Buch «*eigentlich sagen wollte*». A. a. O., S. 93. Dabei sind übrigens, wie ich meine, auch innerhalb der «Kirchlichen Dogmatik» die späteren Teile als «Entelechie» der früheren zu lesen, d. h. zuletzt auf die Ethik der Versöhnungslehre hin wie von ihr her. Vgl. dazu Drewes, Hans-Anton: In the Same Solitude as Fifty Years Ago, in: Anderson, Clifford B.; McCormack, Bruce (Hrsg.), Karl Barth and the Making of *Evangelical Theology*. A Fifty-Year Perspective, Grand Rapids (Michigan); Cambridge (U.K.) 2014, S. 15–29.

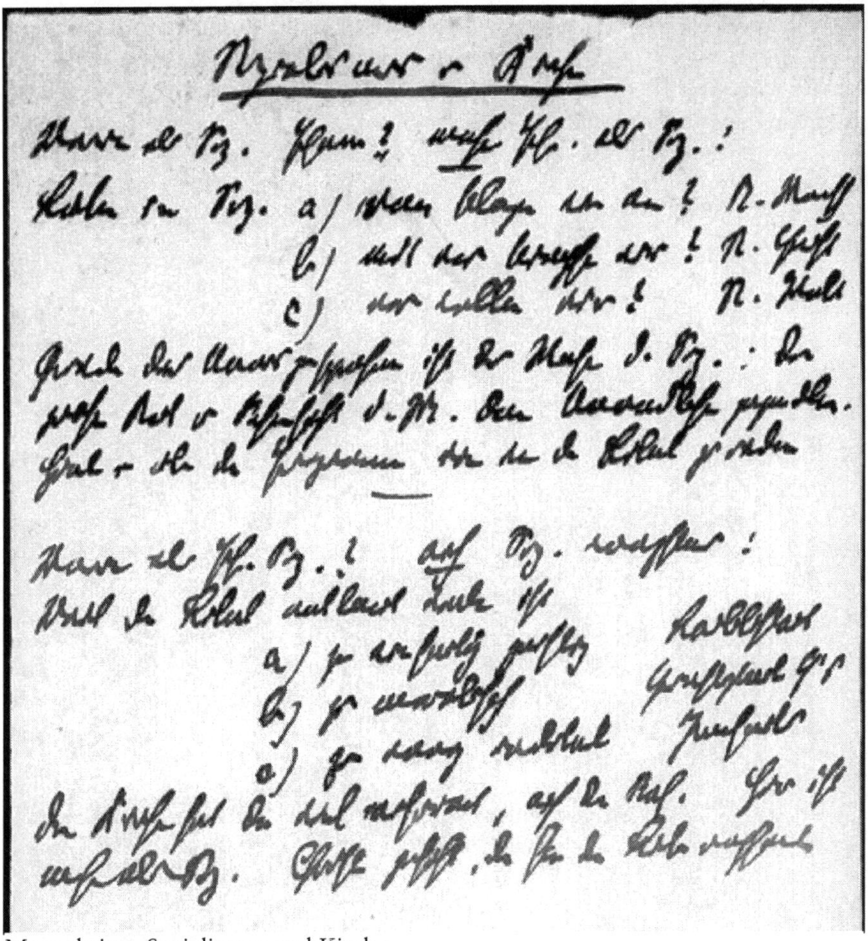

Manuskript «Sozialismus und Kirche»
(Originalgrösse 11,7 × 12 cm)

Transkription

Sozialismus u. Kirche

Warum als Soz[ialist] Pfarrer?, *mehr* Pf[arrer] als Soz.! //
Leben im Soz[ialismus]
a) wen klagen wir ein[?]? N[euer] Mensch //
b) mit was kämpfen wir? N[euer] Geist //
c) was wollen wir? N[eue] Welt //
Gerade das Unausgesprochene ist das Wesen d. Soz.: die //
grosse Not u. Sehnsucht d. M[enschen] dem Unendlichen gegenüber. //
Hinter u. über dem Programm wäre von der Bibel zu reden

Warum als Pf[arrer] Soz[ialist]? *auch* Soz. wenigstens! //
Weil die Bibel entleert worden ist //
a) zu einseitig geistig Leiblichkeit //
b) zu moralisch Gerechtigkeit G[otte]s //
c) zu wenig radikal Jenseits //
Die Kirche hat da viel versäumt, auch die Ref[ormation]. Hier ist //
mehr als Soz[ialismus]. Christen gesucht, die für den Leib[?] empfinden

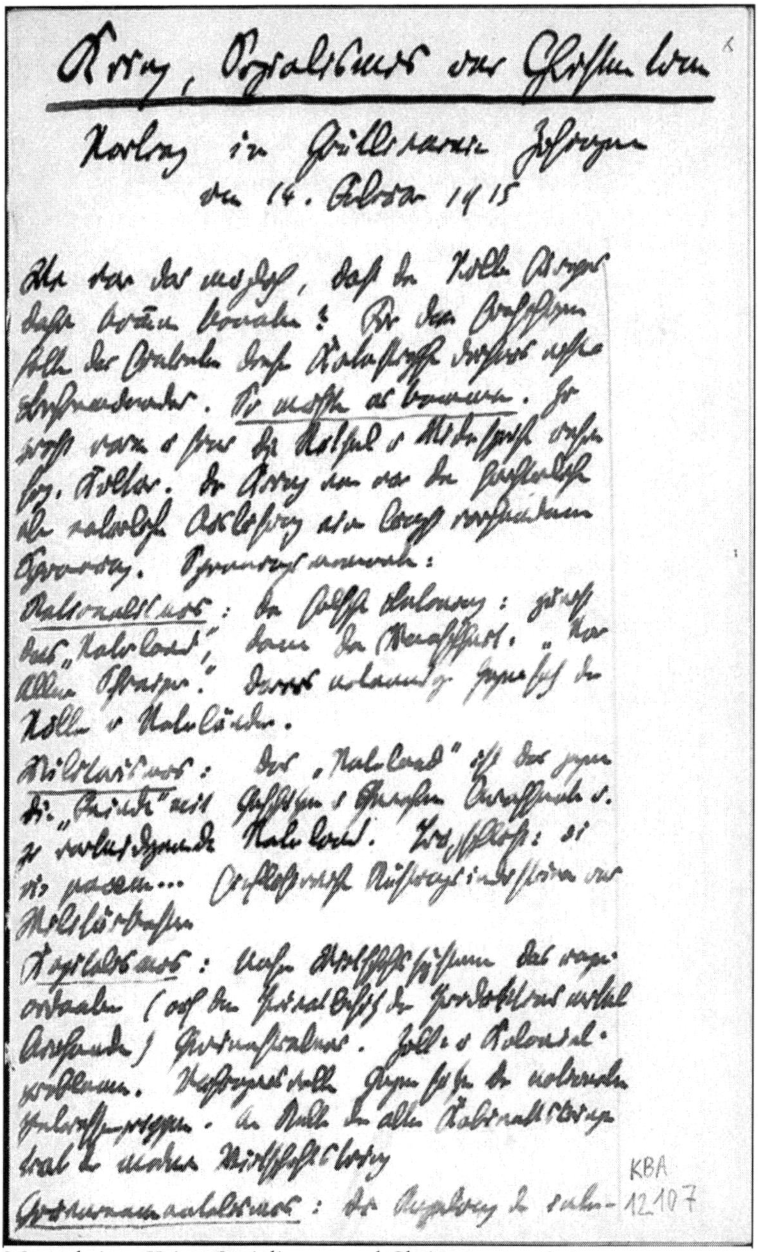

Manuskript «Krieg, Sozialismus und Christentum», S. 1
(Originalgrösse 11 × 18 cm)

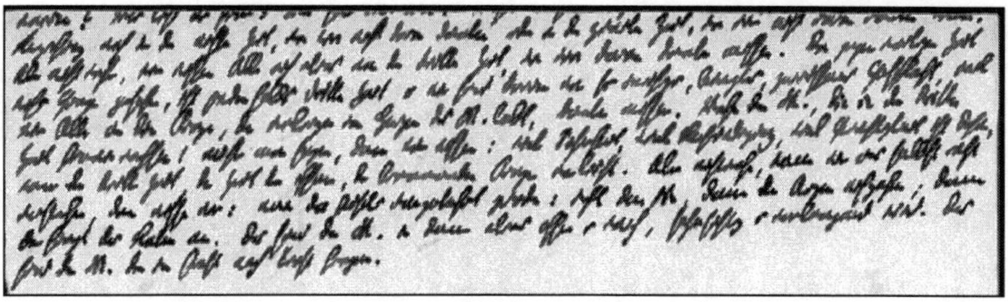

Fragment auf der Rückseite von «Sozialismus und Kirche»
(Originalgrösse 18 × 5 cm)

Transkription

Beziehung[?] auch in der ersten Zeit, wo wir noch[?] daran denken oder in der zweiten Zeit, wo wir nicht daran [denken wollen?]. //
Aber nichtwahr, wir wissen Alle auch etwas von der dritten Zeit, wo wir daran denken müssen. Die gegenwärtige Zeit //
aufs Ganze gesehen, ist jedenfalls dritte Zeit u wir sind darum ein so unruhiges, bewegtes, zerrissenes Geschlecht, //
weil wir Alle an die Frage, die verborgen im Herzen der Menschen lebt, denken müssen. Wehe den M., die in der dritten //
Zeit heranwachsen! müsste man sagen, denn wir wissen: viel Sicherheit, viel Befriedigung, viel Gerechtigkeit ist dahin, //
wenn die dritte Zeit, die Zeit der offenen, der brennenden Frage anbricht. Aber nichtwahr, wenn wir uns selbst recht //
verstehen, dann wissen wir: nur da heissts umgekehrt gerade: wohl den M, denen die Augen aufgehen; denn //
da fängt das Leben an. Das sind die M. in denen etwas offen u wach, sehnsüchtig u verlangend wird. Das //
sind die M. die im Ernst nach Trost fragen.

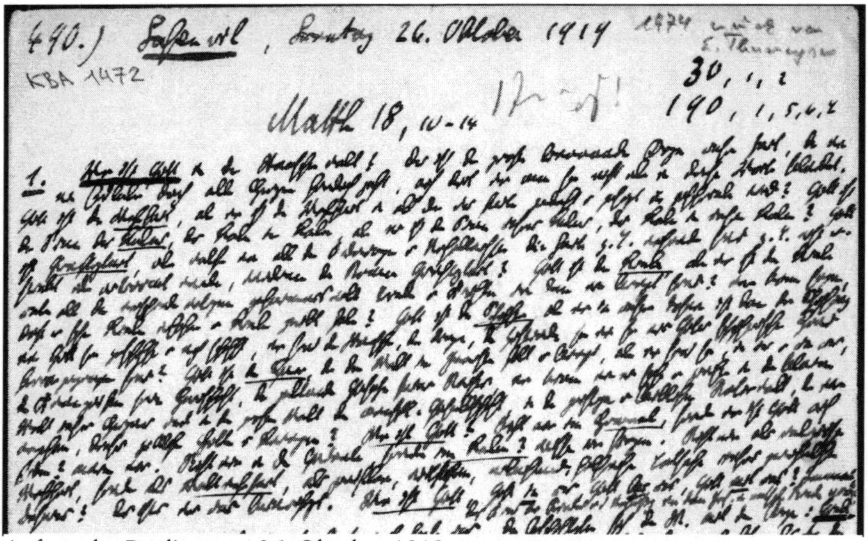
490.) Safenwil, Sonntag 26. Oktober 1919

Matth 18, 10-14

Anfang der Predigt vom 26. Oktober 1919
(Originalgrösse 18 × 11 cm)

Der Anfang des 20. Jahrhunderts und die Schweiz: Versuch einer historischen Situierung der Schriften von Karl Barth

Regina Wecker

Um die politischen Rahmenbedingungen und die Zeit näher zu bringen, in der Barth die jetzt in seinen «Vorträgen und kleineren Arbeiten 1914–1921» versammelten Texte verfasste, – und so möchte ich die Aufgabe dieses Beitrags verstehen – habe ich drei Ereignisse ausgewählt: die Landesausstellung 1914, das Fabrikgesetz von 1914/1920 und den Landesstreik 1918. Ereignisse von nationaler Bedeutung und Ausstrahlung, die unterschiedlicher nicht sein könnten und die zwar in kurzen Abständen, doch in völlig veränderter politischer Landschaft stattfinden. Sie sind Ausdruck der Zeit und ermöglichen einen Einblick in die politische Lage, aber auch in die Befindlichkeit der Schweiz. Die Auswahl von Fabrikgesetz und Landesstreik bedarf keiner weiteren Legitimation, sie gelten als wichtige Einschnitte der Schweizer Geschichte, und zudem hatte Barth sich mit beiden ausführlich auseinandergesetzt.[1] Allerdings habe ich diese beiden Ereignisse doch eher aufgrund ihrer Aussagekraft für die Geschichte der Schweiz ausgewählt als in Bezug auf die vielfältigen Schriften von Barth. Die Landesausstellung hingegen dient mir als Folie und Gegenpol, als Ausdruck des politischen Klimas der Schweiz und der Präferenzen der Behörden bei politischen Entscheidungen.

1. Landesausstellung 1914

Landesaustellungen haben Tradition in der Schweiz.[2] Nach der Zürcher und der Genfer Ausstellung 1883 und 1886 war die Ausstellung in Bern die

1 Vgl. Barth, Karl, Vorträge und kleinere Arbeiten 1914–1921, in Verbindung Marquardt, Friedrich-Wilhelm (†) hg. von Drewes, Hans-Anton (Karl-Barth-Gesamtausgabe, Abt. III), Zürich 2012 [abgek.: VuklA 1914–1921]. Insbes.: Das neue Fabrikgesetz, Vortrag im Grütliverein Suhr, 19. 4. 1914, S. 11–20; Der Generalstreik im November 1918, S. 444–463.

2 Vgl. Kreis, Georg: Schweizerische Landesausstellungen – zu welchem Zweck? Ein Überblick über die Entwicklung 1804–2002, in: Kreis, Georg: Vorgeschichte zur Gegenwart. Ausgewählte Aufsätze, Basel 2003, Bd. 1, S. 13–21. Zur politischen

dritte ihrer Art. Das Ziel bestand gemäss den Vorstellungen des Bundesrates darin, «ein vollständiges Bild der Leistungen des Schweizervolkes» zu bieten. Damit war natürlich vor allem die Leistungsfähigkeit der Schweizer Industrie gemeint. Die Schweiz gehörte zu den am frühesten und am stärksten industrialisierten Ländern Europas: 1910 waren etwa 44 Prozent der Erwerbstätigen im industriellen Sektor tätig. Seit der Mitte des 19. Jahrhunderts hatte der Landwirtschaftssektor entsprechend an Bedeutung verloren und hatte nur noch gerade einen etwa gleich grossen Anteil wie der aufstrebende Dienstleistungssektor. Die Ikonographie der Ausstellung wies allerdings nicht auf die Bedeutung der Industrie hin: Das Plakat zeigt Reiter und Ross vor einer bäuerlich-idyllischen Landschaft, als Logo dient eine Ähre. Auch die Presse verwies weniger auf die Landesausstellung als Ort der Präsentation der wirtschaftlichen Leistung und der Innovationskraft der Schweiz. Vielmehr warb sie mit dem Charme der Schau, bei der ein traditionelles Unterhaltungsprogramm geboten werden sollte. Der Austragungsort war das «Dörfli» auf dem Berner Ausstellungsgelände, eine einheitliche architektonische Konzeption mit Kirche, aufgeteilt in reformierten und katholischen Teil.

Die Ausstellung sollte ursprünglich schon 1913 auch als Feier der Eröffnung der Bern-Simplon-Lötschberg-Strecke der Eisenbahn dienen. Damit ist nun wiederum auf die Zielsetzung der Zelebrierung der technischen Errungenschaften hingewiesen: Der Ausbau des Schweizer Eisenbahnnetzes war für die Industrialisierung ein wichtiger Faktor. Allerdings hatte es beim Bau des Lötschbergtunnels einen folgenschweren Unfall mit 25 Toten gegeben, der zur Verzögerung der Eröffnung der Strecke führte und damit auch die Verschiebung der Ausstellungseröffnung auf 1914 nötig machte. Das war aber nicht das einzige Problem. Es hatte im Vorfeld der Ausstellung einige für Landesausstellungen ungewöhnlich scharfe Auseinandersetzungen gegeben, die deutlich auf Probleme der Schweiz in dieser Zeit hinweisen. Die Westschweizer hatten sich nicht nur über das «Spinatross» lustig gemacht, ein anderes Logo verlangt und auch erhalten, sondern sie hielten sich auch darüber auf, dass die deutschen Aussteller zu stark vertreten waren und die Ausstellung in ihrem Stil zu stark auf die Deutschschweiz, ja mit dem «Style de Munich» auf Deutschland ausgerichtet sei. Einige Industrielle hatten einen Boykott erwogen, als der Auftrag zum Bau eines zweiten Simplontunnels an ein ausländisches Unternehmen ging. Zudem hatte der Konflikt zwischen dem auf Tradition bedachten Gewerbe und

und wirtschaftlichen Entwicklung des Zeitraumes, wie im Text dargestellt, s. auch Wecker, Regina. Neuer Staat – neue Gesellschaft. Bundesstaat und Industrialisierung in: Kreis, Georg (Hg.): Schweizer Geschichte, Basel 2013.

der «profitorientierten» Industrie zu dieser skeptischen Haltung beigetragen. Schliesslich kritisierten Industrieunternehmer die «einseitige» Sozialpolitik des Bundes zugunsten der Arbeiterschaft, die in der Revision des Fabrikgesetzes zum Ausdruck gekommen sei, und die finanzielle Unterstützung, die der Auftritt des Arbeiterbundes erhalten sollte.

Hier werden also bereits Probleme sichtbar, die später in bei weitem heftigerer Form ausbrechen werden. Die Eröffnungsrede des Bundesrates versuchte diese Konflikte zu beschwichtigen: Bundespräsident Arthur Hoffmann wählte in seiner Eröffnungsrede «Lernen wir uns kennen!» als «Wahlspruch für unsere innerpolitischen Verhältnisse». Zielgerichteter drückte sich Bundesrat Gustav Ador aus, als er sich wünschte, «das ganze Volk» solle in der Landesausstellung erfahren, «dass man alles daran wenden muss, um den Antagonismus der Klassen zu vermeiden»[3]. Die Ausstellung wurde am 15. Mai eröffnet. Bei Beginn des ersten Weltkriegs und der Mobilmachung der Schweizer Armee wurde sie nicht abgebrochen, sondern nur für zwei Wochen unterbrochen und dann Mitte Oktober planmässig geschlossen. Hier wollte man sich nicht vom Krieg stören lassen.

Anders beim Fabrikgesetz. Die «Vermeidung des Klassenantagonismus» schien bei Ausbruch des Krieges nicht mehr so wichtig. Die Revision des Fabrikgesetzes, von den Unternehmern schon unmittelbar nach der Verabschiedung kritisiert, aber doch nicht durch ein Referendum infrage gestellt, also rechtsgültig, wurde bis nach dem Ende des Weltkrieges ausgesetzt und erst 1920 umgesetzt. Hier wird die Absicht des Bundesrates sichtbar, den Zusammenhalt der Bevölkerung eher durch eine Ausstellung der nationalen Errungenschaften zu erhöhen, als konkret die Lebens- und Arbeitsbedingungen der Fabrikarbeiterschaft zu verbessern.

2. Das Schweizer Fabrikgesetz von 1914

1877 hatte das erste Schweizer Fabrikgesetz die Arbeitszeiten und die Arbeitsbedingungen in den Fabriken geregelt. Es galt als international richtungsweisend für die Arbeitsgesetzgebung, weil es die Arbeitszeit auf 11

3 NZZ vom 15. Mai 1914. Siehe auch Gugerli, David; Speich, Daniel: Der Hirtenknabe, der General und die Karte. Nationale Repräsentationsräume in der Schweiz des 19. Jahrhunderts, in: Werkstatt Geschichte, 1999 Bd. 23, S. 53–73, hier S. 61.

Stunden festlegte, und zwar für Frauen und Männer, und damit den kantonalen Vorläufern Glarus und Basel folgte.[4] Die Fabrikgesetze anderer Länder, z. B. von England, hatten jeweils nur die Arbeitszeiten und Arbeitsbedingungen von Frauen und Kindern geregelt. Die Begründung war, dass man nicht in die Vertragsfreiheit der Männer eingreifen sollte. Das blieb auch für Deutschland so, obwohl man das Schweizer Gesetz zum Vorbild nahm.[5]

Karl Barth hatte die Revision von 1914 zum Thema eines Vortrags gemacht,[6] und zwar am 19. April, also noch vor der Verabschiedung des Gesetzes in Nationalrat und Ständerat. Das Gesetz wurde dann am 17. und 18. Juni einstimmig von beiden Räten verabschiedet. Ein Referendum wurde nicht ergriffen. Damit erhielt das Werk Gesetzeskraft. Barth referierte beim Grütliverein[7] Suhr. Der Grütliverein war eine sozialliberale Arbeiterorganisation und Handwerkervereinigung, die 1901 mit der Sozialdemokratischen Partei fusioniert hatte, aber die selbständige Organisation beibehalten hatte. Barth war diesen sozialen Bewegungen eng verbunden. Er hatte sich bereits mit seiner Bewerbungspredigt zur Pfarrwahl in Safenwil mit der Beziehung zwischen Christentum und Sozialismus beschäftigt und war nach seiner Wahl zum Pfarrer in Safenwil an der Gründung dortiger Gewerkschaftsorganisationen beteiligt. Der Sozialdemokratischen Partei der Schweiz[8] (SPS) trat er dann 1915 bei.[9]

Aus den Notizen geht hervor, dass Barth zwar eine schärfere Gesetzgebung, insbesondere bessere Konditionen für die Arbeiter gewünscht hätte[10], insgesamt warb er aber für den Kompromiss. Da noch nicht klar war, ob das Referendum ergriffen würde, war für eine allfällige Abstimmung die Unterstützung der Arbeiterschaft wichtig.

4 Vgl. Messerli, Jakob: «Nach grosser Kraftanstrengung bedarf der ermüdete Mensch der Ruhe». Zur Verwissenschaftlichung von Arbeit und Ruhe im letzten Drittel des 19. Jahrhunderts, in: Siegenthaler, Hansjörg (Hg.): Wissenschaft und Wohlfahrt. Moderne Wissenschaft und ihre Träger in der Formation des Schweizerischen Wohlfahrtsstaates während der zweiten Hälfte des 19. Jahrhunderts, Zürich 1997, S. 77–94.

5 Vgl. Wecker, Regina: Normalarbeitstag, Gesundheitsschutz und Nachtarbeitsverbot. Zwischen Schutz und Konstruktion von Weiblichkeit und Männlichkeit, in: a. a. O., S. 217–238, hier S. 218f.

6 VuklA 1914–1921, S. 11–20.

7 Vgl. Müller, Felix: Grütliverein, in: Historisches Lexikon der Schweiz (HLS), Version vom 1. 5. 2014, URL: http://www.hls-dhs-dss.ch/textes/d/D17397.php.

8 Die SPS war 1888 nach verschiedenen missglückten Versuchen als erste gesamtschweizerische Partei gegründet worden.

9 Vgl. Beitrag von Andreas Pangritz im vorliegenden Band.

10 VuklA 1914–1921, S. 20.

Das erste Fabrikgesetz von 1877 und seine späteren Revisionen waren ein Erfolg der Gewerkschaftsbewegung. Das heisst allerdings nicht, dass es von den Arbeitern einhellig unterstützt wurde. Sie hatten Angst, dass eine Verkürzung der Arbeitszeit eine Verkürzung des Lohnes nach sich ziehen würde, und auch das Verbot von Kinderarbeit in den Fabriken wurde gefürchtet, weil die Familien auf das Einkommen angewiesen waren. Das Fabrikgesetz wurde 1877 nach einem heissen Referendumskampf nur äusserst knapp angenommen. Wie schon bei den kantonalen Vorläufern der Gesetze waren Lehrer, Ärzte und auch Pfarrer für die Gesetzgebung eingetreten; Lehrer, weil ihre Schülerinnen und Schüler, wenn sie in der Fabrikarbeit eingespannt waren, im Unterricht den verpassten Schlaf nachholten, Ärzte, weil sie die gesundheitlichen Schäden bei Jugend und Erwachsenen feststellten, und Pfarrer, weil sie um die religiöse Bildung und Bindung fürchteten, und auch aus philanthropischen Erwägungen. Insgesamt war man in der Schweiz vom Wert guter Allgemeinbildung überzeugt, da man davon ausging, dass nur der gebildete Bürger auch in der Lage war, die im politischen System notwendigen Entscheidungen zu treffen.

Zu den Voraussetzungen der Schweizer Industrialisierung gehörten die vergleichsweise ungünstigen Standort-Rahmenbedingungen: keine Rohstoffe und keine direkte Verbindung zu den Weltmeeren. Die hohen Transportkosten glichen die Unternehmer durch die niedrigen Löhne aus. Typisch für die Schweizer Entwicklung war die dezentrale Industrialisierung, da die Wasserkraft genutzt werden konnte; d. h. aber auch, dass keine – etwa mit England vergleichbaren – Ballungszentren entstanden und Arbeitskräfte im ganzen Land verfügbar waren. Auch diese Konkurrenzsituation unter den Arbeitern und Arbeiterinnen erlaubte, die Löhne tief zu halten. Die frühe und lange Zeit einzige Leitindustrie der Schweiz war die Textilindustrie. Maschinenindustrie und chemische Industrie waren Folgeindustrien, die erst gegen 1900 langsam an Bedeutung gewannen. Die Textilindustrie beschäftigte traditionellerweise sehr viele Frauen, die in den Fabriken ähnliche Arbeiten verrichteten wie zuvor in der Verlagsindustrie oder im eigenen Haushalt. Sie brachten gute Materialkenntnisse, Erfahrungen und Qualifikationen mit, konnten aber – auch hier kann man sagen, traditionellerweise – schlecht bezahlt werden. Zunächst war also die Mehrheit der Fabrikarbeiterschaft weiblich, mit der Zunahme der Zahl der Arbeitskräfte ging der Anteil der Frauen zurück. In der Maschinenindustrie waren dann schon von Anfang an mehr Männer als Frauen beschäftigt. Was aber blieb, waren vielfach die niedrigen Frauenlöhne und zunächst auch das schlechte gesellschaftliche Ansehen der Fabrikarbeiter und -arbeiterinnen. Allerdings war es für die Entwicklung der Schweizer Wirtschaft typisch, dass häufig beide

Erwerbsformen, Landwirtschaft und Fabrikarbeit, – je nach Saison – nebeneinander ausgeübt wurden. Der Arbeiter und die Arbeiterin galten weniger als die Bäuerin und der Bauer, und das Selbstverständnis der Schweiz blieb das eines agrarischen Landes.

Hier setzten nun die Gewerkschaften an, und zwar an beiden Punkten, Lohn und Ansehen, wohl wissend, dass sie zusammenhingen. Das Image des Fabrikarbeiters musste verbessert werden, seine Leistungen für die Gesellschaft betont, seine Rolle als Familienvater gestärkt. Die gewerkschaftliche Organisation war wichtig, das ermöglichte Druck und Streik, um so Lohnerhöhungen und die Verkürzung der Arbeitszeit durchzusetzen. Frauen waren da im Weg. Sie waren Konkurrentinnen, wurden als Lohndrückerinnen eingesetzt und waren meist nicht organisiert. Fabrikarbeit für Männer konnte man aufwerten, indem die Wichtigkeit für Volkswirtschaft und Gesellschaft betont wurde. Frauenarbeit aber, insbesondere die Arbeit verheirateter Frauen, sollte unnötig werden, wenn der Mann einen Familienlohn erhielt, einen Lohn, mit dem er ohne den sogenannten Zuverdienst eine Familie unterhalten konnte. Das war das Ziel, danach wurde die Gewerkschaftspolitik ausgerichtet. Dies wird auch in der Revision des Fabrikgesetzes sichtbar. Allerdings war es für die meisten Arbeiterfamilien bis in die 1950er-Jahre eine Illusion, von einem Einkommen leben zu können, ganz abgesehen davon, dass diese Politik junge Frauen in eine Warteposition bis zur Heirat verwies.

Barths Vortragsnotizen beziehen sich – wie gesagt – auf den Entwurf des Gesetzestextes, der nach heftigen und langandauernden Verhandlungen als Kompromiss im Parlament zustande gekommen war. Die Ergebnisse: Die 59-Stunden-Woche, maximal 10 Stunden pro Tag, ein Fortschritt gegenüber dem 11-Stunden-Tag des Fabrikgesetzes von 1877. Eine weitere Veränderung war die deutliche Ausweitung des Frauenschutzes: ein Verbot der Beschäftigung von Frauen in bestimmten Industriezweigen, Sonderbestimmungen zur Nachtruhe von Frauen, eine Verkürzung des sogenannten Wöchnerinnenschutzes auf 6 Wochen; vorher waren 8 Wochen möglich. Wöchnerinnenschutz bedeutete, dass Frauen in dieser Zeit nicht arbeiten durften, eine Erwerbsausfallentschädigung war nicht vorgesehen, hingegen immerhin ein Kündigungsschutz für Frauen während der 6 Wochen. Es wurde verboten, Frauen, «die ein Hauswesen zu besorgen hatten» zu Hilfsarbeiten ausserhalb der Arbeitszeit einzusetzen. Zudem sollten sie dann in 5 Jahren, also 1919, den Samstagnachmittag frei nehmen dürfen.

In Barths an sich sehr knappen Notizen, die den genau aufgeführten Gesetzesparagrafen folgten oder beigefügt waren, fällt auf, dass er einerseits die Verkürzung der Arbeitszeit unzureichend fand, zumal sie nur auf ein Niveau gesenkt wurde, das – wie er notierte – in 65 Prozent der Betriebe bereits eingeführt war[11]. Mehr Freizeit sei infolge der immer anstrengender werdenden Fabrikarbeit nötig. Mit «freie Zeit wird nicht versoffen»[12] reagiert Barth offensichtlich auf entsprechende gegnerische Argumente. Auch frühere Zeitverkürzungen seien nur unter Protest der Fabrikanten zustande gekommen (1914/15), obwohl die Arbeitsleistung durch eine Verkürzung grösser werde und die «grösste Unfallgefahr in den letzten zwei Stunden» zu verzeichnen sei.[13]

Was den Frauenschutz angeht, so gehörte Barth zu den vehementen Befürwortern. Seine Argumente, die er stichwortartig aufführte: die «schwächere Konstitution», Verdienst der Frauen sei meist nur Zuverdienst, geringe Organisationsfähigkeit.[14] «Gründe dagegen seitens der Frauenrechtlerinnen nicht stichhaltig», schreibt er.[15] Hier bezieht er sich wohl darauf, dass insbesondere ausländische Frauenbewegungen gegen Sonderbestimmungen für Frauen opponiert hatten. Sie erkannten die Ambivalenz dieses Frauenschutzes, der zwar das Los der doppelt und dreifach belasteten Fabrikarbeiterin erleichterte, die keineswegs nur Zuverdienerin war. Gleichzeitig machte er aber Frauen als Arbeitnehmerkategorie minderwertig, hielt sie zum Teil von besser bezahlten Arbeiten fern und legitimierte niedrigere Frauenlöhne. Nur ein Beispiel: Das Nachtarbeitsverbot des ersten Fabrikgesetzes, das für Männer in den Revisionen nach und nach durch Ausnahmeregelungen aufgeweicht wurde, galt für Frauen weiterhin absolut. Sie verloren daher in der Druckerei und Setzerei, in der sie bisher verhältnismässig gut bezahlte, qualifizierte Arbeiten verrichtet hatten, ihre Arbeit. Zudem war dieses Verbot ein Vorwand für die Gewerkschaften, die Ausbildung von Setzerinnen überhaupt zu unterbinden.[16]

Barth forderte zudem lapidar «bessere Männerlöhne». Damit übernahm er hier die Vorstellungen der Gewerkschaften, die sich über die Forderung des Familienlohnes des Mannes für die Besserstellung der Arbeiterschaft einsetzten. Dass viele Frauen – und Fabrikarbeit war auch zu Beginn des 20. Jahrhunderts in der Schweiz zu einem beträchtlichen Teil Frauenarbeit –

11 VuklA 1914–1921, S. 15.

12 Ebd.

13 Seine Angabe «1877: 12-Stunden-Tag unter Protest», a.a.O. (S. 15) ist falsch, da 1877 der 11-Stunden-Tag eingeführt wurde, allerdings unter grossem Protest: Der 11-Stunden-Tag musste als eine Begründung für das erfolglose Referendum gegen das Gesetz herhalten.

14 A.a.O., S. 16.

15 Ebd.

16 Vgl. Wecker, Regina; Studer, Brigitte; Sutter, Gaby: Die «schutzbedürftige Frau». Zur Konstruktion von Geschlecht durch Mutterschaftsversicherung, Nachtarbeitsverbot und Sonderschutzgesetzgebung, Zürich 2001.

nicht «Zuverdienerinnen» waren, sondern als Ledige sich selbst unterhielten und die Herkunftsfamilie unterstützten bzw. als Witwen oder Geschiedene ebenfalls nicht vom Familienlohn eines Mannes profitieren konnten, blieb unberücksichtigt. Das Konzept der Zuverdienerin und die Vorstellung, dass es für die Familien besser wäre, wenn die Frauen nicht erwerbstätig wären, verhinderten weitgehend, dass die Gewerkschaften sich für eine Verbesserung der Frauenlöhne stark machten. Zudem führten sie dazu, dass Frauenarbeit «versteckt» wurde, war sie doch der Beweis, dass es ein Mann nicht «geschafft» hatte, wenn die Familie auf den Verdienst der Frau angewiesen war.[17]

Hier trafen sich aber die bürgerlichen Vorstellungen, die das Haus als Wirkungsstätte der Frau sahen, und die der Gewerkschaften, auf deren Seite Barth in dieser Frage stand. Er hätte auch gern noch den Schutz der jungen Frauen verstärkt – er befürwortete einen Arbeitsbeginn der Mädchen als «Mütter der Zukunft» mit 15 statt mit 14, wie für die Knaben; «das non possumus der Arbeitnehmer ist nicht so ernst zu nehmen»[18]. Abschliessend bezeichnete Barth das Gesetz als «unter Achselzucken annehmbar», eine weitere Verbesserung müsste durch den Ausbau der gewerkschaftlichen Organisation «zur weiteren Selbsthilfe» erfolgen.[19]

Mit dem Ausbruch des Ersten Weltkriegs wurden jedoch nicht nur die Verbesserungen der Arbeitssituation sistiert, also die Inkraftsetzung des Gesetzes ausgesetzt, sondern insgesamt auch das bisher geltende Fabrikgesetz ausser Kraft gesetzt. Hier begann eine Entwicklung, die die städtischen Arbeitskräfte belastete, die zudem durch steigende Mieten, die schlechte Versorgungslage und die steigenden Lebensmittelpreise stärker betroffen waren als die Landbevölkerung, insbesondere als die Bauern. Zudem war offensichtlich, dass es neben den Verlierern diejenigen gab, die aus dieser Situation enorme finanzielle Gewinne zogen, sei es in der Rüstungsindustrie oder durch Erhöhung von Lebensmittelpreisen. Der Antagonismus Stadt – Land wurde dadurch akzentuiert.

17 Zur Bedeutung und Entwicklung von Frauenlohnarbeit vgl. Wecker, Regina: Zwischen Ökonomie und Ideologie. Arbeit im Lebenszusammenhang von Frauen im Kanton Basel-Stadt 1870–1910, Zürich 1997.

18 VuklA 1914–1921, S. 18.

19 A.a.O., S. 20.

3. Der Landesstreik 1918

Es waren diese Spannungen, die sich schliesslich im Landestreik entluden.[20] Unmittelbar vor dem Ersten Weltkrieg hatten auch Sozialdemokraten zusammen mit den bürgerlichen Parteien im sogenannten Burgfrieden die militärischen Massnahmen zur Verteidigung der Schweiz gutgeheissen und für die Dauer des Krieges auf politische und gewerkschaftliche Kampfmassnahmen verzichtet. Barth hatte schon zu Beginn des Krieges in seinen Vorträgen[21] das «Versagen»[22] von Christen und Sozialisten angeprangert, weil sie den Krieg nicht verhindert hatten. Dass nun das Nationale, also ein «nationaler Sozialismus» und ein «nationales Christentum»[23] im Vordergrund stünden, habe Christentum wie Sozialismus pervertiert.

Es gelang der Schweiz, sich aus den Kriegshandlungen herauszuhalten. Das rohstoffarme, hochindustrialisierte Land war allerdings wirtschaftlich durch den Krieg stark betroffen. Bei Ausbruch des Krieges hatte der Bundesrat die Generalmobilmachung der Armee beschlossen und damit die ökonomische Situation der Arbeiterbevölkerung verschlechtert. Durch Verhandlungen mit beiden kriegführenden Parteien hatte man nur eine minimale Versorgung mit Rohstoffen und Nahrungsmitteln sicherzustellen versucht. Trotzdem wurde keine Lebensmittelrationierung beschlossen. Eine Lohnausfallentschädigung während des Militärdienstes gab es nicht. Lohnkürzungen, unentschädigte Überstunden, Sonntags- und Nachtarbeit waren die Folge der Aussetzung des Fabrikgesetzes.

Der Graben zwischen Deutschschweiz und Westschweiz verstärkte sich, weil man in der Westschweiz die Deutschfreundlichkeit der Deutschschweizer fürchtete. Barth weist an anderer Stelle verschiedentlich auf diese Gefahr hin, betont die Wichtigkeit der Neutralität auch für den inneren Zusammenhalt der Schweiz.[24]

20 Vgl. Degen, Bernard: Landesstreik, in: Historisches Lexikon der Schweiz (HLS), Version vom 1. 5. 2014, URL: http://www.hls-dhs-dss.ch/textes/d/D16533.php. Die ausführlichste Darstellung zum Landestreik ist immer noch Gautschi, Willi: Der Landesstreik 1918, 3., durchgesehene Auflage, Zürich 1988.

21 VuklA 1914–1921, S. 15. Vgl. z. B. Barth, Karl: Vortrag in der Sozialdemokratischen Partei Oftringen, 6. 12. 1914, in: a.a.O., S. 86–104, und ders.: Vortrag im Grütliverein Zofingen, 14. 2. 1915, a. a. O., S. 105–117.

22 A.a.O., S. 113.

23 A.a.O., S. 108.

24 Vgl. Barth, Karl: Vortrag in der Siedlung Rothacker, Unsere Stellung als Schweizer zum Weltkrieg, a. a. O., S. 80–85, hier 84f.

Der Militärdienst – das Warten an der Grenze, aber auch der Drill der Offiziere, die deutsches Militär zum Vorbild genommen hatten, als Schikanen wahrgenommen – drückte auf die Moral, der Ersatz der Männer durch Frauen in der Industrie ging nochmals zulasten der Familien. 1917 wurde der Burgfrieden von den Sozialdemokraten faktisch aufgekündigt. Die sozialen Probleme stärkten die Gewerkschaften und die sozialdemokratischen Parteien, deren Mitgliederzahlen stiegen. Seit November 1917 entluden sich die Spannungen in Form von gewaltsamen Unruhen, Streiks und Demonstrationen.

Der Landesstreik vom November 1918 gilt als Höhepunkt der politischen Konfrontation zwischen dem «Bürgerblock», den traditionellen liberalen und konservativen Kräften, und der Arbeiterbewegung. Im Juli 1918 hatte der Schweizerische Arbeiterkongress dem sogenannten Oltener Komitee die Vollmacht erteilt, einen Generalstreik auszurufen.

1918 wurden dem Bundesrat folgende konkrete politische Forderungen gestellt:

- Neuwahl des Nationalrates nach dem Proporzsystem
- Frauenstimmrecht
- Einführung einer Arbeitspflicht
- Beschränkung der Wochenarbeitszeit (48-Stunden-Woche)
- Reorganisation der Armee zu einem Volksheer
- Ausbau der Lebensmittelversorgung
- Alters- und Invalidenversicherung
- Verstaatlichung von Import und Export
- Tilgung der Staatsschulden durch die Besitzenden
- Staatsmonopole für Import und Export

Der Bundesrat reagierte auf diese Forderungen mit militärischen Drohungen. Das Aktionskomitee rief am 7. November 1918 zu einem Proteststreik auf, der am Samstag, 9. November, in 19 Industriezentren ruhig verlief. Die Arbeiterunion in Zürich setzte den Streik fort, der Bundesrat bot Militär auf, es kam am 10. November zu gewalttätigen Auseinandersetzungen zwischen Demonstranten und Militär, worauf das Oltener Aktionskomitee für den 12. November zu einem unbefristeten, landesweiten Generalstreik aufrief.

Am 11. November organisierten Arbeitnehmer und Sozialisten lokale Streiks und Blockaden. Schliesslich beteiligten sich gegen 400'000 Arbeitnehmer an den Bestreikungen ihrer Betriebe. Fabriken, öffentliche Verwaltung, Eisenbahnen und Zeitungsdruckereien standen in den meisten Orten der Schweiz still. Der Bundesrat forderte den sofortigen Streikabbruch und liess Zürich, Bern und weitere Zentren militärisch besetzen. Auch die Eisenbahn wurde militarisiert, d. h. durch Soldaten betrieben.

Zum Einsatz kamen vor allem Angehörige von Bauernregimentern, etwa aus dem Emmental. An verschiedenen Orten kam es zu Zusammenstössen, in Grenchen wurden am 14. November drei Arbeiter erschossen.

Bald wurde allerdings sichtbar, dass die Streikparole nicht über die organisierten Arbeiter und Angestellten hinaus zu wirken vermochte, und das Komitee erkannte die Ausweglosigkeit der Aktion. Es befürchtete, dass aufgrund des militärischen Aufmarsches jedes Festhalten am Streik zu weiterem Blutvergiessen führen würde. Deshalb befahl es nach drei Tagen den Abbruch des Streiks mit der Formulierung: «Der Landesstreik ist beendet, der Kampf der Arbeiterklasse geht weiter.» Die Arbeiterschaft fühlte sich da allerdings um ihren Erfolg betrogen.

In einem öffentlichen Verfahren wurden die Hauptakteure des Oltener Aktionskomitees zu Gefängnisstrafen von vier Wochen bis sechs Monaten Dauer verurteilt.

Barth hatte sich in einem Referat im Arbeiterverein Safenwil zum Landesstreik geäussert, und diese Äusserungen hatten in der Kirchenpflege zu lebhaften Auseinandersetzungen geführt, auch weil sie wohl z. T. entstellt wiedergegeben wurden. Im Versuch der Richtigstellung heisst es dann: «Der Pfarrer hat den Generalstreik nicht verherrlicht, wohl aber die Ansicht vertreten, er sei eine notwendige Folge der allgemeinen Lage.» Barth hatte die Anwendung von Gewalt als «vom Bösen» bezeichnet, aber doch die Frage gestellt, wer denn zuerst Gewalt angewendet habe: «Die Freiheit, solche Erwägungen auszusprechen, wo es sei, kann sich der Pfarrer nicht beschneiden lassen»[25].

Abschliessend kann man feststellen, dass die politischen Forderungen des Landesstreiks nach und nach fast alle erfüllt wurden, wenn auch z. T. erst 1948 (AHV) oder 1971 (Frauenstimmrecht). Seine politische Bedeutung ging weit über die Zwischenkriegszeit hinaus, waren doch die Massnahmen der Regierung im Zweiten Weltkrieg (rechtzeitige Lebensmittelrationierung, Erwerbsersatz für Soldaten) vielfach der Angst vor der Wiederholung bürgerkriegsähnlicher Zustände zu verdanken.

Was aber die soziale Lage weiter Kreise der Bevölkerung in der Nachkriegszeit angeht, so blieb sie weiterhin prekär, die Weltwirtschaftskrise brachte nochmals eine Verschlechterung. Der Graben zwischen Sozialdemokratie und den bürgerlichen Kräften war vertieft worden; man hat von einer Stigmatisierung der Linken gesprochen, auch wenn die bald folgende Einführung des Proporzwahlrechts auf nationaler Ebene das politische Kräfteverhältnis deutlich zu ihren Gunsten verändern sollte.

25 A.a.O., S. 447.

Diese Polarisierung zwischen den politischen Kräften dürfte für die weitere Haltung Barths eine wesentliche Rolle gespielt haben und sie war auch Grundlage der Kritik, die bürgerliche Kreise dem «roten Pfarrer» entgegenbrachten.

Neuer Bericht über Karl Barths «Sozialistische Reden»

Andreas Pangritz

1. Erinnerung

Der Titel des nachstehenden Beitrags soll an den «Ersten Bericht über Karl Barths ‹Sozialistische Reden›» erinnern, den vor mehr als dreissig Jahren Friedrich-Wilhelm Marquardt vorgelegt hat.[1] In diesem Bericht hat Marquardt bereits reichlich Gebrauch gemacht vom jetzt im neuen Band der Karl-Barth-Gesamtausgabe dokumentierten Material. Er hatte ja seit 1971 an der Herausgabe der «Sozialistischen Reden» gearbeitet und seine Edition im Jahr 1976 abgeschlossen. Sie hat in dieser Form jedoch nie das Licht der Öffentlichkeit erblickt.[2] Marquardts editorische Arbeit ist – wie zuvor schon in den Band «Vorträge und kleinere Arbeiten 1909–1914»[3] – nunmehr in den Band Vorträge und kleinere Arbeiten 1914–1921[4] eingeflossen.

Schon für das Wintersemester 1976/77 hatte Marquardt, der seit einem Jahr als Nachfolger Helmut Gollwitzers Systematische Theologie an der Freien Universität Berlin lehrte, gemeinsam mit seinem Assistenten Peter Winzeler eine Übung angekündigt unter dem Titel «Karl Barth, Sozialistische Reden im Zusammenhang des schweizerischen Religiösen Sozialismus und der Geschichte der schweizerischen Sozialdemokratie 1911–1919». Ich hatte mich im Sommer 1976 entschieden, von der Universität Tübingen, aus

1 Marquardt, Friedrich-Wilhelm: Erster Bericht über Karl Barths «Sozialistische Reden», in: Verwegenheiten. Theologische Stücke aus Berlin, München 1981, S. 470–488.

2 Marquardts Edition liegt im Karl Barth-Archiv; eine nur noch schlecht lesbare Kopie befindet sich in Marquardts Nachlass im Evangelischen Zentralarchiv in Berlin.

3 Barth, Karl: Vorträge und kleinere Arbeiten 1909–1914, in Verbindung mit Helms, Herbert u. Marquardt, Friedrich-Wilhelm hg. v. Drewes, Hans-Anton u. Stoevesandt, Hinrich, Zürich 1993 [abgek.: VuklA 1909–1914].

4 Barth, Karl: Vorträge und kleinere Arbeiten 1914–1921, in Verbindung mit Friedrich-Wilhelm Marquardt (†) hg. v. Hans-Anton Drewes, Zürich 2012 [abgek.: VuklA 1914–1921].

der schwäbischen Provinz, zum Wintersemester 1976/77 an die Freie Universität Berlin, d. h. zu Gollwitzer und Marquardt, zu wechseln. Selbstverständlich nahm ich nicht nur an Marquardts erster Dogmatik-Vorlesung, sondern auch an der Übung zu Barths «Sozialistischen Reden» teil. Das hier zu diskutierende unveröffentlichte Material sollte nicht zuletzt dem Zweck dienen, umstrittene Thesen aus Marquardts Buch «Theologie und Sozialismus. Das Beispiel Karl Barths»[5] zu überprüfen. Die Debatten auf dem Leuenberg um Marquardts Thesen im Jahr 1972 hatten nach Max Geigers Beobachtung ja erkennen lassen, «dass die Freunde und Schüler Barths unter sich keine geschlossene Einheit zu bilden vermögen», so dass man «so etwas wie die Bildung einer Barthschen ‹Rechten› und einer Barthschen ‹Linken›» erleben musste.[6] Und Marquardt galt seither als der «Linksaussen» der Barthianer.

Nach Marquardts «Erstem Bericht» handelte es sich bei dem von Barth selbst mit dem Titel «Sozialistische Reden» versehenen Konvolut um 43 zum Teil ausgeführte Vortragstexte, teils nur stichwortartige Entwürfe aus den Jahren 1911–1919, also Barths Safenwiler Pfarramtszeit. Die Texte waren zum Vortrag in verschiedenen Arbeitervereinen, Ortsgruppen und Untergliederungen der Sozialdemokratischen Partei des Aargaus konzipiert.[7] Gegenstand der Übung im Wintersemester 1976/77 waren nach meinen Notizen neben dem «Programm der Sozialdemokratischen Partei der Schweiz» (Zürich 1904)[8] Marquardts Rekonstruktionen von Barths Reden «Christus und die Sozialdemokraten» (25. 4. 1915)[9], «Was heisst: Sozialist sein?» (16. 8. 1915),[10] «Religion und Sozialismus» (7. 12. 1915),[11] aber auch – als Kopie aus dem «Freien Aargauer» verteilt – «Jesus Christus und die soziale Bewegung» (17. 12. 1911)[12] nebst öffentlicher Kontroverse in den Zeitungen, darunter Barths Antwort vom 6. Februar 1912 auf den Offenen Brief von Walter Hüssy vom 1. Februar 1912.[13]

5 Marquardt, Friedrich-Wilhelm: Theologie und Sozialismus. Das Beispiel Karl Barths, München 1972; 3. erweiterte Aufl. 1985.

6 Geiger, Max: Karl-Barth-Tagungen auf dem Leuenberg, in: Thurneysen, Eduard: Karl Barth. «Theologie und Sozialismus» in den Briefen seiner Frühzeit, Zürich 1973, S. 45.

7 Marquardt, Friedrich-Wilhelm: Erster Bericht, in: Verwegenheiten, S. 478.

8 Vgl. Programm der Sozialdemokratischen Partei der Schweiz (Angenommen vom Parteitag in Zürich 1904), Bern 1911.

9 Jetzt in: VuklA 1914–1921, S. 132–137.

10 Jetzt a. a. O., S. 161–163.

11 Jetzt a. a. O., S. 212–223.

12 Wieder abgedruckt in: VuklA 1909–1914, S. 386–409.

13 Wieder abgedruckt a. a. O., S. 411–417.

2. Problemstellungen

«Karl Barth war Sozialist» – der in den 70er Jahren des 20. Jahrhunderts heftig umstrittene Eröffnungssatz des ersten Kapitels von Marquardts Buch «Theologie und Sozialismus» ist heute historisch unumstritten. Weiterhin umstritten sind jedoch die konkrete historische Bedeutung und die systematisch-theologische Tragweite dieses Satzes.

Max Geiger hat Marquardts Provokation aufgrund der Diskussionen im Sommer 1972 auf dem Leuenberg seinerzeit so zusammengefasst: Karl Barth sei «in den entscheidenden Jahren seines Werdens Sozialist» gewesen. Dies schliesse ein, dass «Barths Sozialismus ... eine bewusste Entscheidung im Sinne einer Kampfansage an die nichtsozialistische Christenheit seiner Zeit» gewesen sei. So weit dürfte es heute Konsens sein. Schwieriger wird es schon beim zweiten Punkt: Dieser «Barthsche Sozialismus» sei nämlich «nicht nur als biographisches, sondern in eminenter Weise als theologisches Faktum zu würdigen». Dies schliesse ein, dass «für den Safenwiler Pfarrer ... Revolution Gottes und sozialistisch-politische Revolution weithin zusammen» fielen. Bis heute höchst kontrovers dürfte der dritte Punkt sein: Der «im Sozialismus und im religiösen Sozialismus angelegte Denkansatz» habe sich in Karl Barths weiterer theologischer Entwicklung «durchgehalten». Dies schliesse ein Verständnis der Offenbarung Gottes in Jesus Christus ein, wonach es sich um einen «in die Welt und ihre Strukturen eingehenden, sie verändernden und erneuernden Gott» handelt[14]. Zur Klärung der mit diesen Thesen verbundenen Streitfragen können die nunmehr veröffentlichten Vorträge und kleineren Arbeiten, insbesondere die darunter befindlichen «Sozialistischen Reden» aus Barths Safenwiler Zeit, einiges beitragen.

Mit Marquardt möchte ich als Epochenschwellen für die Periodisierung von Barths «Sozialistischen Reden» die historischen Einschnitte des Beginns des Ersten Weltkriegs im August 1914 und der Russischen Revolutionen vom Februar und Oktober/November 1917 benennen. Daraus ergeben sich drei Phasen in Barths frühem sozialistischem Engagement, die Marquardt auch inhaltlich unterschieden hat, indem er für die Jahre 1911 bis 1914 von einem durch neukantianische Ethik geprägten religiösen Sozialismus redete,[15] für die Jahre 1914 bis 1917 von einer «Radikalisierung» des «Begriffs von Sozialismus» im Sinne der damals noch revolutionären Sozialdemokratie[16] und für die Jahre 1917 bis 1919 schliesslich von der Suche nach

14 Geiger, Max: Karl-Barth-Tagungen, in: Thurneysen, Eduard: Karl Barth, S. 43.
15 Vgl. Marquardt, Friedrich-Wilhelm: Erster Bericht, in: Verwegenheiten, S. 478–480.
16 Vgl. a. a. O., S. 480–482.

einem Mittelweg zwischen (sozialistischer) Zweiter und (bolschewistischer) Dritter Internationale.[17]

In meinen Ausführungen werde ich die Safenwiler Anfangsjahre vernachlässigen, da die einschlägigen Texte aus dieser Phase bereits vor bald 20 Jahren in einem früheren Band der Gesamtausgabe veröffentlicht worden sind.[18] Stattdessen werde ich mich weitgehend auf die beiden Zeiträume nach Beginn des Ersten Weltkriegs und nach der Russischen Revolution beschränken. Nur am Anfang und im Fazit werde ich Aspekte aus den Jahren vor dem Weltkrieg einbeziehen. Ich beginne mit der Frage, wie es eigentlich zu Barths Eintritt in die Sozialdemokratische Partei der Schweiz gekommen ist.

3. Sozialistische «Persönlichkeit» und sozialistischer «Glaube»

Der Ausbruch des Ersten Weltkriegs im August 1914 bedeutete für Barth bekanntlich eine doppelte Enttäuschung über das Christentum einerseits, über den Sozialismus andererseits.[19] Aus dieser doppelten Enttäuschung hat er jedoch überraschenderweise die Folgerung gezogen: «Ein wirklicher Sozialist *muss* Christ sein u. ein wirklicher Christ *muss* Sozialist sein.» So jedenfalls formuliert Barth im Vortrag «Krieg, Sozialismus und Christentum» vom 6. Dezember 1914.[20] Der Beitritt zur Sozialdemokratischen Par-

17 Vgl. a. a. O., S. 482–485. «So ist seine Haltung in dieser Phase als Stellungnahme zu würdigen in der ersten Zeit der innersozialistischen Auseinandersetzungen um den Anspruch des Moskauer Zentralismus.» (A. a. O., S. 485).

18 Vgl. Barth, Karl: VuklA 1909–1914.

19 Vgl. Barth, Karl: Autobiographische Skizze (1927), in: Karl Barth – Rudolf Bultmann Briefwechsel 1922–1966, hg. v. Jaspert, Bernd, 2., revidierte u. erweiterte Aufl., Zürich 1994, S. 296: «… der Ausbruch des Weltkriegs … bedeutete für mich konkret ein doppeltes Irrewerden: einmal an der Lehre meiner sämtlichen theologischen Meister in Deutschland, die mir durch das, was ich als ihr Versagen gegenüber der Kriegsideologie empfand, rettungslos kompromittiert erschien – sodann am Sozialismus, von dem ich gutgläubig genug noch mehr als von der christlichen Kirche erwartet hatte, daß er sich jener Ideologie entziehen werde, und den ich nun zu meinem Entsetzen in allen Ländern das Gegenteil tun sah.»

20 Barth, Karl: Krieg, Sozialismus und Christentum [I] (Vortrag vor der Sozialdemokratischen Partei Oftringen, 6. 12. 1914), in: VuklA 1914–1921, S. 93. – Wenig später, nach dem Parteieintritt, ist aus der doppelten Enttäuschung sogar eine dreifache Enttäuschung über Christentum, Sozialismus und Wissenschaft

tei am 26. Januar 1915 erfolgte also nicht aus Begeisterung für den Sozialismus, sondern als Kampfansage an die bürgerliche Gesellschaft angesichts der Verbürgerlichung, Nationalisierung und Militarisierung von Christentum und Sozialismus, wie sie im Versagen der theologischen Lehrer und der sozialistischen Parteien beim Ausbruch des Krieges zum Ausdruck gekommen waren.

Barth hatte sich schon länger mit dem Gedanken getragen, der sozialdemokratischen Partei beizutreten. Nachdem ihm die Mitgliedschaft von einer Arbeiterdelegation im Juni 1913 angetragen worden war, hatte er diese nach einer vierwöchigen Bedenkfrist schliesslich am 9. Juli 1913 abgelehnt, «nicht prinzipiell, sondern vorläufig». Ein «theologisches Hindernis» schien ihm «nicht vorzuliegen, im Gegenteil», aber er fühlte sich «der Unternehmung noch nicht gewachsen», und zwar «1. hinsichtlich der politischen Kenntnisse u. Gewandtheiten, die dazu nötig sind, 2. hinsichtlich der Vereinigung dieser Aufgabe mit denen des Pfarramts ...»[21] Das umfangreiche Dossier zur «Arbeiterfrage» aus dem Herbst 1913, das bereits in einem früheren Band der Karl-Barth-Gesamtausgabe dokumentiert ist, scheint u. a. dazu gedient zu haben, den Mangel an politischen Kenntnissen zu beheben.[22]

Eine Woche nach dem Beitritt zur Sozialdemokratischen Partei hat Barth seine Entscheidung in einem Brief an Eduard Thurneysen wie folgt begründet:

> «Gerade weil ich mich bemühe, Sonntag für Sonntag von den letzten Dingen zu reden, liess es es mir nicht mehr zu, persönlich in den Wolken über der jetzigen bösen Welt zu schweben, sondern es musste gerade jetzt gezeigt werden, dass der Glaube an das Grösste die Arbeit und das Leiden im Unvollkommenen nicht aus- sondern einschliesst.»[23]

geworden (vgl. Krieg, Sozialismus und Christentum [II] [Vortrag vor dem Grütliverein Zofingen, 14. 2. 1915], a. a. O., S. 105–117).

21 Barth, Karl: Brief an W. Loew vom 16. 7. 1913, zit. nach: VuklA 1909–1914, S. 574. – Vgl. den Brief an die Mutter vom 9. 7. 1913: «Ich bin auch nahe daran, sagen zu müssen: ich habe gegen mein Gewissen gehandelt mit diesem Nein. Ich fasse es denn auch nur als eine vorläufige Lösung auf. Mir ist die Sache eine Niederlage» (A. a. O., S. 575).

22 Vgl. Barth, Karl: Die Arbeiterfrage (1913/14), in: VuklA 1909–1914, S. 578–681.

23 Barth, Karl: Brief an Eduard Thurneysen vom 5. 2. 1915, in: Karl Barth – Eduard Thurneysen, Briefwechsel, Bd. 1 (1913–1921), bearbeitet u. hg. v. Thurneysen, Eduard, (Karl-Barth-Gesamtausgabe, Abt. V), Zürich 1973, S. 30.

Ähnlich heisst es im Vortrag «Religion und Sozialismus» vom 7. Dezember 1915 in einer Art von «persönlichem Bekenntnis»: «... weil ich mit Freuden Pfarrer bin u. nicht etwa mit offenem od. geheimem Überdruss, bin ich Sozialist u. Sozialdemokrat geworden.»[24] Und dann:

> «Ich bin auf eine sehr einfache Weise Sozialist geworden u. ich bin es auf eine sehr einfache Weise. Weil ich an Gott u. sein Reich glauben möchte, stelle ich mich dahin[,] wo ich etwas von Gottes Reich zum Durchbruch kommen sehe. Glauben Sie nicht, dass ich mir dabei vom Sozialismus ein Idealbild zurecht gemacht habe. Ich meine die Fehler des Sozialismus u. seiner Bekenner sehr deutlich zu sehen. Aber noch deutlicher sehe ich in den Grundgedanken, in den wesentlichen Bestrebungen des Sozialismus eine Offenbarung Gottes, die ich vor Allem anerkennen u. an der ich mich freuen muss.»[25]

Nach dem Beitritt zur Sozialdemokratie scheint Barth seine Hauptaufgabe innerhalb der Partei zunächst in der Bildung «sozialistischer Persönlichkeiten» gesehen zu haben. In verschiedenen Vorträgen vor Arbeitervereinen findet sich das neukantianisch motivierte Plädoyer für einen «ethischen Sozialismus», der v. a. auf «neue», und das heisst: «bessere Menschen», setzt. Dabei ist diese ethische Orientierung nicht als Beschwichtigung des Kampfgeistes gedacht, sondern im Gegenteil als dessen Radikalisierung. Denn, wie es im Vortrag «Christus und die Sozialdemokraten» vom 25. April 1915 gleich eingangs heisst: Jesus begegnet uns als «der Schöpfer neuer Menschen». Er war «nicht Reformer, sondern Revolutionär». Er will «in uns die Sehnsucht erwecken nach einem Leben ohne Moral, weil es Leben in d. Wahrheit ist.»[26] Daraus folgt dann «für uns Sozialdemokraten»: «*Unser Ideal* muss rein bleiben ... *Unser Kampfmittel* ist die Wahrheit unsrer Sache ... *Unsere nächsten Ziele* sind nicht Wahlerfolge, sondern sozialistische Persönlichkeiten.» Und dann mit einer Formel, die in diesem Jahr öfters begegnet: «Zuerst erlöste Menschen, durch diese dann erlöste Verhältnisse.»[27] Im August 1915 setzt Barth gegen den «Kriegssozialismus u. Profitsozialismus» auf die «*innere Zukunft*» der Sozialdemokratie, den «sozialistischen Geist, der kommen muss, wenn es anders werden soll».[28] Jetzt

[24] Barth, Karl: Religion u[nd] Sozialismus (Sozialdemokratische Partei und Grütliverein Baden, 7. 12. 1915), in: VuklA 1914–1921, S. 212–223, hier: S. 212.

[25] A. a. O., S. 218.

[26] Barth, Karl: Christus und die Sozialdemokraten (Vortrag auf dem Bezirkstag der Sozialdemokratischen Partei des Bezirks Lenzburg in Seon, 25. 4. 1915), a. a. O., S. 132–137, hier: S. 132.

[27] A. a. O., S. 135f.

[28] Barth, Karl: Die innere Zukunft der Sozialdemokratie (Vortrag vor den Sozialisten [Grütliverein] von Suhr, 12. 8. 1915), a. a. O., S. 152–155, hier: S. 152f.

wird die Rede von den «erlösten Menschen» in die innermarxistische Auseinandersetzung um die Bedeutung des «historischen Materialismus» eingeführt, wobei Barth beansprucht, die «Gründer des Sozialismus» besser zu verstehen, als dies im Ökonomismus Karl Kautskys und der offiziellen Parteilinie der Fall sei: «Der *historische Materialismus* im Sinn von *Marx* hat nicht den Sinn eines rein ökonomischen Ablaufs, sondern gerade des Selbständig*werdens* der lebendigen Menschen gegenüber der Materie.»[29] In diesem Sinn gelte dann: «Nur Erlöste können erlösen. Der neue Mensch muss geschaffen werden.»[30] Dass diese Parole nicht antimarxistisch gemeint ist, macht Barth nur wenige Tage später im Vortrag «Was heisst: Sozialist sein?» vor dem Arbeiterverein Safenwil deutlich: «Der Sozialismus zielt auf den *freien Menschen*, die Persönlichkeit. ... Nur Erlöste können erlösen.» Aber das darf doch nicht gegen die Verbesserung der Verhältnisse ausgespielt werden. Vielmehr gilt: «Nicht: zuerst bessere Menschen, dann bessere Zustände / Nicht: zuerst bessere Zustände, dann bessere Menschen», sondern: «Beides *mit*- und *in*einander.»[31]

Theologisch kann Barth den sozialistischen «neuen Menschen» durch eine erstaunliche sozialistisch-soteriologische Interpretation des reformatorischen Prinzips *sola fide* begründen.[32] So heisst es – noch vor dem Parteieintritt – schon im Dezember 1914: «Der rechte Sozialist lebt ‹allein durch den Glauben› [Röm. 3,28]», ohne dass in diesem Zusammenhang Jesus Christus auch nur erwähnt würde.[33] Im Vortrag «Christus und die Sozialdemokraten» vom April 1915 wird dieser sozialistische Glaube dann mit

– Repräsentativ für den «Kriegssozialismus» steht Friedrich Naumann. Den wahren sozialistischen Geist findet Barth hingegen in Christoph Blumhardts «revolutionärer» Hoffnung, in seiner Haltung des «Eilens und Wartens» (2Petr 3,12) im Blick auf das Reich Gottes (Auf das Reich Gottes warten [1916], a. a. O., S. 299f.). Breiten Ausdruck wird die Opposition zwischen Blumhardt und Naumann dann im bekannten Doppelessay «Vergangenheit und Zukunft» finden (1919), a. a. O., S. 530–545.

29 Barth, Karl: Die innere Zukunft der Sozialdemokratie, a. a. O., S. 153.

30 A. a. O., S. 155.

31 Barth, Karl: Was heißt: Sozialist sein? (Arbeiterverein Safenwil, 16. 8. 1915), a. a. O., S. 161–163, hier: S. 163. – Vgl. auch Busch, Eberhard: Karl Barths Lebenslauf, München 1975, S. 95.

32 Vgl. Marquardt, Friedrich-Wilhelm: Erster Bericht, in: Verwegenheiten, S. 481: «Radikales, eschatologisches Christentum ... ist genauso Gebot der Stunde wie ein neuer radikaler Sozialismus, der ‹allein durch Glauben› lebt, d. h. durch Glauben an die zukünftige bessere Welt, an das sozialistische Endziel ...»

33 Barth, Karl: Krieg, Sozialismus und Christentum [I], in: VuklA 1914–1921, S. 91.

Christus zusammengedacht: Christus sei «Antwort auf die Welträtsel, so auch Quelle u. Kraft unsrer Bewegung»,[34] d. h. der Sozialdemokratie. Über «Christus, was er war u. was er wollte», hören wir dann in säkularer Interpretation: Die

> «ewige Güte der andern Welt nennt Jesus den Vater im Himmel. ... Wo die Menschen aus seinen Kräften leben u. ihr Leben u. die Welt gestalten[,] da ist das Himmelreich. Und das Himmelreich kommt, wo wir glauben[.] Gl[auben] heisst auftun. Die Erkenntnis Gottes ... schafft eine neue innere Stellung zum Leben, die mit Notwendigkeit ... Alles ... verwandelt.»[35]

Wenn die Sozialdemokraten trotz ihres Versagens angesichts des Krieges dem Sozialismus treu blieben, dann deshalb,

> «weil uns in der soz[ialen] Bewegung *ein Glaube entgegentritt, der das Tiefste in uns in Anspruch nimmt u. uns in seinen Dienst zwingt.* Und sofort fühlen wir uns bei diesem Glauben an Χρ erinnert u. empfangen von ihm neue Kraft zum Glauben.»[36]

Dieser Glaube sei ja der Weg zu Freiheit, Gerechtigkeit und Frieden als den Zielen des Sozialismus: «Das soz[ialistische] Programm» sei allerdings «nur ein kleiner Ausschnitt aus Jesu Programm: dein Reich komme!» Doch: «Weil wir an die andre Welt glauben, die Χρ uns eröffnet[,] müssen wir trotz Allem uns am Soz. freuen u. dafür arbeiten.»[37] Ähnlich heisst es dann noch einmal im Vortrag über «Die innere Zukunft der Sozialdemokratie» vom August 1915, wo Barth eine «neue sozialistische Gesinnung» propagiert: Der «Inhalt des Sozialismus» sei «*Gerechtigkeit für die Menschheit* ... ‹Allein durch den Glauben› [Röm. 3,28]. Die Leidenschaft für die Gerechtigkeit ist unsre wirkliche Stärke nach innen und aussen.»[38]

Es wird also nicht nur der Sozialismus von Jesus Christus her verstanden, sondern auch umgekehrt: Vom sozialistischen «Glauben» her wird verstanden, was Jesus Christus war und wollte.

34 Barth, Karl: Christus und die Sozialdemokraten, a. a. O., S. 132.
35 A. a. O., S. 133.
36 A. a. O., S. 134.
37 A. a. O., S. 135.
38 Barth, Karl: Die innere Zukunft der Sozialdemokratie, a. a. O., S. 154.

4. Die «andere Welt» und der «ganz andere» Gott

Die Partei, der Barth Ende Januar 1915 beitrat, hatte noch ein durchaus revolutionäres Selbstverständnis. Barth teilte dieses revolutionäre Selbstverständnis, wenn er es auch mit spezifischen Akzenten versah. War für ihn Jesus als «der Schöpfer neuer Menschen» nicht nur ein «sozialer Reformer ..., sondern Revolutionär»,[39] so entsprach ihm die Sozialdemokratie «als revolutionäre Partei, die nicht flicken, sondern neu-schaffen will». Sie vertritt den «Glauben an die andre Welt u. Arbeit dafür»[40]. Hier haben wir den ursprünglichen Sitz im Leben für Barths Rede vom «Anderen». Es handelt sich um die im Leben Jesu eröffnete Perspektive auf eine «andere Welt», der nur in einer politischen Praxis, die «Alles ... verwandelt», entsprochen werden kann.[41] Es scheint jedoch, dass eben diese Rede von der «anderen Welt», die durch Jesus eröffnet wird, gegen Ende des Jahres 1915 in ein neues Register umschlägt. Hatte ihr zunächst die Parole von den «erlösten Menschen» entsprochen, also die Heranbildung «sozialistischer Persönlichkeiten» als neuer Weg in die «andere Welt», so heisst es im Basler Vortrag «Kriegszeit und Gottesreich» vom 15. November 1915: «Welt ist Welt. / Aber Gott ist Gott, u. bei ihm u. von ihm her giebt es ein Neues.»[42] «Im Leben und Sterben Jesu» zeige sich, «dass Gott etwas von Grund aus Anderes ist als Alles Andre, was mir sonst als wahr u. richtig vorkommt».[43] Das ist, wenn man so will, ein durchaus neuer Ton, in dem Jesus jetzt nicht mehr einfach als Pazifist oder Sozialist in Anspruch genommen werden kann.

Die Frage ist jedoch: Was heisst dies für Barths Verhältnis zum Sozialismus? Ist diese Wendung hin zu Gott als dem «ganz Anderen» als eine Absage an den Sozialismus zu verstehen? Dagegen spricht schon allein die Tatsache, dass Barth auch weiterhin «Sozialistische Reden» auf Parteiversammlungen hält. Und nur drei Wochen nach dem Basler Vortrag kann er in der Rede «Religion und Sozialismus» einen durchaus funktionalistischen Gottesbegriff entwickeln – ein Beispiel für sein Denken «auf Gott hin», wie Marquardt[44] es genannt hat: Das «Wort ‹Gott›», räumt Barth da ein, könne

39 Barth, Karl: Christus und die Sozialdemokraten, a. a. O., S. 132.
40 A. a. O., S. 134.
41 A. a. O., S. 133.
42 Barth, Karl: [Kriegszeit und Gottesreich] (Vortrag vor der «Kirchlichen Vereinigung» [vormals Freunde der «Neuen Wege»], Basel, 15. 11. 1915), a. a. O., S. 186–210, hier: S. 193.
43 A. a. O., S. 201.
44 Vgl. Marquardt, Friedrich-Wilhelm: Theologie und Sozialismus, S. 181–199.

ja durchaus «Anstoss» erregen.[45] Doch auf die Frage, ob es Gott gebe, antwortet er mit einer Reihe von Gegenfragen: «... giebt es überhaupt Gerechtigkeit über der Ungerechtigkeit? giebt es überhaupt Liebe über der Gleichgiltigkeit und über dem Hass? giebt es überhaupt einen Frieden über dem Krieg u. über dem Kampf ums Dasein?» Das alles seien «doch einfach die selbstverständlichen Tatsachen, ohne die wir gar nicht sein können ...». Und all diese Tatsachen zusammengenommen bildeten «ein sonniges majestätisches Wesen für sich».[46] Wir alle lebten «davon, dass wir mit diesem Wesen Gemeinschaft haben». Und – so fährt er fort – «sehen Sie, das ist Gott. ... Und so ist Gottes Reich einfach die Wiederherstellung des Ursprünglichen Unmittelbaren Lebens ...».[47]

Hier wird ganz deutlich, dass seine Alterität Gott gerade nicht der Welt enthebt, sondern ihn als treibendes Motiv mitten in die menschliche Gesellschaft, mitten in den Klassenkampf hineinstellt. Zwar will Barth den Sozialismus nicht etwa dem Reich Gottes «gleichstellen» oder gar Sozialismus «predigen statt des Evangeliums», aber der Sozialismus ist ihm doch ein «Anzeichen» für das Kommen des Reiches, und zwar «eines der erfreulichsten Anzeichen dafür, dass Gottes Reich nicht stille steht, dass Gott an der Arbeit ist».[48] Gott selbst scheint hier geradezu zum Arbeiter zu werden.[49]

Das «geheimnisvolle Andere», Neue, Grössere, die «neue Welt», die «Welt Gottes», von der im Februar 1917 im Vortrag «Die neue Welt in der Bibel» die Rede war,[50] wird demgemäss von Barth gerade nicht im Christentum gefunden, sondern vorzüglich im Sozialismus als dem «ungeratenen aber gehorsameren Bruder»[51]. Gerade hier, in der sozialistischen Arbeiterbewegung «ausserhalb des heiligen Kreises»,[52] wird «Glaube» gefunden. Im «ursprünglichen Trotz gegen die höllischen Mächte[,] die die Welt be-

45 Barth, Karl: Religion u[nd] Sozialismus, in: VuklA 1914–1921, S. 214.

46 A. a. O., S. 215.

47 A. a. O., S. 216.

48 A. a. O., S. 219.

49 Peter Winzeler verdanke ich den Hinweis darauf, dass hier ein Motiv Zwinglis in Barths Sozialismus wirksam sein dürfte. Vgl. Zwingli, Huldrych: Ein trüw und ernstlich vermanung an die frommen Eidgenossen, 2. Mai 1524, in: Huldreich Zwinglis sämtliche Werke, Bd. 3, Leipzig 1914, S. 107: «... das der arbeyter in ußwendigen dingenn gott glycher ist denn ützid in der welt».

50 Barth, Karl: Die neue Welt in der Bibel (Kirchgemeinde Leutwil, 6. 2. 1917), in: VuklA 1914–1921, S. 318–343, hier: S. 337.

51 Barth, Karl: Die Zukunft des Christentums und der Sozialismus (Vortrag im Ferienlager des CVJM in Buus, 31. 7. 1917), a. a. O., S. 390–407, hier: S. 390f.

52 A. a. O., S. 399.

herrschen», im «Seufzen und Schreien nach einer aufs Ganze gehenden Erneuerung» ist «Glauben», wie ihn «Jesus in Israel nicht gefunden» hat.[53] Es gilt also zu hören auf «das Wort, das Gott in unserer Zeit durch den ungeratenen Bruder mit uns redet».[54]

Hier wäre auch der Punkt zu erwähnen, an dem sich Genosse Barth als Parteitagsdelegierter im Juni 1917 unmittelbar in die Diskussion um den Kurs der Sozialdemokratie eingemischt hat: die «Militärfrage», die – wie Barth an Thurneysen schreibt – «Ausblicke auf ‹Allertiefstes›» biete, «allerdings in anderer Weise als bei Ragaz»[55]. Nachdem der linke Flügel der Partei, die sogenannte Zimmerwalder Linke um Lenin,[56] am 30. April 1916 in Kiental ein Manifest gegen den Krieg verabschiedet hatte, in dem gegen den Sozialpatriotismus des rechten Flügels zu revolutionären Aktionen aufgerufen wurde, war die «Militärfrage» zum zentralen Streitpunkt der innerparteilichen Diskussion geworden, über die Barth sich in nicht weniger als fünf Vorträgen im Arbeiterverein Safenwil ausbreitete.[57] Ein ausserordentlicher Parteitag sollte am 9./10. Juni 1917 in Bern die Stellung der Partei zum Militärwesen klären. Gegen das Votum des Safenwiler Pfarrers stimmte der Parteitag mehrheitlich der Linie der Zimmerwalder Linken zu, was Barth

53 A. a. O., S. 400.

54 A. a. O., S. 403f. – Vgl. ebd.: «O wie sollten wir die Bibel verstehen von innen heraus, wenn wir einmal die Sozialisten mit ihrem Trotz u. ihrer Hoffnung auch nur ein wenig verstanden haben! ... Wie müssten wir jetzt die Welle von göttlichen Kräften, die uns vom Sozialismus her entgegenkommt[,] in uns aufnehmen ..., sie aus der Bibel heraus erst recht zu einem Strome werden lassen!»

55 Barth, Karl: Brief an Thurneysen, Eduard vom 25. 3. 1917, in: Karl Barth – Eduard Thurneysen. Briefwechsel, Bd. 1 (1913–1921), bearbeitet u. hg. v. Thurneysen, Eduard (Karl-Barth-Gesamtausgabe, Abt. V), S. 186.

56 Die Zimmerwalder Linke war benannt nach dem Ort einer geheimen internationalen Konferenz der Sozialisten, auf der am 8. September 1915 ein von Leo Trotzki verfasstes antimilitaristisches Manifest verabschiedet worden war, während die radikalere Linke um Lenin noch in der Minderheit blieb. Schon Marquardt hat darauf hingewiesen, dass Lenins Anwesenheit in der Schweiz, wo er seit 1916 an seiner Programmschrift Staat und Revolution arbeitete, durchaus ihre Wirkungen im Schweizer Sozialismus gehabt habe. An der innersozialistischen Diskussion um die von Lenin mitbegründete Zimmerwalder Linke, die den Weltkrieg in die Weltrevolution umfunktionieren wollte, sei Barth nach Ausweis seiner «Sozialistischen Reden» beteiligt gewesen (Marquardt, Theologie und Sozialismus, 3. Aufl., München 1983, S. 378 [Nachwort «Nach dreizehn Jahren»]).

57 Vgl. Barth, Karl: Sozialdemokratie und Militärwesen (Arbeiterverein Safenwil, 27. 2. / 6. 3. / 20. 3. / 3. 4. / 10. 7. 1917), in: VuklA 1914–1921, S. 355–381.

mit der besorgten Frage kommentiert: «Keine Landesverteidigung – im Ernst?»[58]

Durchweg geht es Barth um eine Radikalisierung der Sozialdemokratie vom biblischen Zeugnis her. So kann er im Juli 1917 formulieren: «Christlich-sozial ist wirklich ein Unsinn,» geht es doch darum, «die sozialdemokrat. Partei als Ganzes» zu «begreifen». In dieser Hinsicht ist auch der Religiöse Sozialismus für Barth nicht mehr radikal genug: «Kein ‹neuer Weg›», wie ihn Ragaz vertrat, ist angesagt. «Es ist der alte, aber er ist gerade von uns Christen noch nicht begangen worden.»[59]

Worin dieser alte, noch nicht begangene Weg, der Barth vorschwebt, bestehen könnte, wird am deutlichsten vielleicht in einer damals im «Neuen Freien Aargauer» veröffentlichten Ansprache Barths zur Beerdigung des Arbeiters Arnold Hunziker im August 1917: Das Verhältnis des Verstorbenen zur «*Arbeitersache*», insbesondere die «Hoffnung» und der «Willen: Es muss anders kommen ...», weise über den Tod hinaus. Diese «Hoffnung» sei der «lebendige Punkt ..., wo *Gott* mit diesem Menschen gesprochen hat und durch ihn auch mit uns ...» Daher: «... *vorwärts* zu neuen, grösseren Siegen des Lebens.»[60]

5. «Mehr als Leninismus»

Nach einer Pause von mehr als einem Jahr, in dem er sich auf die Arbeit am Römerbrief konzentrierte, nimmt Barth in einer neuen Serie «Sozialistischer Reden», die im Februar 1919 einsetzen, zur revolutionären Situation am Ende des Krieges Stellung. Es handelt sich um Variationen zum Satz «Es ist mehr als Leninismus» aus der Auslegung von Röm 13 in der ersten Fassung des «Römerbriefs».[61]

Nach Auskunft der «Sozialistischen Reden» beurteilt Barth den grossen Schweizer Landesstreik vom November 1918 aus Anlass der Feier zum ers-

58 A. a. O., S. 380. – Nach Barths Erkenntnis stecken hinter dem Krieg «Kapitalismus! Machttrieb! Gewalt!» Daher kommen «Pazifismus u. Antimilitarismus ... zu spät», sie «sind nicht radikal genug». Der Wille Gottes meint ja «nicht Reform, sondern Revolution.» (Der Wille Gottes und der Krieg [Arbeiterverein Rohr, 5. 3. 1916], a. a. O., S. 260–264, hier: S. 263f.)

59 Barth, Karl: Die Zukunft des Christentums und der Sozialismus, a. a. O., S. 406f.

60 Barth, Karl: Beerdigung von Arnold Hunziker (Safenwil, 27. 8. 1917), in: Ders., Predigten 1917, hg. v. Schmidt, Hermann, Zürich 1999, S. 460 u. 463.

61 Barth, Karl: Der Römerbrief, 1. Aufl., Bern 1919, S. 379.

ten Jahrestag der russischen Oktoberrevolution im Rückblick kritisch, indem er aufs theologisch Grundsätzliche geht: In der bolschewistischen Revolution sieht er «die sich meldende neue Zeit, ihrer selbst noch ungewiss. Die Frage wird für ganz Europa akut: ist das Alte vergangen, ein Neues im Kommen [vgl. 2Kor 5,17]. Irgendwie mussten wir dazu Stellung nehmen.»[62] Zwar sei der Landesstreik selber «nicht Gewalt» gewesen, er habe sich aber doch «auf d. Weg dazu» bewegt. Und «zweifellos» habe der «Gedanke an Umsturz» in der Luft gelegen.[63] Für Barth ist es aber die Frage, ob der bolschewistische Weg eines gewaltsamen Umsturzes für die Schweiz der richtige sei.

Entsprechend setzt er sich kritisch mit den Beschlüssen des ausserordentlichen Parteitags der Sozialdemokraten vom 2. Februar 1919 auseinander, der die Beteiligung an der Wiederbelebung der Zweiten (sozialistischen) Internationale ablehnte und stattdessen einen Aufruf zur «Weltrevolution» nach russischem Vorbild verabschiedete.[64] Damit mache sich die Sozialdemokratie das für ihre Ziele ungeeignete «alte Mittel» zu eigen: die Gewalt, auf der das «bisherige gesellschaftl. System» beruhe.[65]

Nachdem die Sozialistische Internationale trotz der Verweigerung der Schweizer auf dem Internationalen Sozialistenkongress vom 3. bis 10. Februar 1919 in Bern wiederbelebt worden war, freut sich Barth am 26. Februar: «Die Internationale marschiert wieder, nicht in Richtung der Sozial-Patrioten, sondern in d. Richtung Eisner.»[66] Er referiert u. a. Kurt Eisners Position, wonach «die Revolution ... längst geistig vorbereitet» gewesen sei; sie sühne in gewisser Weise «die Schuld» des «Taumels der Irrungen» von 1914.[67] Zum durch die Russische Oktoberrevolution gestellten Thema «Diktatur u. Demokratie» bemerkt Barth, dass die Diktatur allenfalls eine Übergangsphase sein könne. Aufbau sei «nur durch Demokratie» möglich, denn das Ziel sei ja die Freiheit. Mit einer gewissen Erleichterung stellt er fest: «Mehrheit scheint gegen Bolschewismus.» Dieser sei ja, wie Kautsky bemerkt habe, «neuer Militarismus».[68] Demnach neigt Barth der radikal-

62 Barth, Karl: Der Generalstreik im November 1918 (18. 2. 1919), in: VuklA 1914–1921, S. 447–462, hier: S. 451.

63 A. a. O., S. 462.

64 Barth, Karl: Schweizer[ischer] Parteitag u. internation[ale] Konferenz (Arbeiterverein Safenwil, 11. 2. 1919), a. a. O., S. 438–443, hier: S. 441.

65 A. a. O., S. 443. Nach Barths Auffassung handelte es sich faktisch «um eine Veränderung d. Programms» der Partei «in dem Sinn, daß der Bürgerkrieg zum nächsthin zu verwendenden Mittel des soz. Kampfs erklärt wird» (ebd.).

66 Barth, Karl: Der Internationale Sozialistenkongreß (Arbeiterverein Safenwil, 26. 2. 1919), a. a. O., S. 464–480, hier: S. 480.

67 A. a. O., S. 468f.

68 A. a. O., S. 478f.

sozialistischen Position von Kurt Eisner zu, dem Ministerpräsidenten der Münchner Räterepublik, der – als Mitglied der USPD – einen dritten Weg zwischen Sozialpatriotismus und Bolschewismus zu steuern versuchte, jedoch am 21. Februar 1919 ermordet worden war.

Nachdem am 2. März 1919 in Moskau die Dritte (kommunistische) Internationale gegründet worden war und programmatisch die «Diktatur des Proletariats» ausgerufen hatte, referierte Barth im März und April 1919 an fünf Abenden im Arbeiterverein Safenwil über «Die russische Revolution 1917», den Bolschewismus und die durch diesen aufgeworfene Grundsatzfrage «Demokratie oder Diktatur?» Er bezog seine Informationen nicht zuletzt aus Leo Trotzkis Darstellung der Oktoberrevolution. Dabei geht es ihm nicht so sehr darum, ein «Urteil über die russ. Partei» zu fällen, sondern um die Frage der Nachahmung, d. h. darum, ob das russische Modell auf die Schweiz übertragen werden könne. Von «innen» betrachtet, handele es sich um den «schmerzlichen u. schuldvollen Konflikt einer Welt, die kommt, mit der Welt, die ist. Ein Versuch, der an seiner eigenen Unmöglichkeit zusammenbrechen» werde, jedoch «nicht ohne Verheissung» sei.[69]

Was Lenin und Trotzki betrifft, stimmt Barth der Sicht Maxim Gorkis zu, dass sie «moralisch kaum zu verdächtigen» seien, «nicht machtgierig», jedoch «lebensfremde Charaktere ohne Liebe u. Erbarmen, Sklaven ihres Dogmas».[70] «Am Besten» seien sie

> «zu vergleichen mit den Persönlichkeiten der *Religions-Geschichte*, in denen der Gedanke des Reiches Gottes aus der Innerlichkeit und Individualität zur gesellschaftl. Gestaltung drängte, also Mohammed, Innozenz III., Zwingli, Calvin, Cromwell».[71]

Hinter Barths Kritik an der Gewaltförmigkeit des Leninismus steckt deutlich erkennbar ein biblisches Motiv: «Lass dich nicht vom Bösen besiegen, sondern besiege im Guten das Böse!» (Röm 12,21) Es handelt sich um den Vers, den Barth im Kommentar zum «Römerbrief» in einer genialen exegetischen Entscheidung als Überschrift zum Obrigkeitskapitel Röm 13 gedenket hat.[72] Dadurch wird der Staat von vornherein als «das Böse» entlarvt, das – freilich «im Guten» – zu überwinden sei. In diesem Sinn warnt Barth vor einer «Verschiebung unsers Programms im russ. Sinn». Denn: «*Der*

69 Barth, Karl: Bolschewismus (Arbeiterverein Safenwil, 2. u. 9. 4. 1919), a. a. O., S. 494–500, hier: S. 495.

70 Barth, Karl: Die russische Revolution 1917 (Arbeiterverein Safenwil, 20. u. 26. 3. 1919), a. a. O., S. 482–493, hier: S. 488f.

71 Barth, Karl: Bolschewismus, a. a. O., S. 495.

72 Vgl. Barth, Karl: Der Römerbrief, 1. Aufl., Bern 1919, S. 375.

Grundsatz d. Vergeltung muss ausschalten.» Es geht ja darum: «Die Welt umkehren, nicht nur in der Welt dies u. das, sonst bleibts beim Alten. ... Die Kraft des Sozialismus» habe ja darauf beruht, «dass es den Sozialisten Ernst war mit ihren Forderungen. Die Methoden der Gegner berauben uns dieser Kraft.»[73]

In dem damals im «Neuen Freien Aargauer» veröffentlichten Beitrag «Das, was nicht geschehen soll» vom 15. August 1919 aus Anlass des nach Basel einberufenen Parteitags der Sozialdemokraten, auf dem über den Beitritt der Partei zur Dritten Internationale entschieden werden sollte, fasst Barth seine Position wie folgt zusammen: «Die russische Lehre leuchtet ein, weil sie radikal ist. Sie verkündigt das Wunder, das Unerhörte, das Unmögliche, das Ganze.» Die «Kundgebungen von Lenin und seinen Freunden» klingen wie: «Das Alte ist vergangen, siehe, es ist alles neu geworden! [2Kor 5,17] – so, oder fast so, tönt es aus dem Osten herüber. ... Sollte nicht doch der Bolschewismus der echte Sozialismus sein, weil er so radikal ist?»[74]

Dennoch warnt Barth vor der «Posaune des Weltgerichts», die der Bolschewismus gegen die ganze «bürgerliche, christliche und feingeistige Welt» ertönen lasse. Zwar kenne auch er «die eigentümliche Lust, die Gerichtstrompete blasen zu helfen». Dennoch: «Gerade die Gerichtsluft, die durch den Bolschewismus geht, spricht auch gegen ihn selbst. ... Es ist das Böse, das das Böse rächen muss.» Doch:

> «Wer das Neue, das kommen muss, in seinem Wesen verstanden hat, kann bei den Bolschewisten nicht mitmachen ... Wir haben uns *nicht* nach der Methode des Gegners zu richten; das ist der gefährlichste Irrtum, der heute in unsern Reihen umgeht. ... Wir haben unsern eigenen Weg. Der Sozialismus darf nicht einfach das Gegenstück werden zum Kapitalismus, das Proletariat nicht die ähnliche Nachfolgerin der Bourgeoisie, der Klassenkampf nicht nur der Streit einer Bestie mit der andern.»[75]

6. Christliches Leben

Zu den für mich aufregendsten Entdeckungen zählt der Aarburger Vortrag «Christliches Leben» vom 9. Juni 1919.[76] Denn wir haben es hier nicht nur

73 Barth, Karl: Demokratie oder Diktatur? (Arbeiterverein Safenwil, 16. 4. 1919), in: *VuklA 1914–1921*, S. 501f., hier: S. 501.

74 Barth, Karl: Das, was nicht geschehen soll, a. a. O., S. 522–527, hier: S. 523f.

75 A. a. O., S. 526f.

76 Barth, Karl: Christliches Leben (Vortrag auf der Versammlung der Christlichen Studenten-Vereinigung, Aarburg 9. 6. 1919), in: VuklA 1914–1921, S. 503–512.

in der Gesamtkomposition, sondern bis in kleinste Details hinein mit einer Vorform des berühmten Tambacher Vortrags «Der Christ in der Gesellschaft» vom 25. September 1919 zu tun,[77] der wiederum als Dogmatik in nuce gelten kann.[78]

Als Thema gibt Barth an: «Das Verhältnis des in J[esus] nahe herbeigekommenen R[eiches] G[ottes] zu den Gebilden des natürl. Gem[einschafts-] Lebens ...»[79]. Als «Standort», der als «das Bewegende hinter unsrer Frage» zu verstehen ist, gibt er die Parole aus: «Jesus lebt. ... J. ist auferstanden von den Toten. ... Das R[eich] G[ottes] triumphiert über die Weltreiche.»[80]

Dieses Gottesreich entfaltet er dann in der Bewegung vom *regnum naturae* über das *regnum gratiae* zum *regnum gloriae*. Dabei kann er im *regnum naturae* hemmungslos von «göttlichen *Schöpfungsordnungen*» reden, zu denen wir uns als «eine Analogie, ein Gleichnis» des Gottesreiches «positiv u. sachlich» zu stellen hätten.[81] Unter dem Aspekt des *regnum gratiae* nimmt er innerhalb der *«gegenwärtige(n) Übergangszeit»* den «Zerstörungswille(n) des Sozialismus» gegenüber der «an sich so glänzenden wirtschaftl. Entwicklung des letzten Jahrh[un]d[e]rts» als gnädiges Gericht wahr und fragt:

> «Wie kommt es nur, dass wir zu diesem ganzen grossen Protest gegen die bestehenden Verhältnisse auch Ja sagen müssen[,] wenn wir ehrlich sind, dass er auch in uns ist? ... Die Gleichnisse besagen ja Alle, dass es damit nicht getan ist, dass Alles Vergängliche ein Gleichnis ist. ... Das R. G. will aus dem Abbild, aus der Analogie Wirklichkeit werden.» «Um dieses Drängens u. Sehnens nach Unvergänglichkeit willen muss Gericht sein u. Gnade, Not u. Hoffnung. ... Auch wenn wir noch keine Stürmer des H[immel-]R[eiches] sind ... Es könnte aber geschehen, dass wir solche Stürmer werden.»[82]

Unter dem Aspekt des *regnum gloriae* kommt er dann auf «das Andre» zu sprechen, «das Andre[,] das wir in den jetz[igen] Verhältnissen vermissen u. nach dem wir suchen», das «nicht nur etwas Andres[,] sondern das ganz

77 Vgl. Barth, Karl: Der Christ in der Gesellschaft (Tambach 25. 9. 1919; Bücher vom Kreuzweg, Bd. 2, Würzburg 1920), a. a. O., S. 556–598.

78 Vgl. Boer, Dick: Ein ganz anderer Gott. Das Lebenswerk Karl Barths (1886–1968), Knesebeck 2007, S. 30: «‹Der Christ in der Gesellschaft› war, in aller Kürze, Barths erster Entwurf einer systematischen Theologie. Im Ansatz finden wir hier schon die Struktur seiner späteren ‹Kirchliche[n] Dogmatik›.» Genauer müssten wir jetzt sagen: Wir finden diese Struktur bereits im Vortrag «Christliches Leben» im Juni 1919.

79 Barth, Karl: Christliches Leben, in: VuklA 1914–1921, S. 503.

80 A. a. O., S. 503–505.

81 A. a. O., S. 505f.

82 A. a. O., S. 508f.

Andre ist». Denn «das Reich Gottes ist d. R. Gottes».[83] Hier verweist Barth auf Grünewalds Auferstehungsbild und erläutert:

> «Die Auferstehung Jesu ist darum die weltbewegende Kraft, von der wir getragen sind, weil sie die erste Erscheinung einer neuen totaliter aliter – mehr können wir nicht sagen – geordneten Leiblichkeit u. Welt ist. ... Das neue Jerus[alem] hat nicht das Geringste zu tun mit der neuen Schweiz und mit d. internat[ionalen] Zukunftsstaat[,] sondern es kommt, von Gott zuvor bereitet[,] auf die Erde [...], wenn s. Stunde da ist.»[84]

Doch: «Unterdessen tun wir in der Übergangszeit[,] in der wir stehen, unser Bestes, wie es sich geziemt.»[85] Und was hat dies alles mit Sozialismus zu tun? Ist nicht spätestens jetzt eine Abkehr vom Sozialismus erkennbar? Nun: «Die Kraft des Jenseits ist die Kraft des Diesseits», formuliert Barth mit Ernst Troeltsch. Und er fügt hinzu:

> «Die spes futurae vitae war der heimliche Hebel aller wirklichen Fortschritte u. Revolutionen. Viell[eicht] dient es zur Beruhigung od. Beunruhigung[,] wenn ich sage, dass ich mich im Blick gerade auf diese letzten Erwägungen erst recht freue, Soz[ial]dem[okrat] zu sein. Aber über allen Möglichkeiten der Übergangszeit muss als Parole stehen: Ein jeder s. Gesichte ...»[86]

7. Fazit

Im theologischen Zentrum der «Sozialistischen Reden» steht nicht so sehr Jesus Christus, sondern das Reich Gottes und die Auferstehung des Fleisches. Glaube wird demgemäss nicht so sehr als Glaube an die Christusperson verstanden, sondern als Vertrauen in die Möglichkeit, dass es anders werden kann in der Gesellschaft und im Leben. Glaube ist Hoffnung auf eine Zukunft der Welt in Gerechtigkeit und Frieden in Entsprechung zum kommenden Reich Gottes.

Die Rede vom «ganz andere[n]» Gott entsteht aus dieser Hoffnung auf eine andere Welt. Es gibt in der Tat nicht nur ein Denken von Gott her, sondern auch ein Denken auf Gott hin in Barths «Sozialistischen Reden». Gottes Revolution, die «senkrecht von oben» in die Gesellschaft einbricht, sucht ihre Entsprechung im Sozialismus als einer Bewegung von unten.

83 A. a. O., S. 509f.
84 A. a. O., S. 510.
85 A. a. O., S. 511.
86 Ebd.

Denn – wie es schon 1911 im Vortrag «Jesus Christus und die soziale Bewegung» heisst – der Sozialismus ist als «eine Bewegung von unten nach oben» vorbehaltlos vergleichbar dem, «was Jesus Christus war und wollte und erreicht hat,» das eben «von der menschlichen Seite gesehen durchaus eine *Bewegung von unten* war», «... nicht ein behäbiges Mitleiden von oben nach unten, sondern der Ausbruch eines Vulkans von unten nach oben».[87] Die «Bewegung von unten her» findet sich ganz ähnlich auch noch 1919 im ersten Römerbrief-Kommentar, wo es heisst: «Die Bewegung des Gottesreiches innerhalb der sozialen und kulturellen Gegensätze ist ... grundsätzlich und einseitig eine Bewegung von unten her.»[88] Gleichwohl ist das Reich Gottes – wieder nach dem Vortrag «Jesus Christus und die soziale Bewegung» –

> «nicht *von* dieser Welt, weil es von Gott ist, aber es ist *in* dieser Welt, denn *in* dieser Welt soll Gottes Wille geschehen. Menschlich betrachtet ist das Evangelium eine Bewegung von unten nach oben ... Von der göttlichen Seite gesehen ist es ganz und vollständig eine Bewegung von oben nach unten: Nicht wir sollen in den Himmel, sondern der Himmel soll zu uns kommen.»[89]

87 Barth, Karl: Jesus Christus und die soziale Bewegung (Arbeiterverein Safenwil, 17. 12. 1911), in: VuklA 1909–1914, S. 391–393.
88 Barth, Karl: Der Römerbrief, 1. Aufl., Bern 1919, S. 490.
89 Barth, Karl: Jesus Christus und die soziale Bewegung, in: VuklA 1909–1914, S. 396.

Progressive Dialektik. Zur Entwicklung von Karl Barths theologischem Denken im Zeitraum des Ersten Weltkriegs

Georg Pfleiderer

1. Einleitung: Dialektisch-theologische Religionskritik

Als einen gewissen *common sense* neuerer Forschung zu Karl Barths Theologie im Zeitraum zwischen 1914 bis 1921 kann man vielleicht ungefähr Folgendes festhalten: Unter dem Eindruck des Versagens der beiden für ihn bis dato massgeblichen Eliten – Sozialdemokratie und liberale Theologie – begibt sich der Safenwiler Pfarrer ab Herbst 1914 auf eine neue theologische Suchbewegung, die auf eine theozentrische Wende der liberalen Erlebnistheologie seines Lehrers Wilhelm Herrmann sowie des von ihm idealistisch interpretierten religiösen Sozialismus zielt und, erkenntnistheoretisch gesprochen, mit einer «realistischen» Redeweise von Gott einhergeht. Wichtige Impulse dazu kommen vom theologischen Quer- und Freidenker Christoph Blumhardt. Aber das neue theologische Reden von Gott, auf das Barth hinauswill, soll dasjenige eines «kritischen» Realismus sein, der hinter die Grundeinsichten Kants, auch Schleiermachers und der – theologischen – Neukantianer, dass nämlich Gott nicht vergegenständlicht werden dürfe, wenn anders er als der normative Grund unserer Selbst- und Welterfahrung und als Movens legitimen christlichen Handelns gedacht werden solle, nicht zurückfällt – und zugleich den Gesellschafts- und Welthorizont nicht aus den Augen verliert, für den ihn die Arbeitergemeinde Safenwil und der religiöse Sozialismus den Blick geschärft hatten. Ab etwa 1915 probiert Barth in immer neuen Anläufen neue theologische Denkfiguren und Semantiken aus, um dieser schwierigen Aufgabe immer besser gerecht zu werden. Entscheidend ist dabei sein Anliegen, die theologische Erkenntnis so zu formulieren, dass sie als reflexives Element jener «Bewegung der Gotteserkenntnis»[1], die das religiöse Erlebnis im Sinne der liberalen Theologie er-

[1] Barth, Karl: Vorträge und kleinere Arbeiten 1914–1921. In Verbindung mit Marquardt, Friedrich-Wilhelm (†) hg. von Drewes, Hans-Anton, (Karl-Barth-Gesamtausgabe, Abt. III), Zürich 2012 [abgek. VuklA 1914–1921], S. 564. Da die bislang verstreuten bzw. noch gar nicht publizierten Texte Barths auf diese

setzen und das soziale Engagement im Sinne des Sozialismus tragen soll, zu verstehen gegeben wird. Dies erfordert ein neues dialektisch-theologisches Denken, das Barth im ersten «Römerbrief» von 1918/19[2] vorrangig geschichtstheologisch, im zweiten von 1922[3] dann in existenzialtheologischer Radikalität als Gesamtentwurf vorführt. In dieser Entwicklung kommt es zu einer Differenzierung seiner Einstellung zum religiösen Sozialismus, den Barth spätestens seit dem Tambacher Vortrag von 1919 in eine, nämlich eben seine spezifisch theologische Form zu überführen sucht: «Der Christ in der Gesellschaft», das sind nicht die Christen – sondern das ist – *«der Christus»*[4].

Dass die theologische Denkbewegung Karl Barths jener Jahre von grosser, paradigmatischer und wegweisender Bedeutung nicht nur für sein eigenes späteres Denken, sondern für den weiteren Gang der Theologiegeschichte überhaupt, zumindest im 20. Jahrhundert, ist, – darüber ist sich die theologische Forschung weithin einig. Uneiniger ist man sich über die Bewertung und die bleibende Relevanz dieses Programms. Die einen sehen darin die Überwindung der babylonischen Gefangenschaft der Kirche, des Christentums und der Theologie in der subjektivistischen Moderne; die andern bezichtigen es genau umgekehrt der Preisgabe zentraler Errungenschaften der Moderne, auf die zu verzichten die Theologie – und das von ihr geleitete Christentum – in ein intellektuelles und alsbald auch kulturelles Ghetto führen muss(te). Nach Auffassung solcher Kritiker habe Karl Barth eine der zentralsten jener grossen Errungenschaften der Moderne, nämlich die Unterscheidung von Religion und Theologie, preisgegeben – indem er den Religionsbegriff aus der Theologie zu verbannen suchte. Ohne den Religionsbegriff – oder ein sinnvolles Äquivalent desselben – klinke sich die Theologie aus den modernen Diskursen, die eben religionstheoretische Diskurse sind, aus, sie schlage sich selbst das entscheidende Instrument aus der Hand, um das Christentum konstruktiv ins Verhältnis zu anderen Religionen, aber auch zu einer sich säkular gebenden modernen kulturellen Öffentlichkeit und gesellschaftlichen Wirklichkeit zu setzen.

Das antikritische Argument, also das der Barth-Befürworter, lautet diesbezüglich: Mit dem Religionsbegriff lockere die Theologie ihre Fühlung zum

Weise nun hervorragend zugänglich sind, erlaube ich mir, auf die genauere Angabe des jeweils betreffenden Textes (hier: «Der Christ in der Gesellschaft» [1919]) gelegentlich auch zu verzichten.

2 Vgl. Barth, Karl: Der Römerbrief (erste Fassung) 1919, hg. v. Schmidt, Hermann (Karl-Barth-Gesamtausgabe, Abt. II), Zürich 1985.

3 Vgl. Barth, Karl: Der Römerbrief (zweite Fassung) 1922, hg. von van der Kooi, Cornelis und Tolstaja, Katja (Karl-Barth-Gesamtausgabe, Abt. II), Zürich 2010.

4 VuklA 1914–1921, S. 557.

christlichen Glauben und seinen intrinsischen Wahrheitsansprüchen und dessen autochthoner Wirklichkeitssicht so stark, dass sie von diesem nicht mehr als intellektuelle Repräsentantin im Reich der Wissenschaften wahrgenommen werden könne. Die Theologie als *fides quaerens intellectum* müsse der Versuchung und Gefahr widerstehen, zu einer deskriptiven Wissenschaft vom Christentum als einer Religion unter anderen zu werden. Sonst habe sie ihre genuine Aufgabe preisgegeben und werde auch für diese anderen Wissenschaften letztlich uninteressant.

Im Grunde ist der Ausgang dieses Streits immer noch offen; keiner der zahlreichen Klärungs- oder Vermittlungsversuche hat ihn bislang definitiv zu schlichten vermocht; er ist zumindest für die deutschsprachige Theologie der Gegenwart konstitutiv.[5]

Karl Barths «Vorträge und kleinere Arbeiten von 1914 bis 1921» führen, wie gesagt, in die Brunnenstube dieses Streits bzw. seines Entstehungsgrundes. Seine Aufhellung ist mithin von hohem und grundsätzlichem Gegenwartsinteresse. Können wir aufgrund der durch den Band deutlich verbesserten Quellenlage genauere Aufschlüsse über die Motive, die Entwicklung und die Struktur des Barthschen Denkens gewinnen, die bei der Klärung dieser die Theologie seither beschäftigenden und entzweienden Grundfrage helfen könnten? Einen Beitrag zur Beantwortung dieser Frage wollen die folgenden Überlegungen leisten.[6]

Entscheidend scheint mir die Einsicht zu sein, dass Barth den Religionsbegriff nicht einfach, wie es insbesondere mit Blick auf seine Polemiken den Anschein haben kann, sang- und klanglos verabschiedet und durch einen

5 Vgl. dazu auch meinen Aufsatz: Theologie als normative Kulturwissenschaft? Überlegungen im Licht Barthscher Verdikte, in: Theologische Zeitschrift 66/4 (2010), S. 318–331.

6 Ich habe die Entwicklung der Denkfiguren dieser für Barths intellektuelle Biografie entscheidende Periode, die Zeit des Ersten Weltkriegs, in meiner Habilitationsschrift detailliert zu entschlüsseln bzw. nachzuzeichnen versucht. Vgl. Pfleiderer, Georg: Karl Barths Praktische Theologie. Zu Genese und Kontext eines paradigmatischen Entwurfs systematischer Theologie im 20. Jahrhundert (BHTh 115), Tübingen 2000. Die hier vorgelegte Studie basiert auf den dort geleisteten Forschungen, fasst diese zusammen und versucht, sie um die dank der neuen Edition der «Vorträge und kleinere[n] Arbeiten» Barths aus dieser Zeit nun ermöglichte Übersicht und Detailschärfung zu erweitern. Zum betreffenden Zeitraum vgl. auch meinen Aufsatz: Zum Lebensbegriff in der protestantischen Theologie um den Ersten Weltkrieg, in: Schaede, Stephan; Hartung, Gerald, Kleffmann, Tom (Hg.): Das Leben. Historisch-systematische Studien zur Geschichte eines Begriffs, Bd. 2 (Religion und Aufklärung, hg. von der FEST Heidelberg, Bd. 22), Tübingen 2012, S. 185–219.

neuen Theologie- bzw. Offenbarungsbegriff ersetzt. Vielmehr arbeitet er daran, das Verhältnis von religiöser Erfahrung und theologischer Reflexion in ein Verhältnis dialektischer Reflexionssteigerung zu überführen. Das setzt voraus, dass religiöse Erfahrung von theologischer Reflexion nicht durch eine kategoriale Kluft, eine prinzipielle Praxis-Theorie-Differenz, getrennt ist. Religion hat vielmehr immer auch eine Erkenntnisstruktur; Religion ist gewiss Erfahrung; aber sie ist immer zugleich der Vollzug gedeuteter, sich deutender Erfahrung. Im Religionsbegriff wird jedoch aus Barths Sicht dieser Vollzugscharakter der Selbstauslegung des Glaubens gewissermassen in einer Aussenperspektive objektiviert – und damit stillgestellt. Theologie hat nach seinem Verständnis die Aufgabe, sich in diesen Deutungsvorgang, der Religion bzw. besser: der Glaube immer schon ist, einzustellen, ihn zu entfalten. Das ist nach meinem Verständnis Barths Grundannahme.

Wenn diese Deutung zutrifft, dann gilt es, theologische Reflexion konstitutiv als einen Prozess zu verstehen. Theologie ist der Vollzug der erkenntnismässigen Selbstauslegung des Glaubens; Theologie ist glaubendes Denken, denkender Glaube, und nicht zuletzt denkendes Handeln im Glauben und aus Glauben. Dieses Handlungselement des Glaubens bzw. der theologischen Erkenntnis ist in gewisser Weise sogar das Bestimmende. In ihm bildet sich nämlich der Handlungscharakter der göttlichen Selbstoffenbarung ab. Aus diesem Grund bekommt der Bewegungsbegriff in dieser Phase jene signifikante Bedeutung für Barths Denken.

Dies gilt in einem doppelten Sinne: Zum einen führen Barths Texte die Prozesshaftigkeit der theologisch-glaubenden Erkenntnisbewegung aktualiter vor; zum andern ist Barths Denken als ganzes im Prozess einer progressiven Bewegung begriffen; es entwickelt sich fortschreitend, und zwar dadurch, dass es sich kritisch-dialektisch auf sich selbst bezieht.

Die theologische Dialektik, die Barth in dieser Zeit entdeckt und entwickelt, ist eine prozesshafte Dialektik, und das heisst nun zugleich und entscheidend: sie ist eine dialogische Dialektik. Barths Texte sind immer konstitutiv dialogisch verfasst, denn sie zielen darauf, die Hörer- oder Leserinnen seiner Texte bzw. Vorträge in den Prozess der Selbstreflexion über ihren gelebten Glauben, in eine Veränderung ihrer Glaubensreflexion hineinzunehmen. Auch den zur Lektüre vorgesehenen schriftlichen Texten, den Aufsätzen, eignet darum eine eigentümliche dialogische Rhetorizität. Darum ist es wichtig, sich zunächst einen Überblick über die unterschiedlichen Redesituationen zu verschaffen, in denen die Texte ihren Ort haben bzw. in ihrer rhetorischen Ursprungsform hatten.

2. Zum rhetorischen «Setting»

Aufgrund der kritischen Edition ist nun sehr schön zu erkennen, wie Barths Denken sich im betreffenden Zeitraum in der Auseinandersetzung mit bestimmten, relativ unterschiedlichen sozialen Gruppen vollzieht. Ohne Anspruch auf Vollständigkeit seien folgende Bereiche und dazugehörige Unterbereiche aufgezählt:

- Kirche: eigene Gemeinde, andere Gemeinden, überregionale kirchliche Zusammenkünfte, Synoden, kirchliche Presse, Pfarrerschaft, religiös-soziale Pfarrer; kirchliche Aus- und Weiterbildung: Religionslehrerinnen, Theologiestudierende, CVJM-Mitglieder
- Theologie: Fachpresse, schweizerische und deutsche, theologische Publikumspresse, religiös-soziale Presse
- Sozialdemokratie: Arbeiterverein vor Ort und in Nachbargemeinden, Grütliverein, SP-Versammlungen regional und überregional, SP-nahe Presse
- Zivilgesellschaft: Blaukreuzverein, Presse allgemein

Daran lässt sich zum einen erkennen: die Kirche, die Barth voraussetzt und in der er seine Theologie entwickelt, ist eine moderne Volkskirche. Sie verfügt über ein hohes Mass an gesellschaftlicher Flächendeckung, sucht unterschiedliche Schichten, Bildungsmilieus, intellektuelle und kulturelle Ausrichtungen zu integrieren, hat eine stark ausdifferenzierte Landschaft von Bildungsinstitutionen bzw. Bildungsorten und -medien. Neben dem solchermassen ausdifferenzierten Grossbereich Volkskirche steht der Grossbereich Sozialdemokratie. Soziologisch und faktisch überlappen sich beide gesellschaftlichen Bereiche; aber die Redesituationen sind verschiedene: Getrennte Organisationen, sich überlappende Mitgliedschaften und Mentalitäten; das ist, wie mir scheint, die zweite wichtige Gegebenheit. Beides hat mit der Struktur des dritten sozialen Bereichs, der schweizerischen Zivilgesellschaft in ihrem damaligen Entwicklungsstand zu tun, der aber als eigenständiger Ort von Redesituationen (die nicht kirchlich oder sozialdemokratisch konkretisiert wären) nur am Rande in Erscheinung tritt.

Aus jenen einleitenden Überlegungen und diesen Beobachtungen lassen sich – zunächst noch hypothetisch – folgende Schlussfolgerungen ziehen: Barths Theologie dieser Zeit ist eine Theologie in der Volkskirche – auch für die Volkskirche, teilweise allerdings auch gegen sie. Barth setzt institutionellen, mentalen und kulturellen Pluralismus voraus, geht auch vergleichsweise differenziert auf ihn ein; und doch enthält sein theologisches Programm eine Tendenz zur Überwindung der damit verbundenen Differenzen und Pluralitäten. Es zielt nämlich auf die Bildung eines neuen dialektisch-theologisch gesteuerten postmodernen Christentums, das seiner Natur nach nicht plural, sondern von einer einheitlichen neuen Theologie durchdrungen ist. Barths Theologie zielt auf eine neue Form von Christentum in der Moderne; sie will also durchaus nicht nur reflexions-, sondern in gewisser Weise auch, ja vor allem religionsproduktiv sein.

Dieses Bestreben wird auch an den Themen erkennbar, die Barth in seinen «Vorträge[n] und kleinere[n] Arbeiten 1914–1921» verhandelt: Die Themenfülle scheint auf den ersten Blick sehr beachtlich und divergent. Es geht um alle möglichen Aspekte wichtiger Fragen des Selbstverständnisses von Christentum und Sozialdemokratie in der – dramatischen – Gegenwart. Was bedeutet Krieg etc. für uns als Christen und Sozialdemokraten? Wie sollen wir heute leben und handeln? Schon diese Beschreibung zeigt aber, dass Barth die Fülle der kulturellen, politischen und religiösen Phänomene immer unter einer Zentralperspektive, unter derjenigen der Identitäts-, Lebens- oder Wesensfrage des Christentums in der Gegenwart betrachtet. Allerdings wird auf eine Perspektivierung aus der deskriptiven Distanz der Wesensreflexion gerade verzichtet. Dies dürfte der Grund sein, weshalb bestimmte Themen, die an sich auch in volkskirchlichen oder zivilgesellschaftlichen Diskursen erwartbar wären, weitgehend ausfallen. Nur am Rande interessiert sich Barth etwa für literarische Themen.[7] Sonstige kulturelle Felder wie Musik oder Malerei kommen gar nicht vor. Und nur peripher kommen Barth in diesem Zeitraum historische Fragen in den Blick. Auch konkrete Gestaltungsfragen der kirchlichen Organisation bewegen ihn nur in sehr geringem Masse bzw. in jener theologischen Zentralperspektive, die alle institutionell-praktischen Wie-Fragen entschlossen zu theologischen Was-Fragen umdeutet.[8] Eine Ausnahme von diesem mächtigen Zug zur Aktualisierung und zentralperspektivischen Systematisierung scheint lediglich ein bestimmter materialethischer Bereich zu sein: die Wirtschafts- und Sozialpolitik, bzw. die Sozialethik. Hier nimmt Barth gelegentlich umfangreiche Materialsichtungen vor, legt Zettelkästen an, betätigt sich als Zeithistoriker, der sich mit seinen Wertungen auffallend zurückhält. Hier kommt sozusagen Widerständiges ins Spiel, «Weltwissen», das sich der zentralperspektivischen, theologischen Reflexionsbewegung nicht so ohne weiteres fügt.

7 Zu nennen sind im literarischen Bereich nur die beiden kleinen Arbeiten zu Thomas Manns «Buddenbrooks» (VuklA 1914–1921, S. 100–104) und einer Kurzgeschichte des dänischen Schriftstellers Kidde, Harald (VuklA 1914–1921, S. 349–353), die sozialethisch ausgelegt wird.

8 So in den beiden Texten zur Aargauischen reformierten Kirchensynode (VuklA 1914–1921, S. 3–8, 33–35).

3. Entwicklungslinien einer dialogisch-dialektischen Theologie

3.1. Radikaler religiöser Sozialismus – «Ein wirklicher Sozialist *muß* Christ sein u. ein wirklicher Christ *muß* Sozialist sein»[9]

Die Position, mit der Barth im Herbst 1914 einsetzt, ist skizzenhaft rekonstruiert in etwa die folgende: Christentum und Sozialismus sind die beiden – einzigen – Geistes- und Kulturmächte der Gegenwart, die auf die Idee der Realisierung des – ethisch – Absoluten (des höchsten Gutes im kantischen Sinne) zielen. Schon in dieser Zusammenfassung zeigt sich Barths Interesse an einer theologischen Reduktion der Komplexität der Gegenwartsprobleme. «Gott» und «Reich Gottes» werden weithin synonym verwendet; «Reich Gottes» ist dabei kein supranaturaler, sondern ein – idealer – ethischer Zustand der menschlichen Gesellschaft, der gleichwohl – darin liegt Barth ganz auf der Linie Albrecht Ritschls – durch die Menschen nicht aus eigener Kraft herbeigeführt werden kann.[10] Christentum und Sozialismus konvergieren für Barth darin, dass dieses ideale Reich die Realisierung sozialer Gerechtigkeit, die Abwesenheit von Krieg, die Aufhebung von Kapitalismus etc. meint. Der Mensch und das Miteinander der Menschen, nicht das Geld und das Gegeneinander, stehen im Mittelpunkt.[11]

Allerdings haben beide Geistesmächte im Angesicht des Krieges versagt; «das Gesamtbild ist das eines *Bankerottes* der geistigen Mächte».[12] Jedoch

9 A.a.O., S. 93.
10 Vgl. Barth, Karl: Krieg, Sozialismus und Christentum (I) 1914 (a.a.O., S. 86–93): «Chr[istentum]: Was Jesus in die Welt gebracht, der Geist seines Ev[an]g[eliums]: Gott dienen u. nicht dem Mammon [Mt. 6,24], daher Aufhebung der kapitalistischen Interessen, die zum Kr[ieg] führten. Gott unser aller Vater [vgl. Mt. 20,26 par.; 23,11 par.], daher kein Völkerhaß. Dienen u. nicht herrschen [vgl. Mt. 20,25 par.], daher kein Machtkampf. Lieber Unrecht leiden als Unrecht tun [vgl. Mt. 5,28–42 par.], daher kein Militarismus. Wo diese Ordnungen gelten, da ist das R[eich] G[ottes], um das der Jünger Jesu betet [vgl. Mt. 6,10 par.], da ist also kein Krieg möglich. Für Jesus so selbstverständlich, daß er kein Wort gegen d[en] Krieg sagte!! – Soz[ialismus] Eine Gesellschaftsordnung, die aufgebaut ist auf die Wertschätzung des Menschen gegenüber dem toten Kapital, auf die solidarische Verpflichtung der Menschen gegeneinander, auf die Gerechtigkeit in ihren gegenseitigen Beziehungen.» (a.a.O., S. 87).
11 Vgl. a.a.O. S. 134.
12 A.a.O., S. 557.

gelte, und die Differenzierung ist entscheidend: «Nicht die Ideale haben versagt, aber ihre Bekenner!» (Ebd.); diese «Bekenner» aber sind keine Dritten, sondern: «Wir haben Alle versagt gegenüber dem Krieg».[13] «Tua res agitur» (Ebd.).[14] Was ist zu tun? Da nur die Bekenner, nicht die Ideale versagt haben, heisst die Devise: «Sie [sc. Ideale] müssen tiefer erfaßt, ja nicht etwa aufgegeben werden».[15] Wie sieht das aus? Wir müssen «innerliche Sozialisten»[16] werden, ein «radikaler» nicht bloss ein «politischer Sozialismus»[17] muss sich «bei uns» bilden; ein «lebendiges Christentum» 18 sich entwickeln; *«[n]icht das kirchliche, offizielle oder bloß gefühlsmäßige Chrt., sondern das ernste gründliche Chrt. der Urzeit: Völliges Vertrauen auf Gott, völliges Ernstmachen mit dem Evg. der Liebe, völlige Scheidung von den Grundsätzen der Welt»*.[19] Damit relativiert sich aber zugleich auch der Zusammenhang von Idealen und Organisationen (Sozialdemokratie, Kirchen). Die Mitgliedschaft in den Organisationen ist keine notwendige Bedingung für das Verfolgen der betreffenden Ideale[20]; und kritikwürdig werden Handlungsorientierungen an den Belangen der Organisationen, sofern diese nicht völlig transparent für jene Ideale sind.[21]

3.2. Performanz – «Auf das Reich Gottes warten»

Dem Begriff des Ideals bzw. der Idee hatte Barth bereits 1910 in seinen unveröffentlicht gebliebenen «Ideen und Einfällen zur Religionsphilosophie»[22]

13 A.a.O., S.113.

14 Das Horazzitat ist lebenslang Barths Lieblingsformel für die performative Wendung der theologischen Argumentation auf die Rezipienten.

15 A.a.O., S. 112.

16 A.a.O., S. 162.

17 A.a.O., S. 91, vgl. S. 114f.

18 A.a.O., S. 98.

19 A.a.O., S. 93.

20 Vgl. Ebd.

21 Diese Kritik steht hinter Barths Pressekampf gegen den, wie er meint, Bürokratismus und die soziale Verantwortungsvergessenheit der Aargauischen Kirchensynode (vgl. a.a.O., S. 3ff., 30ff.): «nicht die Behandlung ‹relig. Tagesfragen›, sondern die Behandlung unsrer gewöhnlichen Traktanden in einem andern Geist, als es jetzt geschieht» (a.a.O., S. 175), sei von der Synode zu erwarten.

22 Vgl. Barth, Karl: Ideen und Einfälle zur Religionsphilosophie, in: Ders.: Vorträge und kleinere Arbeiten 1909–1914. In Verbindung mit Helms, Herbert und Marquardt, Friedrich-Wilhelm hg. v. Drewes, Hans-Anton, und Stoevesandt, Hinrich (Karl-Barth-Gesamtausgabe, Abt. III), Zürich 1993, S. 126–138.

eine theonome Struktur und Anziehungskraft eingezeichnet; schon damals hatte er diese mit dem ontologischen Prädikat der Realität, bzw. damals noch der «*Realitätsbeziehung*»[23] oder dem kantischen «Ding an sich»[24] verbunden.[25] Unter dem Druck der Enttäuschung über die empirischen Realisierungsakteure Sozialdemokratie und Kirchen verstärkt Barth in den ersten Kriegsjahren das theologische Deutungspotenzial dieser platonisierenden Figur. Ein entscheidender Schritt auf dem Weg zur expliziten theozentrischen Wendung der Theologie klingt im Basler Vortrag «Kriegszeit und Gottesreich» von 1915 an: Die von Gott sich getragen wissende menschliche Orientierung an den Idealen wird jetzt ersetzt durch die Rede von der «Bewegung von Gott her»[26], die sich in der Gegenwart erkennen lasse. Die theonome «Idee» wird nun dynamisch, aber zugleich so, dass in diesem neuen dynamischen Bewegungsbegriff das zuvor dem Idee- bzw. Idealbegriff eingeschriebene «Realitätsmoment» mitzuhören ist, das damit zugleich diastatisch verschärft wird, etwa in der Formulierung, dass die gegenwärtige «Zeit … von allerlei Nicht-Göttern mit Macht zu dem einen realen Gott hindrängt.»[27] «Welt ist Welt. [] Aber Gott ist Gott, u. bei ihm u. von ihm her giebt es ein Neues.»[28]

Entscheidend ist Barths Bemühen, diesem so verstandenen Bewegungsbegriff eine motivierende, treibende Kraft einzuschreiben:

> «Es handelt sich darum, ob der Gotteswille, der sich da vor uns auftut, uns so in Anspruch nimmt, uns einen so bezwingenden Eindruck macht, dass wir erkennen u. bekennen müssen: dieser Gott *ist* Gott.»[29]

Gefordert ist ein «… Warten u. Sich-Bereiten auf die volle Wirklichkeit Gottes.»[30] Mit der theozentrischen Wendung der Theologie geht bei Barth die systematische Verstärkung der persuasiven Rhetorik und des performativen Duktus der Theologie einher. Die Grenze zwischen theologischer Reflexion und religiöser Rede, d. h. persuasiver Predigt, wird prinzipiell verflüssigt. «Die neue Orientierung an Gott muss in einer neuen Gesamtrichtung des Lebens auch innerhalb der Welt zum Vorschein kommen»; ein neues Ethos ist gefordert, aber – und das macht es mit der Sichtbarkeit der neuen

23 A.a.O., S. 134.
24 Ebd.
25 Vgl. dazu Pfleiderer, Georg: Karl Barths praktische Theologie, S. 199–201.
26 VuklA 1914–1921, S. 194f.
27 Ebd.
28 A.a.O., S. 193.
29 A.a.O., S. 202.
30 A.a.O., S. 200.

Gottesbewegung schwierig: «Nicht in eindeutigen Antworten auf die Lebensfragen.»[31] Die «Mitgliedschaft» in der Gottesbewegung zeigt sich zwar an der Gegnerschaft gegen den Krieg, in dem das antagonistische Wesen der Welt zum Ausdruck und Ausbruch kommt, aber solche Gegnerschaft steht jenseits der Alternative von Wehrdienstverweigerung und Wehrbereitschaft.[32] Das neue Ethos bekundet sich seinerseits als ein Ethos kritischer theologischer Reflexionsdistanz; die theologische Theorie führt in die ethisch-religiöse Praxis – et vice versa. Diese Doppelbewegung wird seither zur eigentümlichen Signatur der theozentrischen Theologie Karl Barths.

Die Abgrenzung des Reich-Gottes-Begriffs vom Religionsbegriff, die Barth im Vortrag «Religion und Sozialismus» von 1915 vornimmt, ist theologie-geschichtlich nichts Neues, und sie ist per se auch nicht ein Produkt der theologischen Kriegsverarbeitung; bei Leonhard Ragaz und insbesondere bei Hermann Kutter lassen sich bereits um die Jahrhundertwende Versuche finden, das Christentum in seinem Ursprung nicht eigentlich als Religion, sondern als religionskritische Grösse zu zeichnen.[33] Daran schliesst Barth an, wenn er nunmehr statuiert: «[D]as R[eich] Gottes ist etwas unendlich viel *Grösseres* als alle Religion. Es ist eine Tatsache, die grosse Lebenstatsache[,] ohne die unser ganzes Dasein eine sinnlose Narrheit wäre: Die Tatsache[,] von der wir leben.»[34] Auch mit der lebensphilosophischen Begründung, die Sozialismus und Christentum zu «Spiegelungen der gr. Grund- u.[nd] Lebenstatsache»[35] erklärt, folgt Barth Kutter. Wenn er diese Argumentation im Vortrag «Die Gerechtigkeit Gottes»[36] von 1916 mit dem Rekurs auf den Gewissensbegriff verbindet, fällt er sogar in gewisser

31 Ebd.

32 A.a.O., S. 208. Vgl.: «Ich kann mir z. B. denken, dass ein Mensch, dem es Ernst ist mit Gott, sich dem Militärdienst unterzieht, weil er sich der Solidarität der Schuld auch in diesem Punkt nicht entziehen zu dürfen glaubt, und das ganze Leid um diese Schuld betend und hoffend in sich hineinnimmt. Ich kann mir ebenso gut denken, dass derselbe Mensch, ohne ein Prophet zu sein, einfach in seinem Glauben sich von Gott her gezwungen fühlt, sein Licht gerade an diesem Punkte in der Weise leuchten zu lassen, dass er etwas Anderes tun muss, als alle Welt tut, u. den Militärdienst verweigert.»

33 Vgl. paradigmatisch das Religionskapitel in Hermann Kutters Hauptwerk «Das Unmittelbare». Eine Menschheitsfrage [1903] (Kober E. F. Spittlers Nachf.) Basel, 3. Aufl. 1921, S. 276–347.

34 VuklA 1914–1921, S. 217.

35 A.a.O., S. 214.

36 A.a.O., S. 225-245. Vgl. auch «Der Wille Gottes und der Krieg» 1916, a.a.O., S. 260f.

Weise hinter Kutter zurück, der das Gewissen zwar als «das erste Aufleuchten einer höheren Welt im Geistes des Menschen», aber angesichts seiner Fallibilität doch als «religiöse Erscheinung»[37] gewertet hatte. Für Barth ist 1916 das Gewissen (noch) die Zeugenstimme für die Gottesbewegung der Gegenwart: Denn «[d]iese Stimme ... sagt uns, dass Gott gerecht ist. Die Gerechtigkeit Gottes ist keine Frage, kein Rätsel, kein Problem. Sie ist eine Tatsache. Die tiefste innerste sicherste Tatsache unseres Lebens. Denn es gibt nichts Sichereres als das, was das Gewissen uns zu wissen gibt. Aber das ist die Frage, wie wir uns zu dieser Tatsache stellen.»[38] Dennoch weist der innere Dialog, den Barth in diesem Vortrag mit der – kollektiven – Gewissensstimme führt, über eine solche subjektivitätstheoretische Figur hinaus; denn das Gewissen überführe «Religion und Christentum» ihrer quietiven Tendenzen: «Die religiöse Gerechtigkeit! Es gibt leider Gottes kein sichereres Mittel, uns vor dem Alarmruf des Gewissens in Sicherheit zu bringen als Religion und Christentum.»[39] Die Quietive sind eigentlich sozusagen katechontische Kräfte; sie halten das Zur-Welt-Kommen-Wollen des lebendigen Gottes auf, welches das Gewissen bezeugt: «Gott selber, der wirkliche, der lebendige Gott und seine Liebe, die zu Ehren kommt. Das ist die Lösung. Wir haben ja noch gar nicht angefangen, *ruhig* auf das zu hören, was das Gewissen von uns will, wenn es uns in unserer Not und Angst an die Gerechtigkeit Gottes erinnert.»[40] Gottes Gerechtigkeit ist der Inbegriff für den Inhalt des Reiches Gottes als Summum Bonum; es ist aber zugleich der Titel für den Zugriff, den Gott auf uns – im Gewissen – ausübt: «*Gott* hat recht und nicht *wir! Gottes* Gerechtigkeit ist eine *ewige* Gerechtigkeit! Das ist's, was wir so leicht überhören.»[41]

Den Basler Vortrag «Kriegszeit und Gottesreich»[42], in dem Barth diese performative Figur der Selbstdurchsetzung der Gottesbewegung gegen die Welt in der Welt erstmals vor- bzw. durchzuführen versucht hat, betrachtet Barth, wie in der Herausgebereinleitung nachzulesen ist, schon kurz danach

[37] Vgl. Kutter, Hermann: Das Unmittelbare, S. 99, 100.
[38] VuklA 1914–1921, S. 228.
[39] A.a.O., S. 238.
[40] A.a.O., S. 241.
[41] A.a.O., S. 242.
[42] A.a.O., S. 177–210.

als einen Fehlschlag. Er habe sich viel zu sehr in die diskursive Auseinandersetzung mit Paul Wernle hineinziehen lassen[43], ausserdem habe er die rhetorisch-persuasive Kraft, die es für eine solche Theologie brauche, offenbar noch nicht gehabt, meint er selbstkritisch.[44]

Der vor religiös-sozialen Pfarrern in Rümlingen 1916 gehaltene Vortrag zeigt, dass Barth aus seinem Misserfolg rasch gelernt hat; aus der polaren Konstellation von Basel (Gott-Welt) wird erstmals eine triadische, argumentative, näherhin der Struktur nach dialektische Argumentationsfigur. Dass diese hier präsent wird, hängt auch mit der Themafrage zusammen, die es Barth erlaubt, den appellativ-kritischen Duktus seiner Theologie selbst noch einmal metakritisch zu wenden: «Unsere Stellung zur Kirche».[45]

1.

> «Im Thema ist von *‹uns›* die Rede. Dazu gehören Alle, denen Gott zur entscheidenden Realität ihres Lebens u. Denkens geworden ist u. zw. Gott[,] so wie er im N. T. uns entgegentritt, also der Gott[,] der nicht nur ruhende Macht, sondern wirkende Kraft ist, von dem wir etwas erwarten. Alle die in realer Weise von Gott beunruhigt u. getröstet werden. Ich denke dabei an uns Pfarrer insbesondre»[46],

zu ergänzen ist: zumal an die Religiös-Sozialen unter den Pfarrern als dem bisherigen «inner circle» der Gottesbewegung, die vor ihm sitzen. Als solche wenden «wir uns» gegen die Kirche.[47] Das ist die Ausgangsposition.

2. Diese wird jedoch reflexiv negiert; denn es müsse grundsätzlich eingeräumt werden, dass Kirchenkritik in der christlichen Kirche nichts Neues ist:

> «Propheten gegen Priester, Urchristentum (Paulus!) gegen Synagoge, Franz v. Assisi gegen Klerus u. Klöster, Gottfried Arnold gegen protestantisches Kirchentum. So die Blumhardt'sche Bewegung gegen die moderne Kirchlichkeit. Kierkegaard. Kutter. Ragaz. In dieser Reihe u. Bewegung stehen ‹wir› drin.»[48]

43 Vgl. a.a.O., S. 180.
44 Vgl.: «Ich musste bemerken, dass das Positive[,], was ich zu sagen meinte, nicht mit der innerlich u. notwendig überzeugenden Kraft wirkte, wie ich gedacht hatte.» Brief vom 8. Dez. 1915 an L. Ragaz, zit. n. a.a.O., S. 181.
45 A.a.O., S. 246–249.
46 A.a.O., S. 246.
47 Um ihn deutlich zu machen, folge ich dem persuasiven Duktus des Textes.
48 A.a.O., S. 247.

Die Traditionalität der christlichen Kirchenkritik bedingt ihre relative Erfolglosigkeit:

> «Wir machen die *Erfahrung,* dass wir mit unsern Kritiken u. Postulaten nicht erlösend wirken, wir müssen den Vorwurf der Ungerechtigkeit hören u. können nicht ganz widersprechen, wir machen den Eindruck einer neuen kirchlichen Partei oder Methode, wir kommen uns selber dürftig vor mit unsern Kritiken u. Idealismen.»[49]

Kritik ist positionell.

3. Es kommt darauf an, diese Positionalität zu überwinden: «Wir müssen uns aber auch sagen, dass die Negation der Kirche in der Geschichte immer aus einer *tiefern Position* hervorging, aus einer Indifferenz gegen Kirche-Nichtkirche.»[50]

> «*Aus der Orientierung an Gott folgt zunächst weder Ja noch Nein, sondern ein stärkeres Leben mit Gott u. ein kräftigeres Leuchten seines Lichtes in uns.* [] Von da aus dann mit gleicher Freiheit u. Kraft Position oder Negation.»[51] Die Bewegung der Gotteserkenntnis müsse mithin aus einer Synthese schöpfen, welche die kirchliche Positionalität (Kirche als Vermittlerin zwischen Gott und Welt) und die Positionalität der kritischen Negativität zu übergreifen geeignet sei.

Von einer solchen neuen, argumentativ aufgestockten theologischen Position sind auch Differenzierungen gegenüber dem bisherigen sozialethisch-politischen Programm fällig. Dies wird in «Der Wille Gottes und der Krieg» (1916)[52] erkennbar, nämlich insbesondere hinsichtlich der theologischen Einschätzung der Bedeutung des Weltkriegs. Gewiss sei der Krieg «*ein Stück* der vom W.[illen] G.[ottes] noch nicht beherrschten Welt überhaupt. Kapitalismus! Machttrieb! Gewalt! ...». Aber:

> «... Diese Welt- u. Menschheitstatsachen wieder[?] kann man nicht durch Reform beseitigen, weil sie im Menschen wurzeln, ihre Überwindung setzt neue M[enschen] voraus[.] Haben wir die?»[53]

Die Radikalisierung des religiösen Sozialismus ist hier erkennbar weiter getrieben als ein Jahr vorher. Die erforderlichen «neuen Menschen» können in der «Bewegung der Gotteserkenntnis» nicht einfach vorausgesetzt werden; sie müssen in und von dieser erbetet, erhofft, erwartet werden. Und

49 A.a.O., S. 248.
50 A.a.O., S. 248.
51 Ebd.
52 A.a.O., S. 260–264.
53 A.a.O., S. 263.

noch ein anderer antikritischer Ton wird auf einmal hörbar: Die radikale Kriegsverurteilung wird durch eine gegenläufige Überlegung gebremst:

> «Andrerseits sind *wertvolle Güter* der Menschheit vielfach nur durch Krieg zu retten (Russen! Italiener! Asien!) Ohne ihn rechtfertigen zu wollen, in tiefem Leid müssen wir vorsichtigerweise in gewissen Fällen bekennen: er ist unentbehrlich, solange nicht hüben u. drüben neue M.[enschen] sind. Wo sind die?»[54]

«Warten» heisst offenbar und nunmehr auch in Sachen ethischer Urteilsbildung die Devise.

«Auf das Reich Gottes warten».[55] Die Rezension eines Andachtsbuches von Christoph Blumhardt (1916) erkennt diesem genau jenen synthetischen Standpunkt zu, den Barth in Rümlingen entwickelt hatte:

> «Blumhardt setzt immer mit Gottes Dasein, Macht und Absicht schon ein, er *geht von Gott aus,* steigt nicht erst in Betrachtungen und Erwägungen zu ihm empor. Gott ist das Ende, auf dessen vollendendes Tun wir warten dürfen, weil wir ihn schon als den Anfang kennen.»[56]

> Darum (versteht) [a]uch Blumhardt ... den Krieg in seiner direkten Bedeutung für die Menschen als ein Gericht, nur dass für ihn dieser Begriff nicht einen düsteren tragischen, sondern vorwiegend einen freudigen hoffnungsvollen Sinn hat.»[57]

> Wer sind die Träger solcher Hoffnung? Dazu verweise Blumhardt «auf den ihm sehr wichtigen biblischen Gedanken der kleinen Herde, des erwählten Gottesvolkes.»[58]

3.3. Systematische Strukturierung und inhaltliche Anreicherung: «Religion und Leben»

Mit Blumhardts Geschichtstheologie und der Entdeckung jener triadischen Struktur der Gotteserkenntnis, also mit der Abbildung der theologischen Performanz in der Systematik, ist Barth wichtige Schritte weitergekommen. Aber es ist auch zu erkennen, dass die neue Theologie noch entscheidender Anreicherungen und inhaltlich-thematischer Sättigungen bedarf, um nicht als eine neue Form spekulativer Geschichtstheologie bzw. -philosophie miss-

[54] Ebd.
[55] A.a.O., S. 275–302.
[56] A.a.O., S. 291.
[57] A.a.O., S. 294.
[58] A.a.O., S. 297.

verstanden zu werden. Zum einen ist zu klären, woher diese Theologie eigentlich ihre wesentlichen Inhalte und ihre leitende Semantik beziehen soll, zum andern muss sie sich in ihrer Deutungskraft gegenüber der Gegenwartskultur noch beträchtlich steigern, zum dritten muss dies so geschehen, dass Barths zentrales Anliegen, die aufhebende Brechung der menschlichen durch die göttliche Dynamik, dabei noch klarer herauskommt.

Auf die erstere Frage nach den Inhalten antwortet Barth ab 1917 immer deutlicher mit Verweis auf die Bibel. Die Arbeit am paulinischen Römerbrief trägt erkennbare Früchte. Barth und sein Mitstreiter Eduard Thurneysen wagen mit der Publikation ihres Predigtbandes «Suchet Gott, so werdet ihr leben!»[59] in diesem Jahr erstmals eine konzertierte, programmatische Aktion in der Öffentlichkeit; an dessen markanten Schluss stellen sie Barths Vortrag: «Die neue Welt in der Bibel.»[60]

Was ist diese neue Welt in der Bibel? Nicht einfach das Reich Gottes an und für sich, sondern dass sich «für uns» aufschliessende Reich, nämlich die Tatsache bzw. das Postulat, dass die Bibel uns «gerade auf diesen Punkt losführt, wo es zu dieser Entscheidung kommen muss: Annahme oder Verwerfung der Königsherrschaft Gottes. Das ist eben die neue Welt in der Bibel.»[61] Die Bibel wird damit selbst zum Ursprungsort und zum permanenten Generator jenes narrativ-persuasiv-performativen Programms, das Menschen heute in den Horizont der Gottesherrschaft, in die Entscheidung für oder gegen sie stellt. Wie von selbst fliesst Barth hier, erstmals, so weit ich sehe, der Ausdruck «Wort Gottes» in die Feder: «Das Wort Gottes steht in der Bibel.»[62] Bereits an dieser Stelle verbindet er diese Leitmetapher mit der antithetischen Verwendung der Begriffe Offenbarung und Religion, die zehn Jahre später so fundamental für Barths Denken werden wird:

> «Unsre Großväter hatten doch recht, wenn sie sich so hitzig dafür wehrten, Offenbarung sei in der Bibel und nicht nur Religion und wenn sie sich sogar von einem so frommen und scharfsinnigen Mann wie Schleiermacher die Sache nicht auf den Kopf stellen ließen.»[63]

59 Vgl. Barth, Karl; Thurneysen, Eduard: Suchet Gott, so werdet ihr leben! 2. Aufl., München 1928. Der Imperativ im Titel ist Teil des theologischen Programms. Vgl. dazu Pfleiderer, Georg: Karl Barths praktische Theologie, S. 263–274.

60 VuklA 1914–1921, S. 317-343.

61 A.a.O., S 332.

62 A.a.O., S. 335.

63 A.a.O., S. 335.

In diesem Zusammenhang wird die triadische Reflexionsstruktur erstmals trinitätstheologisch gewendet: «Wer ist Gott?»[64]: der Vater ..., der Schöpfer,[65] der Sohn (der Versöhner,[66]) und der «Geist in seinen Gläubigen.»[67]

Die Metaphorik der «neuen Welt in der Bibel», die «der alten Welt» der Gegenwart dynamisch gegenüber steht, enthält freilich noch gegenständliche und statische Assoziationselemente, die in Spannung zu Barths eigentlichem theologischen Anliegen stehen. Wahrscheinlich aus diesem Grund schiebt sich – das ist das zweite Neuerungsmerkmal – ab 1917 in mehreren Arbeiten ein neuer Begriff, ein neues Begriffsfeld in die Leitsemantik: «Leben» und damit zusammenhängend vor allem «Kraft», «Kräfte» und ähnliche organologisch-dynamische Begriffe. Passend zu dieser Neuakzentuierung und vielleicht stimulierend für sie ist die Tatsache, dass die vier Vorträge, in denen diese semantische Verschiebung greifbar wird, alle im Kontext von Situationen der gehobenen Religionspädagogik, bzw. der Erwachsenen- oder theologischen Weiterbildung, platziert sind: Barth spricht hier zu christlichen Gymnasiastengruppen («Alltagskraft»[68], 1917), in einem CVJM-Ferienlager («Die Zukunft des Christentums und der Sozialismus»[69], 1917), vor einem Kreis von – wohl überwiegend jüngeren – Religionslehrerinnen («Religion und Leben»[70], 1917) und vor Mitgliedern der christlichen Studentenvereinigung (CSV) («Christliches Leben»[71], 1919). Damit ist schon durch den Kontext die Frage nach den lebens- und alltagspraktischen bzw. religionspädagogischen Konsequenzen von Barths neuer Theologie gestellt.

Eigentlich geschichtswirksam, so legt er den jugendlichen CVJM-Mitgliedern dar, seien nicht «*Ideen*»[72] und «*Erfolge*»[73], sondern «*Kräfte*»[74], «Gotteskräfte»[75] im Christentum, vor allem im Urchristentum, die in der Kirchen- und Christentumsgeschichte oft genug verschüttet, aber auch immer einmal wieder aufgeflammt seien.

64 A.a.O., S. 340.
65 Ebd.
66 A.a.O., S. 341.
67 Ebd.
68 A.a.O. S. 382–389.
69 A.a.O. S. 390–407.
70 A.a.O. S. 409–434.
71 A.a.O. S. 503–513.
72 A.a.O., S. 392.
73 A.a.O., S. 393.
74 A.a.O., S. 395.
75 A.a.O., S. 396.

> «Das moderne Chrt. insbesondere, das doch vor hundert Jahren eine Zeit erlebt hat, in der das Himmelreich mit seinen Kräften wieder nahe war, ist gekennzeichnet durch eine allgemeine Kraftlosigkeit.»[76]

Das ist eine kirchen- und kulturpolitische Kampfansage des neuen theozentrischen religiösen Sozialismus:

> «Solange wir fortfahren die Bibel als Werkzeug unsrer albernen Persönlichkeitskultur, unsrer Weltanschauungsspielereien, unsres religiösen Beschäftigungstriebs zu missbrauchen. Wir sollten – aufmerksam gemacht durch die göttlichen Kräfte, die im Sozialismus[,] abseits von Bibel u. Religion, sich regen – hingehen u. nun *auch* einmal nach einer grösseren tieferen weitergehenden Erlösung als der[,] an die wir bis jetzt geglaubt haben, seufzen u. schreien. Die Bibel, die uns *kein* verschlossenes Buch ist, ruft u. lockt uns ja auf allen ihren Blättern, gerade *das* zu tun. O wie sollten wir die Bibel verstehen von innen heraus, wenn wir einmal die Sozialisten mit ihrem Trotz u. ihrer Hoffnung auch nur ein wenig verstanden haben!»[77]

So wird gewissermassen ein «biblischer Sozialismus» im Angriff auf die Innerlichkeits- und Persönlichkeitskultur der Gegenwart beschrieben – was freilich, für sich betrachtet, mit vielen Texten des zeitgenössischen religiösen Sozialismus übereinkommt.

Insofern ist typischer für Barth, dass solche Positivierungen sogleich wieder gebrochen werden durch eine Selbstkritik, die der neu entdeckten dialektisch-dynamisch-dialogischen Reflexionslogik folgt: (1.) «Wir wissen Alle von der Sonntagskraft grosser Ideen.»[78] Aber (2.) «[w]er sind die Menschen, die wirklich aus den Kräften Gottes leben, die sich nicht in immer neuen Feierstunden verleugnen, daß sie keine Alltagskraft haben?»[79]

> «So stehen wir [3.] wie geklemmt zwischen unserm *Wissen* und unsrer Erfahrung. Wir wissen, daß es eine Alltagskraft giebt[,] u. erfahren, daß wir sie nicht haben, nicht haben können!»[80]

Der Wissenskonflikt wird in eine wiederum antithetische praktische Figur überführt: «Was thun? Das Eine oder das Andre *preisgeben?* Also eine *Bankrotterklärung?* Ja, die Luthers!»[81] «Luther» steht für die religiös-theologische Position der Offenheit für Gott. «Und die Alltagskraft, die wir

76 Ebd.
77 A.a.O. S. 403.
78 A.a.O. S. 384.
79 A.a.O. S. 385.
80 A.a.O. S. 387.
81 Ebd.

brauchen u. die da sein sollte? Wir wissen jetzt nur Eines sicher: *sie ist Gottes, nicht unsre Kraft.*»[82] So wird die theoretische Aporie aufgehoben in eine religiöse Praxis.

Ähnlich, jedoch nochmals mit einem neuen Akzent, geht Barth im Religionslehrerinnen-Vortrag «Religion und Leben» vor. Er nimmt die Berufslebenssituation der Hörerinnen zum Ausgang, eine fiktive Bibelunterrichtsstunde über das Gleichnis vom verlorenen Sohn, und unterstellt, dass gerade die religionspädagogisch erfolgreiche Vermittlung des biblischen Stoffes ein latentes Gefühl der Unzufriedenheit mit dem eigenen Erfolg nicht zum Verschwinden zu bringen vermöge. Diese gründe in der funktionalisierenden Objektivierung des Bibelstoffes, die im pädagogischen Akt unvermeidlich sei; und darum melde sich in solchem Unbehagen der «‹verlorene Sohn› selber dort im Buch auf dem Tisch oder das, was im Buch von ihm übrig geblieben ist: Du hast eine Religionsstunde aus mir gemacht. Ja, ich bin eben unendlich geduldig.»[83] Im verlorenen Sohn protestiere

> «das Leben selbst gegen unsere ‹Religion›. Das Leben ist die große Unbekannte in der Mitte, das Geheimnis, an das wir nicht herankommen. Sehen Sie, da haben wir unser heutiges Problem: ‹Religion und Leben›. Was wir getrieben haben und treiben in Kirche und Schule, das ist im besten Fall irgend eine Sorte Religion.»[84]

> «Wir alle und unsere großen und kleinen Zuhörer stecken noch wie in einem dicken Panzerturm, und immer wieder treiben wir und sie Religion, Religion, Religion und wollen nicht merken, dass es sich um Leben, Leben, Leben handelt.»[85]

Der im Juni 1919 vor der «Christlichen Studenten-Vereinigung» gehaltene Vortrag «Christliches Leben» gibt Barth Gelegenheit, die neue Leitopposition von Leben versus Religion, also von dynamischer Selbstrealisierung Gottes versus die moderne Verstricktheit in gegeneinander relativ abgeschlossene, funktional differenzierte Gesellschafts-, Bewusstseins- und Lebensgebiete, oder in Barths Worten: «[d]as Verhältnis des in J[esus] nahe herbeigekommenen R[eiches] G[ottes] zu den Gebilden des natürl. Gem[einschafts-]Lebens: Ehe, Familie, Beruf, Wirtschaftsleben, Staat, Bezieh[ung] d. Völker untereinander» [86] – nochmals in grösserer theologischer Differenziertheit zu entfalten; und solche Differenzierung ist nötig, denn der Lebensbegriff birgt für Barth neben neuen semantischen Möglichkeiten

[82] A.a.O. S. 388.
[83] A.a.O. S. 418.
[84] A.a.O. S. 419.
[85] A.a.O. S. 434.
[86] A.a.O. S. 503.

auch das Problem, dass er theologisch nicht so leicht im Sinne seiner neu erarbeiteten Reflexionsdialektik entfaltbar ist. Allerdings ermöglicht er es, diese Dialektik auf den existenziellen Gegensatz von Leben und Tod bzw. den theologischen Gegensatz von Auferstehung und Tod zu beziehen und jene Dialektik – solchermassen erweitert – in die dreigliedrige dogmatische Figuration von «regnum naturae, regnum gratiae u. regnum gloriae»[87] zu überführen. Die Proposition lautet: «*Jesus lebt.* Das ist der Standort[,] von dem aus wir an diese Frage herantreten. Nicht darum, weil wir Christen sind.»[88] Also nicht wegen unserer Religion. «... Wir wollen uns nicht den Kopf zerbrechen über unsre persönl. Christlichkeit. Aber J. ist auferstanden von den Toten.»[89]

In der Auferstehung Jesu – als ursprünglicher Synthese – stecke erstens eine grundsätzliche Affirmation der Welt in ihrem Bestand und ihren Ordnungen – *regnum naturae* –, aber zweitens eben auch eine prinzipielle Kritik am Bestehenden, ein Protest, ebenfalls von einer Grundsätzlichkeit, der alle Übergänge von erstens zu zweitens allein die Sache Gottes sein lasse und es verhindere, dass «protestieren, kritisieren, reformieren, sozialisieren[,] revolutionieren»[90] – *regnum gratiae* – zu einer neuen, in sich gerechtfertigten Lebensform werden dürfte. «Das Schema der Entwicklung versagt, muß versagen, wenn wir das Ende der Wege Gottes, ...» – drittens also (*regnum gloriae*) – «... das Ziel der Erlösung ins Auge fassen wollen.» Der Schluss und die praktische Frage bleibt bewusst und appellativ offen, denn:

> «Wir haben aber zu wenig M. [enschen], die es einsehen[,] daß das R. G. Alles zugleich ist u. eins im Andern: regnum naturae, regnum gratiae u. regnum gloriae. Wären wir solche M., stünden wir in dieser Centralerkenntnis der Wege Gottes[,] die die rechte Lebenserkenntnis ist, wären wir Zeugen d. Auferstehung Jesu[,] so brauchten wir keine christl. Ethik. Wer Ohren hat zu hören, der höre [Mt. 11,15].»[91]

So endet der Text wiederum in der Aufhebung der Reflexion in den Glaubensvollzug.

87 A.a.O. S. 512.
88 A.a.O. S. 503.
89 A.a.O. S. 504.
90 A.a.O. S. 509.
91 A.a.O. S. 512.

4. Ausblicke: Religionstheologische Konzentration

Zwischen dem zuletzt zitierten Vortrag «Christliches Leben» aus dem späten Frühjahr 1919 und den drei vorherigen liegt das Römerbriefjahr 1918, in dem Barth fieberhaft an der Fertigstellung seines akademischen Erstlings arbeitet und keine Vorträge und sonstigen Verpflichtungen annimmt. Der «Römerbrief» ist durch und durch dialektisch-performative Lebens- und theozentrische Geschichtstheologie im in den vier zuletzt betrachteten Vorträgen aufscheinenden Sinne. In ihnen kommt die dialogisch-dialektische Aufhebung der Religion der Leserinnen und Leser in die theologische Reflexionsbewegung der «Gotteserkenntnis» zu einer ersten systematischen Durchführung.[92] Der Tambacher Vortrag vom September 1919[93] ist die gedrängte Aktualisierung dieses Programms in eine persuasive theologische Aktion vor bzw. mit den im Thüringer Dorf versammelten deutschen religiösen Sozialisten. Er machte Barth in Deutschland bekannt. Die Vorlage für den Paukenschlag des Tambacher Vortrags ist, wie man jetzt in der neuen Edition gut erkennen kann, jener Vortrag «Christliches Leben» mit seiner Dreitaktigkeit von *regnum naturae*, *gratiae* und *gloriae*.[94] Mit diesem dogmatischen Schema ist zugleich bereits – über den zweiten «Römerbrief» hinaus – ein Vorgeschmack der späteren dogmatischen Wendung von Barths dialektisch-avantgardistischer Theologie gegeben. Die kritisch-dialektische Reflexionsdialektik von Wissen – Nichtwissen, dieses Nichtwissen wissen und darin praktisch stillstellen («Gott die Ehre geben»), also Glauben, wird auf diese Weise materialdogmatisch entfaltbar. Dazu freilich muss die Leitbegrifflichkeit unter eine klare theologische Kautel gestellt werden, unter die des Offenbarungsbegriffs, und dieser muss seinerseits trinitätstheologisch entfaltet werden. So kommen wir zur Göttinger Dogmatik[95] von 1924/25, von dort zur «Christlichen Dogmatik im Entwurf»[96] und über weitere

92 Vgl. dazu meinen Rekonstruktionsversuch in: Pfleiderer, Georg: Karl Barths praktische Theologie, S. 275–314.

93 Vgl. VuklA 1914–1921, S. 546–598.

94 Darin komme ich mit der entsprechenden Beobachtung von Andreas Pangritz überein.

95 Barth, Karl: «Unterricht in der christlichen Religion» (1924–1926). 3 Bde., hg. v. Reiffen, Hannelotte bzw. Stoevesandt, Hinrich (Karl-Barth-Gesamtausgabe, Abt. II), Zürich 1985/1990/2003.

96 Barth, Karl: Die christliche Dogmatik im Entwurf, 1. Band, Die Lehre vom Worte Gottes. Prolegomena zur christlichen Dogmatik 1927, hg. v. Sauter, Gerhard (Karl-Barth-Gesamtausgabe, Abt. II) Zürich 1982.

Häutungen zur «Kirchlichen Dogmatik»[97], in der sich Barths Denken ebenfalls immer wieder weiterentwickelt, ohne die Denkform seiner dialektischen Offenbarungstheologie preiszugeben.

Das kann hier nicht mehr verfolgt werden; auch unter den Arbeiten aus dem vorliegenden Band musste eine Auswahl getroffen werden. Unberücksichtigt bleiben neben dem Tambacher Vortrag vor allem die beiden Vorträge «Unerledigte Anfragen an die heutige Theologie»[98] sowie «Biblische Fragen, Einsichten und Ausblicke»[99], die als Absicherungsversuche seiner neuen Theologie gegenüber den Ansprüchen modernen historischen Denkens – und dessen Aporien – gelesen werden können[100]; dazu gehören aber vor allem auch die «Sozialistischen Reden» aus den Jahren ab 1919.[101] Dieser Verzicht ist jedoch durch die hier gewählte Fokussierung auf die Entwicklung der theologischen Denkform Barths bedingt. Zwar arbeitet Barth, nachdem er aus dem Bergwerk des «Römerbriefs» wieder aufgefahren ist, die politischen Ereignisse des November 1918 minutiös für seine Safenwiler Arbeiter auf. Und doch ist unverkennbar: Je politisch erfolgreicher der Sozialismus mit der gelungenen Russischen und den teilweise gescheiterten Revolutionen in Deutschland, aber auch der Schweiz, wird, desto weniger interessiert sich Barth noch für ihn. Der Sozialismus als bolschewistische Staatsform ist «[d]as, was nicht geschehen soll»[102], wie Barth in einem Vortrag dieses Titels 1919 erklärt.[103] Diese staatspolitische Form entspricht nicht dem, was er sich seit 1911 unter Sozialismus vorgestellt hatte; denn ihre Etablierung ist mit Repression und Gewalt verbunden; ausserdem hat Barth seit spätestens 1914 Vorbehalte gegen die kollektiv-politische Organisation von Ideen: Sollen sie uns «verschonen mit der Einladung, in eine neue – Kirche einzutreten.»[104] Sozialismus und Sozialdemokratie sind für Barth nur als «Opposition gegen das Bestehende»[105] gleichnisfähig für das

97 Barth, Karl: Die Kirchliche Dogmatik, Erster Band, Die Lehre vom Wort Gottes, Prolegomena zur Kirchlichen Dogmatik. Erster Halbband [1932], 10. Auflage, Zürich 1981.

98 VuklA 1914–1921, S. 622–661.

99 A.a.O., S. 662–701.

100 Die Auslassung erscheint insofern als gerechtfertigt, als diese Arbeiten auch bisher schon gut zugänglich waren und darum gut erforscht sind.

101 A.a.O., S. 437–513.

102 A.a.O., S. 521, vgl. S. 521–527.

103 Vgl. «Das was nicht geschehen sollte, ist das allzu Naheliegende! Das Bekenntnis zum Bolschewismus ist uns Sozialdemokraten heute durch allerlei, was in der Luft liegt, sehr nahe gelegt», a.a.O. S. 522.

104 A.a.O., S. 524.

105 A.a.O., S. 592.

Reich Gottes; Sozialisten, die politisch «Recht haben», will heissen: politische Regierungsverantwortung übernehmen, sind ihm, wie er im Vortrag «Vom Rechthaben und Unrechthaben»[106] aus dem Jahr 1919 bekundet, suspekt. Der Sozialismus hat für Barth mehr und mehr nicht mehr eigentlich eine politische, sondern zunehmend nur noch die theologische Aufgabe zu zeigen, «dass der Mensch im Unrecht ist.»[107] Man kann diesen Vorgang auch so lesen: die relative Eigengesetzlichkeit des Politischen, für die bei Barth seit 1913 immer wieder der Name Friedrich Naumanns steht, die aber auch bei Barth selbst in Gestalt jener kommentarlosen Stichwortsammlungen seiner späteren «Sozialistischen Reden» aufscheint, fällt der Durchsetzung der neuen theologischen Zentralperspektive immer mehr zum Opfer. Sie wird, wie er in seinem bitteren Nachruf auf Naumann 1919 schreibt, auch bei Barth selbst zur «Vergangenheit».[108]

Diese Ausklammerung konkreter gesellschaftlich-politischer Gestaltungsfragen aus dem Zuständigkeitsbereich der Theologie hält bei Barth durch die Zeit der Weimarer Republik und darüber hinaus bis zum Vorabend des Zweiten Weltkriegs an.[109] Auf diese spezifisch theologische Weise setzt Barth die inkriminierte und zu überwinden unternommene Tradition einer liberalen religionstheoretischen Theologie fort, die Religion als eine eigene «Provinz im Gemüte» zu verstehen sucht.[110] Auch in anderer Hinsicht ist die programmatische Auflösung von liberaler Religionstheologie in biblisch orientierte Wort-Gottes-Theologie keineswegs eine Einbahnstrasse. Bei Barth ist Theologie nicht nur als reflektierende Wissenschaft, sondern immer zugleich und konstitutiv als praktiziertes Bekenntnis auf dem Plan. Dann aber lässt sich diese Theologie auch beschreiben als bestimmte religiöse Ausdrucksform, nämlich als eine, die im Medium biblischer Wort-Gottes-Theologie und dialektisch-theologischer Religionskritik eine spezifische neue Frömmigkeitsstruktur aufbaut. Zeitgenossen haben bei Barth «eine eigenartig starke Religiosität» wahrgenommen und ihn selber als den «eigenartige[n] Führer einer neureligiösen Bewegung»[111] bezeichnen können.

[106] A.a.O., S. 599–621.

[107] A.a.O. S. 618.

[108] Vgl. Barth, Karl: «Vergangenheit und Zukunft», 1919, a.a.O., S. 528–545.

[109] Vgl. Barth, Karl: Rechtfertigung und Recht, in: Ders.: Dass.; Christengemeinde und Bürgergemeinde (ThSt 104), 3. Aufl., Zürich 1984, S. 5–48.

[110] … sofern man bestimmten Formen liberaler Theologie diesen Vorwurf der Innerlichkeitsfixierung machen will – der jedoch in den meisten Fällen nicht gerechtfertigt sein dürfte.

[111] VuklA 1914–1921, S. 631.

Die Stärke der Barthschen Theologie ist, dass sie diese Fremdwahrnehmung nicht nur nicht vermeiden kann, sondern eigentlich auch nicht vermeiden will. In Barths Hauptwerk der Periode um den Ersten Weltkrieg ist nachzulesen, dass auch «Römerbriefe und andere Bücher»[112] sich aus dem Zusammenhang menschlicher Religion nicht heraus-, sondern in sie hineinreflektieren: Auch «die Religion des Römerbriefs und selbstverständlich auch die aller Bücher über den Römerbrief»[113] ist und bleibt Religion. Und eben darum komme «an Büchern wie diesem Buch, nicht an der Unterhaltungsliteratur der Weltkinder ... der Schaden Josephs zum Ausbruch».[114] «... *Allein* im Lichte *göttlichen* Ernstes und *göttlichen* Humors – sind sie gerechtfertigt».[115] Karl Barth ist nicht nur prominenter Teil der Theologie-, sondern auch der Religions- und Christentumsgeschichte der Moderne. Damit ist eine Forschungsaufgabe bezeichnet, die über die historischen wie perspektivischen Grenzen der hier angestellten Überlegungen hinausweist.

112 Barth, Karl: Der Römerbrief (zweite Fassung) 1922, hg. v. van der Kooi, Cornelis und Tolstaja, Katja (Karl-Barth-Gesamtausgabe, Abt. II), Zürich 2010, S. 189.
113 A. a. O., S. 186.
114 Vgl. a.a.O., S. 165, S. 240.
115 A. a. O., S. 189.

Geschichte und Eschatologie in Karl Barths «Römerbrief» (1919)

Harald Matern

1. Einleitung

Berühmt geworden ist eine Formulierung Barths aus der zweiten Fassung seines Römerbriefkommentars von 1922: «Christentum, das nicht ganz und gar und restlos Eschatologie ist, hat mit Christus ganz und gar und restlos nichts zu tun.»[1] Dieser programmatische und mittlerweile vielzitierte Satz kann als exemplarisch für den Neueinsatz geschichtstheologischen Denkens in der deutschsprachigen protestantischen Theologie nach dem Ersten Weltkrieg gelten. Nach der Schliessung des «eschatologische[n] Bureau[s]»[2] um die Wende zum 20. Jahrhundert vermag diese Wiederhinwendung zu apokalyptischen Motiven und eschatologischen Denkfiguren gleichwohl nicht zu überraschen. Denn die protestantische Theologie ist mit ihr keinesfalls allein. Apokalyptische Motive und chiliastische Denkfiguren bevölkern Philosophie, Literatur, Historik und Politik dieses Zeitraums.[3] Nicht zu Unrecht ist das 20. Jahrhundert auch als Jahrhundert der Eschatologie bezeichnet worden.[4]

Dennoch gehören zur Neubelebung der Eschatologie im theologischen Denken inhaltliche und formale Spezifika, die herauszustellen sich aus verschiedenen Gründen lohnt. Zunächst ist auf die Wirkmächtigkeit dieses *eschatological turn* hinzuweisen: Insbesondere die Theologie Karl Barths hat

1 Barth, Karl: Der Römerbrief, München 2.Aufl. 1922 (11.Aufl., Zürich 1976), S. 298.

2 Troeltsch, Ernst: Glaubenslehre. Nach den Heidelberger Vorlesungen aus den Jahren 1911 und 1912. Mit einem Vorwort von Marta Troeltsch, München und Leipzig 1925, S. 36.

3 Vgl. grundlegend Vondung, Klaus: Die Apokalypse in Deutschland, München 1988.

4 Vgl. Schwöbel, Christoph: Die letzten Dinge zuerst. Das Jahrhundert der Eschatologie im Rückblick, in: Ders.: Gott in Beziehung. Studien zur Dogmatik, Tübingen 2002, S. 437–468.

nicht nur entscheidend zur Revitalisierung des geschichtstheologischen Denkens nach dem Zweiten Weltkrieg[5], sondern auch dazu beigetragen, dass eschatologische Denkfiguren die unterschiedlichsten Entwürfe zur Dogmatik bis in die Gegenwart prägen.[6] Ein zweiter Grund besteht in der einfachen Tatsache, dass de facto das eschatologische Denken eines der sehr wenigen methodischen wie inhaltlichen Alleinstellungsmerkmale der Theologie im Konzert der Geistes- und Kulturwissenschaften darstellt. Dies lenkt den Fokus auf einen dritten Punkt: die Frage, worin der spezifische Beitrag theologisch-eschatologischen Denkens zur Neuformierung der Konzeptionen von Geschichte im frühen 20. Jahrhundert besteht. Dass Eschatologie auch hier nicht ohne eine Vorstellung vom (vermuteten) Verlauf der (immanenten) Geschichte betrieben wird und ihren Gegenwartsbezug daher nicht allein in der Einnahme eines rein jenseitigen Standpunkts «über» den Dingen zur Kritik alles dessen «da unten» hat, sondern selbst auch inhaltlich «Geschichtstheologie» ist, ist zunächst eine Vermutung, die sich gegenüber anderslautenden Deutungen wird erhärten müssen.[7]

Denn es steht ausser Frage, dass die Eschatologie hier (wie die Apokalyptik dort) zu einem guten Teil von ihrem Gegenwartsbezug lebt. Eschatologische bzw. apokalyptische Motive dienen immer auch zur Deutung und Verarbeitung gegenwärtiger Ereignisse, zur Formatierung von Zukunftsprognosen – und nicht zuletzt zur Mobilisierung von Handlungsressourcen. Neben die verwendeten Metaphern und Bilder treten implizite Vorstellungen vom Verlauf der Geschichte; eschatologische bzw. apokalyptische Texte weisen aber auch eine (nicht ohne ihre Semantik und Syntax verstehbare) spezifische Pragmatik auf.[8]

5 Vgl. nur die so unterschiedlichen Ansätze von Pannenberg, Wolfhart u. a. (Hg.): Kerygma und Dogma Beiheft 1. Göttingen (1961); Moltmann, Jürgen: Theologie der Hoffnung. Untersuchung zur Begründung und zu den Konsequenzen einer christlichen Eschatologie (1964), 14. Aufl., Gütersloh 2005.

6 Zu nennen sind hier etwa die Arbeiten von Christian Link, Michael Welker, Günter Thomas und Gregor Etzelmüller.

7 Vgl. dagegen: Graf, Friedrich Wilhelm: Art. Eschatologie, in: Wörterbuch des Christentums, Gütersloh 1988, S. 311–314.

8 Vgl. Nagel, Alexander K.: Ordnung im Chaos – Zur Systematik apokalyptischer Deutung, in: Ders.; Schipper, Bernd U.; Weymann, Ansgar (Hg): Apokalypse. Zur Soziologie und Geschichte religiöser Krisenrhetorik, Frankfurt a. M. 2008, 49–72. Nagel unterlässt es allerdings, die innere Verbindung von Semantik, Syntax und Pragmatik zu untersuchen und übersieht dabei insbesondere die Leitfunktion, die den inhaltlichen Bestimmungen «apokalyptischer» Texte sowohl für den vermuteten Geschichtsverlauf wie auch für deren Handlungsappell hat. Daher muss seine «Systematik» eher als «Zusammenstellung» eingeordnet werden.

Neben diese allgemeineren Fragen treten spezifischere: die Frage nach der theologiehistorischen Verortung, nach ideengeschichtlichen Verbindungslinien, nach ethischen und politischen Implikationen, um nur einige zu nennen. Diese Fragehinsichten sind nicht unbedingt neu. Ihre Beantwortung kann aber entscheidend bereichert werden, wenn zweierlei unternommen wird. Zum einen eine begriffliche Klärung: In unterschiedlichen Zusammenhängen wird gern und wahlweise von Apokalyptik, Eschatologie, Chiliastik, Millenarismen u. a. gesprochen. Dabei ist die jeweilige Begriffsverwendung alles andere als eindeutig. Zum zweiten wird es hilfreich sein, gerade Karl Barths eschatologisches Denken in seinem Entstehungskontext aufzusuchen. Dieser ist geprägt durch seine theologische wie praktische Auseinandersetzung mit dem religiösen Sozialismus und hat demnach ein starkes ethisches wie politisches Moment. Ausdruck und Dokument der Suchbewegung, in die Barth sein praktisches wie intellektuelles Engagement einspeist, ist aber zunächst nicht die bekanntere und wirkmächtigere zweite Fassung des «Römerbriefs», sondern dessen erste, die auch in der Forschung, insbesondere nach dem vorläufigen Ende der politischen Vereinnahmungsversuche der Theologie Barths von links wie rechts, ein wenig ins Hintertreffen geraten ist.[9] Dem soll hier durch eine erneute Lektüre Rechnung getragen werden, die spezifisch auf Geschichte und Eschatologie fokussiert. Denn nicht zu Unrecht ist gerade dieses Buch als Manifest einer «Theologie der Hoffnung» bezeichnet worden[10] – wenn Hoffnung diejenige Form der Zukunftserwartung sein soll, die eine spezifisch theologische Geschichtskonzeption in der Weise prägt, dass nicht nur formal die Antizipation von irgendetwas, sondern gerade die Vermittlung bestimmter erhoffter Inhalte und die damit verbundenen Vorstellungen vom Verlauf der

9 «Irgendwie scheint es das Schicksal dieses 1. Römerbriefes zu sein, immer im Schatten seiner 2. Auflage zu stehen», konnte Michael Beintker 1987 formulieren (Beintker, Michael: Die Dialektik in der «dialektischen Theologie» Karl Barths. Studien zur Entwicklung der Barthschen Theologie und zur Vorgeschichte der «Kirchlichen Dogmatik», München 1987, S. 110.) Allerdings trifft diese Aussage in gewisser Weise schon aufgrund der Fragestellung und der Vorgehensweise auf Beintkers Studien selbst zu. Dem ist unterdessen von verschiedener Seite Abhilfe geschaffen worden. Vgl. insbesondere die auf je unterschiedliche Art wegweisenden Studien von McCormack, Bruce: Theologische Dialektik und kritischer Realismus. Entstehung und Entwicklung von Karl Barths Theologie 1909–1936 (1995). Aus dem Englischen von Gockel, Matthias, Zürich 2005, hier v. a. S. 127–170 und Pfleiderer, Georg: Karl Barths praktische Theologie, v. a. S. 263–314.

10 Beintker, Michael: Der Römerbrief von 1919, in: Verkündigung und Forschung 30 (1985), S. 22–28, 25, vgl. Ders.: Die Dialektik, S. 110.

Geschichte die Wahrnehmung und das Handeln der Gegenwart prägen soll. Barths «Römerbrief» (1919) wird sich damit als Schlüsseltext erweisen, der die Transformation seines Geschichtsdenkens werkgeschichtlich genauer einzuordnen erlaubt.[11]

2. Die Vorgeschichte – eine Skizze

Im «langen 19. Jahrhundert» (Eric Hobsbawm) vollzog sich innerhalb breiter Strömungen der deutschsprachigen protestantischen Theologie eine Entwicklung, die weitestgehend parallel zu gedanklichen und semantischen Neujustierungen auch der säkularen intellektuellen Öffentlichkeit verlief und die man als «Verzeitlichung» beschreiben kann. Vormals räumlich orientierte Begriffe wurden nunmehr zeitlich gefüllt und semantisch entsprechend modifiziert. Von besonderer Bedeutung ist hier die Verzeitlichung des Utopiebegriffs[12], die mit einer veränderten Vorstellung des Möglichkeitsraums einherging, der individuelles wie kollektives Handeln bedingt.[13] Während im Bereich der Philosophie zunächst Immanuel Kant vor dem Hintergrund

11 Folkart Wittekind vertritt für die werkgeschichtliche Entwicklung Barths bis 1916 die These, dass «gerade die aus der frühesten Theologie ablesbare geschichtsphilosophische Grundintention des Denkens das zugrundeliegende Kontinuum in Barths Entwicklung bildet.» (Wittekind, Folkart: Geschichtliche Offenbarung und die Wahrheit des Glaubens. Der Zusammenhang von Offenbarungstheologie, Geschichtsphilosophie und Ethik bei Albrecht Ritschl, Julius Kaftan und Karl Barth (1909–1916) [BHTh 113], Tübingen 2000, S. 211). Freilich weist auch Wittekind darauf hin, dass «dieses Kontinuum […] inhaltlich zunächst am besten negativ gefasst werden» könne, «[n]ämlich als notwendige Abwendung von einer historistischen und Normen relativierenden Geschichtssicht, die – wie Barth einsehen musste – sowohl zur Infragestellung aller absoluten Orientierung als auch zur Immunisierung gegenüber Kritik am eigenen geschichtlichen ‹Erleben› und Handeln benutzt werden konnte.» (a. a. O., ebd.). Ähnlich hat auch Bruce McCormack den «Römerbrief» (1919) als Ausdruck eines kritisch auf Geschichte bezogenen und mit einem durchaus ethischen Interesse versehenen Denkens Barths zu dieser Zeit gewertet, wenngleich er ihn dennoch eher als zu überwindendes Durchgangsstadium denn als Beleg für die bleibende Bedeutung des Geschichtsdenkens bei Barth einstuft. Vgl. McCormack, Bruce: Theologische Dialektik und kritischer Realismus, S. 169f.

12 Vgl. Koselleck, Reinhart: Zur Begriffsgeschichte der Zeitutopie (1987), in: Ders.: Begriffsgeschichten, Frankfurt a. M. 2010, S. 252–273.

13 Vgl. Makropoulos, Michael: Apokalypse und klassische Moderne – Radikales Kontingenzbewusstsein und konstruktivistische ‹tabula rasa›, in: Nagel, Alexander K. u. a.: (Hg.) Apokalypse, S. 150–174.

seiner praktischen Philosophie die traditionelle Eschatologie in eine Geschichte moralischen Fortschritts umgedeutet[14] und Friedrich Schiller die «Weltgeschichte» als das «Weltgericht» entdeckt hatte[15], wurde die Vorstellung einer radikal jenseitigen Zeit auch innerhalb der protestantischen Theologie verabschiedet.[16] Zunächst hatte Friedrich Schleiermacher die traditionelle Eschatologie ihrer supranaturalen Voraussetzungen entledigt und die inhaltlichen Bestimmungen der apokalyptischen Motive zu erbaulichen Mythen umfunktionalisiert. Über Richard Rothe und Albrecht Ritschl verlief im Anschluss daran eine Linie, die das menschliche Handeln zum eigentlichen Motor der geschichtlichen Entwicklung hin auf das nunmehr moralisch-politisch (und geschichtsimmanent) gedeutete «Reich Gottes» werden liess. Dies führte zu einer doppelten Umstellung innerhalb der Eschatologie: Vormals «apokalyptische», mit einer radikalen Zeitenwende bzw. einem Zeitenbruch rechnende Konzeptionen wurden in die erwartbare (und daher auch prognostizierbare[17]) Zukunft verlagert. Zudem wurde das klassisch theistische Modell der göttlichen Vorsehung abgelöst durch vermittelnde Vorstellungen, die den Menschen und, im Blick auf das Handeln Gottes, Geschichte oder Natur in den Vordergrund rückten. Beides, die Immanentisierung wie die anthropologische Engführung (die sich als säkularisierende Transformation eschatologischer Motive auch im Linkshegelianismus entdecken lassen), bilden denjenigen im weiteren Sinne kulturprotestantischen Hintergrund, der in affirmativer oder kritischer Bezugnahme prägend für die Entwicklung der deutschsprachigen protestantischen Theologie in der ersten Hälfte des 20. Jahrhunderts werden sollte[18] und ohne den

14 Vgl. Kant, Immanuel: Das Ende aller Dinge (1794), AA VIII, S. 325–339.

15 Vgl. Schiller, Friedrich: Resignation. Eine Phantasie, in: Thalia – Erster Band, Heft 2 (1786), S. 64–69. Barth kann diese Formulierung selbst aufnehmen, ihr aber einen gänzlich anderen Sinn verleihen, vgl. Barth, Karl: Der Römerbrief (1919), S. 48.

16 Vgl. Sparn, Walter: «Aussichten in die Ewigkeit». Jenseitsvorstellungen in der neuzeitlichen protestantischen Theologie, in: Hölscher, Lucian (Hg.): Das Jenseits. Facetten eines religiösen Begriffs in der Neuzeit, Göttingen 2007, S. 12–39.

17 Vgl. Koselleck, Reinhart: Vergangene Zukunft der frühen Neuzeit, in: Ders: Vergangene Zukunft. Zur Semantik geschichtlicher Zeiten, 8. Aufl., Frankfurt a. M. 2013, S. 17–37; Hölscher, Lucian: Historische Zukunftsforschung. Zur Einführung in ein neues Forschungsfeld (2004), in: Ders.: Semantik der Leere. Grenzfragen der Geschichtswissenschaft, Göttingen 2009, S. 131–156.

18 Vgl. Pfleiderer, Georg: Utopiekritische Utopik, in: Sitter-Liver, Beat (Hg.): Utopie heute II. Zur aktuellen Bedeutung, Funktion und Kritik des utopischen Denkens und Vorstellens, Fribourg; Stuttgart 2007, S. 31–58.

auch der religiöse Sozialismus[19] systematisch kaum einzuordnen wäre, innerhalb dessen Karl Barth sich als Safenwiler Pfarrer bewegte – sehr zu seinem Unmut unter einem «leeren Himmel»[20] und konfrontiert mit Vorstellungen, die das «Innseits»[21] als eigentlichen und alleinigen Ort der Eschatologie auszumachen suchten.[22]

Als wesentlicher Entwicklungspunkt in Barths Theologie, der sein Verständnis von Geschichte entscheidend prägt, ist die Wendung zur «Sache» anzusehen. Dieser Begriff tritt zum ersten Mal 1911 in programmatischer Wendung auf.[23] Hier ist das «Reich Gottes», das zum Zentralbegriff der Eschatologie Barths im «Römerbrief» werden wird, allerdings in der Tat noch als innere, menschliche Realität gedacht, die als Möglichkeitsbedingung einer theologischen Konzeption von Handlungssubjektivität fungiert.[24] Und nicht nur die «Sache», sondern auch weitere Zentralbegriffe der Römerbrieftheologie finden sich lange vor dessen Abfassung (und auch

19 Vgl. zum religiösen Sozialismus Buess, Eduard; Mattmüller, Markus: Prophetischer Sozialismus. Blumhardt – Ragaz – Barth. Edition Exodus, Luzern 1986 sowie auch den Beitrag von Andreas Pangritz in diesem Band.

20 Vgl. Hegels Wendung gegen den Rationalismus in der Philosophie: «Der Rationalismus ist der Philosophie dem Inhalt und der Form nach entgegengesetzt; er hat den Inhalt, hat den Himmel leer gemacht, alles zu endlichen Verhältnissen heruntergesetzt.» Hegel, Georg Wilhelm Friedrich: Vorlesungen über die Geschichte der Philosophie, Werke in zwanzig Bänden. Bd. 18, Frankfurt a. M. 1979, S. 100.

21 Jaeger, Paul: Innseits. Zur Verständigung über die Jenseitsfrage, Tübingen 1917.

22 Im «Tambacher Vortrag» von 1919 nahm Barth mit der ihm eigenen Rhetorik der Empörung Bezug auf Jaeger, ohne ihn namentlich zu nennen: «Wir meinen zu verstehen, was der deutsche Theologe wollte, der während des Krieges die Entdeckung gemacht hat, dass man statt Jenseits hinfort besser *Inn*seits sagen sollte; wir hoffen aber lebhaft, dass dieses mehr schlangenkluge als taubeneinfältige Wortspiel keine Schule mache. Nein nein, antworten wir, geht uns, ihr Psychiker, mit eurem *Inn*seits! Apage Satanas! *Jenseits*, *trans*, darum gerade handelt es sich, davon leben wir. Wir leben von dem, was jenseits des Reichs der Analogien ist, zu denen auch unser bisschen *Inn*seits gehört.» Barth, Karl: Der Christ in der Gesellschaft, in: Ders.: Vorträge und kleinere Arbeiten 1914–1921, in Verbindung mit Marquardt, Friedrich-Wilhelm (†) hg. von Drewes, Hans-Anton (Karl-Barth-Gesamtausgabe, Abt. III), Zürich 2012, S. 556–598, 594.

23 Vgl. Pfleiderer, Georg: Karl Barths praktische Theologie. Zu Genese und Kontext eines paradigmatischen Entwurfs systematischer Theologie im 20. Jahrhundert, Tübingen 2000, S. 230.

24 Vgl. Barth, Karl: Jesus Christus und die soziale Bewegung (1911), S. 396: «Das Reich Gottes, das inwendig in uns ist … [,] muss Herrschafft werden über das Äussere, über das tatsächliche Leben, sonst verdient es seinen Namen nicht.»

schon einige Zeit vor Ausbruch des Ersten Weltkriegs[25]) in den Predigten Barths – etwa, zentral, der Begriff der Revolution. Der Duktus einer «prophetischen Geschichtstheologie»[26] wird in den Folgejahren insbesondere durch die programmatische Verwendung des Begriffs der Krise weiter verschärft und auf *eschatologische* Kategorien umgestellt, in deren Zusammenhang die Frage nach der «Erkenntnis Gottes»[27] eine zentrale Rolle spielt. Das Problem der Gotteserkenntnis steht aber in einem werkhistorischen Kontext, der wieder und wieder die Frage nach den Realisierungsbedingungen der Gottesherrschaft als Problem einer Geschichtsdeutung vor Augen führt, die gerade angesichts der Krise des Ersten Weltkriegs weder in theologische Aporien führen noch ihres ethisch-praktischen Anliegens beraubt werden darf. Barths Theologie im «Römerbrief» fusst damit auf einem «Konzept dramatisierter Geschichtstheologie»[28].

Im Folgenden sollen die Bedeutung und Funktion der Eschatologie innerhalb dieser Konzeption geklärt werden. Zur Illustration und gleichzeitigen Schärfung des Profils der Geschichtstheologie Barths sollen im nächsten Abschnitt exemplarisch drei zeitgenössische Geschichtskonzeptionen vorgestellt sowie einige begriffliche Klärungen vorgenommen werden. Die Einbettung der Untersuchung in diese exemplarische Kontextskizze begründet sich nicht über Abhängigkeiten oder Rezeptionswege, sondern vor dem Hintergrund der einleitend skizzierten Frage nach der Stellung eines genuin theologisch-eschatologischen Beitrags zur Reflexionskultur im Rahmen «apokalyptischer» Denkbewegungen. Dabei wird insbesondere die Frage nach dem (kritisch-diagnostischen) Gegenwartsbezug von Bedeutung sein – werkimmanent aber auch diejenige nach dem Verhältnis von Geschichte und Eschatologie.

3. Der Kontext

> «Gilt aus der Sichtweise von Ernst Troeltsch, dass ‹das eschatologische Bureau ... heute zumeist geschlossen› ist, so wird es in der Nachkriegszeit des Ersten Weltkriegs an den verschiedensten Stellen und in durchaus sehr verschiedenen

25 Vgl. McCormack, Bruce: Theologische Dialektik und kritischer Realismus, S. 97ff; Pfleiderer, Georg: Karl Barths praktische Theologie, S. 240.

26 Pfleiderer, Georg: Karl Barths praktische Theologie, S. 245.

27 Vgl. Spieckermann, Ingrid: Gotteserkenntnis. Ein Beitrag zur Grundfrage der neuen Theologie Karl Barths. München, 1985, S. 77.

28 Pfleiderer, Georg: Karl Barths praktische Theologie, S. 271.

> Versionen wieder eröffnet; die gemeinsame Klammer ist dabei eine polemisch-politische und näherhin eine antiliberale.»[29]

Georg Pfleiderers Feststellung zur intellektuellen Landschaft der Weimarer Republik kann nicht ohne Weiteres auf die Zeit des Ersten Weltkriegs ausgedehnt werden; gleichwohl gilt, dass nicht erst die Niederlage Deutschlands, sondern bereits die Kriegsvorbereitungen und der Krieg selbst in der deutschsprachigen intellektuellen Kultur apokalyptische Diskurse und Motive weithin freisetzten. Die unterschiedlichen theologisch-eschatologischen Neueinsätze nach dem Ersten Weltkrieg[30], so sehr sie zudem durch jüngere Entwicklungen in der neutestamentlichen Wissenschaft katalysiert wurden[31], dürfen jedoch auch als Fernwirkungen der Erfahrungen und mentalen Stimmungen von Vorkriegs- und Kriegszeit gelten, die ihren Ausdruck u. a. in den unterschiedlichen Strömungen des Expressionismus fanden.[32]

Und auch wenn die Stimmungslage in Deutschland nicht ohne Weiteres auf die Schweiz übertragen werden kann, steht doch fest, dass der Erste Weltkrieg nicht nur die Schweizer Debattenlandschaft prägte, sondern zudem von vielfältigen internen sozialen Spannungen begleitet wurde, die nicht nur, aber auch durch die sprachliche und kulturelle Einbindung der Eidgenossenschaft in den französischen und deutschen Kulturraum zugleich mitbedingt wurden.[33]

29 Pfleiderer, Georg: Utopiekritische Utopik, S. 48.

30 Vgl. Christophersen, Alf: «Das Jenseits ist die Kraft des Diesseits». Zur Entwicklung protestantisch-theologischer Transzendenzdeutungen im späten 19. und frühen 20. Jahrhundert, in: Hölscher, Lucian (Hg.): Das Jenseits. Facetten eines religiösen Begriffs in der Neuzeit, Göttingen 2007, S. 152–178. Erstaunlicherweise blendet Christophersen Barth gänzlich aus seiner Übersichtsdarstellung aus.

31 Hier ist v. a. die durch Weiss, Johannes: Die Predigt Jesu vom Reiche Gottes, 1892, angestossene Neubesinnung auf den eschatologischen Charakter der Verkündigung Jesu zu nennen, die direkte Wirkungen v. a. bei Albert Schweitzer auf der einen, den beiden Blumhardts auf der anderen Seite zeitigte.

32 Vgl. Vondung, Klaus: Die Apokalypse in Deutschland; zu apokalyptischen Motiven in der Literatur vgl. die Beiträge in Sorg, Reto u. a. (Hg.): Utopie und Apokalypse in der Moderne, München 2010.

33 Vgl. Maissen, Thomas: Geschichte der Schweiz, 4. mit Registern versehene Auflage Baden 2012, S. 240–248, sowie den Beitrag Regina Weckers in diesem Band.

3.1 Geschichtskonzepte um 1915–1919

Karl Barths Bemühung um die Restituierung der Eschatologie steht in einem intellektuellen Kontext, der Geschichtskonzeptionen in grosser Zahl auf den Plan rief. Die kurze Darstellung dreier dieser Entwürfe soll nicht dazu dienen, Rezeptionsverhältnisse zu konstruieren. Das vielleicht wirkmächtigste Buch jener Zeit, das zudem nahezu zeitgleich zur ersten Fassung des «Römerbriefs» erschien, ist Oswald Spenglers «Untergang des Abendlandes»[34] – und Barth wurde durchaus auf Augenhöhe mit diesem Entwurf rezipiert.[35] Allerdings floss Barths Beschäftigung mit diesem (natürlicherweise) erst in die Neubearbeitung des «Römerbriefs» ein. Gleichwohl kann eine Nebeneinanderstellung dazu dienen, dem Spezifikum einer theologischen Bearbeitung des Geschichtsdenkens schärfere Konturen zu verleihen. Dies gilt insbesondere im Blick auf Barths erklärte Absicht, die *Eschatologie* für ein kultur-, theologie- und christentumskritisches Gesamtprogramm fruchtbar zu machen. Daher sind es, aufgrund der in ihrem totalen Gestus bestehenden strukturellen Parallele zur christlichen Eschatologie, insbesondere *universalhistorische* Entwürfe bzw. Konzeptionen, die hier von Interesse sein müssen.[36]

34 Spengler, Oswald: Der Untergang des Abendlandes – Umrisse einer Morphologie der Weltgeschichte. Erster Band: Gestalt und Wirklichkeit, Wien 1918; München 1920; Zweiter Band: Welthistorische Perspektiven, München 1922.

35 Vgl. rückblickend Löwith, Karl: Mein Leben in Deutschland vor und nach 1933. Ein Bericht. Mit einem Vorwort von Reinhard Koselleck und einer Nachbemerkung von Ada Löwith, Stuttgart 1986, S. 25: «Ausser Spenglers Buch hatte nur noch eins eine ähnliche Bedeutung, obschon eine beschränktere Wirkung: der gleichzeitig erschienene *Römerbrief* Karl Barths. Auch dieses Werk lebte von der Verneinung des Fortschritts, indem es aus dem Verfall der Kultur theologischen Nutzen zog. Der durch den Krieg beförderte Unglaube an alle menschlichen Lösungen trieb Barth vom christlichen Sozialismus zu seiner radikalen Theologie, die jede ‹Entwicklung› des Christentums in der Wurzel verneint. Diese beiden Schriften Spenglers und Barths waren in dieser durch das Ende des Ersten Weltkriegs gestempelten Zeit die uns am meisten erregenden Bücher.» Friedrich Wilhelm Graf weist allerdings darauf hin, dass nicht eindeutig rekonstruiert werden kann, ob Löwiths Aussage sich auf die erste Fassung des «Römerbriefs» bezog oder auf die zweite, vgl. Ders.: Einleitung. Protestantische Universitätstheologie in der Weimarer Republik, in: Ders.: Der Heilige Zeitgeist. Studien zur Ideengeschichte der protestantischen Theologie in der Weimarer Republik, Tübingen 2011, S. 1–110, hier: S. 69, Anm. 187.

36 Neben die hier genannten Entwürfe treten viele weitere, deren berühmtester und weit über die Grenzen des Zeitraums seiner Abfassung und unmittelbaren Re-

Spengler skizziert in der Einleitung des ersten Bands seines Werks eine Konzeption von Geschichte, die auf einer organologischen Kulturphilosophie beruht. Die Fragen «Gibt es eine Logik der Geschichte?», präziser: «Liegen, kurz gesagt, allem Historischen biographische Urformen zu Grunde?»[37] werden von Spengler mit einer Stufentheorie beantwortet, die sich insbesondere gegen die Vorstellung wendet, mit der Neuzeit sei ein vorläufiges Endstadium der weltgeschichtlichen Kulturentwicklung eingetreten.[38] Dieser gegenüber schärft Spengler einerseits das Bewusstsein für die globale kulturelle Pluralität und Vielfalt ein. Weiter deutet er diese auf der Grundlage der Vorstellung aus, Kulturen seien als «Lebewesen höchsten Ranges»[39] gleichsam in sich geschlossene Gebilde, die gegeneinander um Lebensmöglichkeiten stritten. Dabei ist seine Zeitdiagnose klar. Die abendländische Zivilisation[40] hat den Zenit ihres Lebenszyklus überschritten bzw. befindet sich mit dem Weltkrieg[41] in einer «große[n] Krisis».[42]

Oswald Spengler wollte seine historische Kulturphilosophie explizit als «Kritik der Gegenwart»[43] verstanden wissen und verband sie zugleich mit dem Anliegen der Zukunftsprognostik.[44] Formal handelt es sich um ein gemässigtes oder relativiertes apokalyptisches Modell, das zwar nicht mit dem Ende der Welt, wohl aber mit dem Untergang der «abendländischen» Kultur rechnen konnte. Subjekte der Geschichte sind die Kollektivorganismen, die

zeption hinaus wirksamste sicherlich derjenige Ernst Blochs ist. Vgl. zum Überblick Wenz, Gunter: Eschatologie als Zeitdiagnostik (1991), in: Ders.: Tillich im Kontext. Theologiegeschichtliche Perspektiven [Tillich-Studien 2], Münster 2000, S. 45–103.

37 Spengler, Oswald: Der Untergang des Abendlandes, Erster Band, zit. nach der unveränderten Ausgabe München 1920, S. 1.

38 «Man hatte ganz einfach den Geist des Abendlandes mit dem Sinn der Welt verwechselt ... Augenscheinlich ist es eine Forderung des westeuropäischen Selbstgefühls, mit der eigenen Erscheinung eine Art Abschluss zu statuieren», a. a. O., S. 26f.

39 A. a. O., S. 29.

40 A. a. O., S. 43.

41 A. a. O., S. 65.

42 A. a. O., S. 67.

43 A. a. O., S. 48.

44 «Es stand bis jetzt frei, von der Zukunft zu hoffen, was man wollte. Wo es keine Tatsachen gibt, regiert das Gefühl. Künftig wird es jedem Pflicht sein, vom Kommenden zu erfahren, was geschehen kann und also geschehen wird, mit der unabänderlichen Notwendigkeit eines Schicksals, und was von unsern persönlichen oder den Zeitidealen ganz unabhängig ist.», a.a.O. S. 55.

Kulturen, deren Entwicklung ihrerseits von einer lebensphilosophisch verstandenen Notwendigkeit bestimmt wird.

Ebenfalls auf dem Hintergrund einer Deutung des Krieges begann Ernst Jünger in diesen Jahren die Grundlagen seines Geschichtsbildes zu formulieren. Diesem eignen individualistisch-heroische und stark erfahrungsbezogene Momente, die Jünger allerdings erst in späteren Jahren auch systematisch zusammenfügen sollte. Aus seinen erst jüngst in ihrer Ursprungsfassung edierten Kriegstagebüchern[45] entwickelte er mit «In Stahlgewittern»[46] seinen enorm einflussreichen literarischen Erstling, der mittlerweile auch in einer historisch-kritischen Edition vorliegt. In den «Stahlgewittern» spielt ebenfalls ein Konzept von Notwendigkeit eine Rolle, allerdings ist dieses zugleich organologisch wie technisch konnotiert. Jünger verwendet zur Beschreibung des Kriegs Metaphern wie «Kriegsmaschinerie»[47], kann aber den Krieg auch als wildes Tier darstellen, das «seine Krallen gezeigt»[48] habe.

Zudem vertritt Jünger ein heroisches Menschheitsideal, das den Krieg gleichsam als Geburtsstätte eines neuen Menschen feiert: «der wahre Mann, der unscheinbare, echte, vom Geist getriebene Krieger, der seine Pflicht tat, am letzten Tage wie am ersten».[49] Auffallend ist hier die nicht nur naturnahe, sondern zugleich ästhetisch-erhabene («Der Krieg musste es uns ja bringen, das Große, Starke, Feierliche»[50]) wie religiöse Metaphorik, mit der Jünger den Krieg und seinen Helden beschreibt:

> «Der Krieg setzt sich wie alle menschlichen Handlungen aus Gut und Böse zusammen. Nur treten hier, wo sich die Kraft von Völkern aufs Höchste steigert, die Gegensätze noch greller hervor als sonst. Neben gipfelnden Werten gähnen dunkelste Abgründe. Da, wo ein Mensch die beinah göttliche Stufe der Vollkommenheit erreicht, die selbstlose Hingabe an ein Ideal bis zum Opfertode, findet sich ein anderer, der dem kaum Erkalteten gierig die Taschen durchwühlt.»[51]

45 Jünger, Ernst: Kriegstagebuch 1914–1918, hg. von Kiesel, Helmuth, 4. durchgesehene Auflage, Stuttgart 2013.

46 Jünger, Ernst: In Stahlgewittern. Aus dem Tagebuch eines Stosstruppführers, 3.Aufl. Berlin 1922.

47 A. a. O., S. 74.

48 A. a. O., S. 3.

49 A. a. O., S. 6.

50 A. a. O., S. 1.

51 A.a.O., S. Vf. (Das Zitat stammt aus dem Vorwort zur ersten Ausgabe von 1920).

Nicht ganz zu Unrecht kann der Herausgeber des Kriegstagebuchs, Helmuth Kiesel, die Selbstpräsentation Jüngers daher als «abenteuerliche Apokalypse»[52] bezeichnen – und in manchen Situationen scheinen für Jünger «selbst die Naturgesetze ... ihre Gültigkeit verloren zu haben»[53]. Der Krieg, so stellt es sich hier dar, ist ein Phänomen jenseits aller bekannten Realität, das zugleich erschreckend wie faszinierend ist und das ganz offenkundig seine Befragung auf sinnhafte Implikationen geradezu provoziert. Er wird dargestellt als teilweise ekstatische Lebenssteigerung auf individueller wie kollektiver Ebene, die zugleich eine soghafte Eigendynamik entwickelt. Auch trägt der Krieg in Jüngers Deutung Züge eines reinigenden Purgatoriums.

Das Bild des Helden wird Jünger wenige Jahre später in eine phänomenologische Analyse des Bewusstseins des Frontsoldaten überführen. *Der Kampf als inneres Erlebnis*[54] tritt damit als psychologische und ästhetische Bewusstseinstheorie in sehr eigener Weise neben die im engeren Sinn philosophisch-phänomenologischen Neubeschreibungsversuche menschlicher Subjektivität. Und noch Jüngers Essay «Der Arbeiter. Herrschaft und Gestalt» von 1932[55] zehrt von den in «Kriegstagebuch» und «Stahlgewittern» vorbereiteten und literarisch-ästhetisch eingefangenen Impressionen und Deutungsversuchen zur Geschichte und deren Protagonisten. Hier wird demnach ein zwar individuumszentriertes Geschichtsbild vertreten, das wie der Kollektivismus Spenglers ebenfalls mit der Notwendigkeit von Kampf und Tod rechnet, die Protagonisten der Geschichte aber zugleich in einer merkwürdigen Doppelstellung zwischen Individuum und objektiviertem Krieg oder Kampf ansiedelt und damit zugleich ein eminent antibürgerliches (und antiliberales) heroisches Ideal propagiert.[56]

Ganz anders wiederum und eher in der Nähe Oswald Spenglers konturierte der deutsche vergleichende Kulturhistoriker Kurt Breysig[57] sein Geschichtsbild. Das 1905 in erster, 1927 in zweiter und vermehrter Auflage

52 Kiesel, Helmuth: Ernst Jünger im Ersten Weltkrieg. Übersicht und Dokumentation, in: Jünger, Ernst: Kriegstagebuch 1914–1918, S. 596–647, 597.

53 Jünger, Ernst: In Stahlgewittern, S. 196.

54 Jünger, Ernst: Der Kampf als inneres Erlebnis, Berlin 1922.

55 Jünger, Ernst: Der Arbeiter. Herrschaft und Gestalt (1932), Stuttgart 2007.

56 Vgl. zu Jüngers Geschichtsbild im Rahmen zeitgenössischer «Apokalyptik» Gerhards, Claudia: Apokalypse und Moderne. Kubins, Alfred «Die andere Seite» und Ernst Jüngers Frühwerk, Würzburg 1999.

57 Vgl. zu Breysig v. a. Böhme, Hartmut: Die Menschheitsgeschichte von Kurt Breysig, in: Hardtwig, Wolfgang; Müller, Philipp (Hg.): Die Vergangenheit der Weltgeschichte. Universalhistorisches Denken in Berlin 1800–1933, Göttingen 2010, S. 173–194; Azzaro, Pierluca: Deutsche Geschichtsdenker um die Jahr-

erschienene Werk «Der Stufenbau und die Gesetze der Weltgeschichte»[58] beschreibt ebenfalls Kulturen als Subjekte von Geschichte, wobei er diese als «Seelen» verstanden wissen will. Die Nähe zu Spengler ist unverkennbar, und Breysig widmete diesem eine Besprechung, in der er Spengler als «Propheten des Untergangs»[59] kritisch würdigte. Im Gegensatz zu Spengler verstand Breysig die abendländische Kultur aber keinesfalls als im Niedergang begriffen. Gegenüber einem organologischen dynamischen Modell bezog er einen Standpunkt, der die Vorstellung mehrerer paralleler Entwicklungsstufen beinhaltete. Ähnlich wie Spengler kritisiert Breysig damit die teleologische Verlaufskonzeption des abendländischen Periodisierungsschemas. Nur bestimmte Völker erreichten die Stufe der Neuzeit, während andere in ewiger Urzeit befangen blieben und manche sich weiter im Altertum bewegten. Diese Stufenordnung veranlasst Breysig zu einer Gegenwartsdiagnose, die nun nicht den Niedergang, sondern die weitere Höherentwicklung insbesondere des «deutschen Menschen» voraussah und seine eigene literarische Aufgabe darin sah, «das Leben der Gegenwart, vornehmlich das unsres Volkes nicht anzuschauen nur, nein, auch zu bewirken»[60]. Diese Sichtweise behielt Breysig auch in der Zweitauflage seines «Stufenbaus» 1927 bei, und die Verbindung von kulturkritischer Gegenwartsdiagnose und Mobilisierungsrhetorik gehört weiterhin zum festen Repertoire.

Bezeichnend ist dabei die Inanspruchnahme eines zentralen Moments auch der apokalyptischen Narrative. Breysig formuliert seine Rezeptionserwartungen in der Hoffnung, «dass diese Worte nicht ungehört verklingen mögen. Und sollte heute die Stunde des Umschlags, den sie bewirken wollen, noch nicht gekommen sein, morgen wird sie sicher schlagen.»[61] Subjekte der Hervorbringung dieses Umschlags sind für Breysig, in formaler Ähnlichkeit zu Jünger, die vom gleichermassen als kollektivistisch perhorreszierten Sozialismus und Bürgertum wie auch vom «falschen Individualismus»

hundertwende und ihr Einfluss in Italien. Kurt Breysig, Walter Rathenau, Oswald Spengler, Bern 2005, S. 109–164; Iggers, Georg: Geschichtswissenschaft im 20. Jahrhundert. Ein kritischer Überblick im internationalen Zusammenhang, Göttingen 2007.

58 Breysig, Kurt: Der Stufenbau und die Gesetze der Weltgeschichte, Berlin 1905.

59 Breysig, Kurt: Der Prophet des Unterganges Oswald Spengler. Velhagen und Klasing's Monatshefte 35 (1921), S. 261–270.

60 Vgl. Breysig, Kurt: Von Gegenwart und von Zukunft des deutschen Menschen, Berlin 1912, VI. Das Buch stellt eine Sammlung der bis dahin erschienenen Schriften Breysigs dar.

61 Breysig, Kurt: Gegenwart und Zukunft, S. VII.

des Liberalismus seiner Gegenwart unterschiedene Helden der «Individualaristokratie», die «Tiefen, Starken, Schöpferischen».[62] Diese von Breysig in immer neuen Wendungen umkreiste Vorstellung hat denn auch ihren geschichtstheoretisch-ethischen Haken genau in der zugleich geäusserten Ansicht, das aristokratische Individuum sei dennoch ursprünglich ein «Besitz ... seines Volkes», dessen «Wahrer» es zugleich «folgen» müsse[63] damit ein «Zukunftsstaat»[64] errichtet werden könne, der dem «Herrenhaus»[65] wieder den ihm gebührenden Platz zuweise. Ähnliche Formen der antiegalitären und antidemokratischen Korrelierungsversuche unter dem *label* «Der Einzelne und das Volkstum»[66] vor dem Hintergrund eines lebensphilosophisch inspirierten Geschichtsdenkens und mithilfe organologischer Metaphorik haben bekanntlich in den Folgejahrzehnten in Deutschland fatale politische Schule machen können. Breysig allerdings sollte seine «Stufenordnung» in den späten 1920er Jahren zumindest dahingehend revidieren, dass er nun die Idee eines universellen Fortschritts vertrat. Die zur Beschreibung gebrauchte Metapher ist nun das «spiralförmige Gewinde»[67], und Breysig prognostizierte, dass «in absehbarer Zeit [...] alle zurückgebliebenen Gruppen vorwärtsgerissen sein [werden] zu der von eiligsten Völkern erreichten Strecke der Neuesten Zeit»[68].

Gemeinsam ist den drei beschriebenen Geschichtskonzeptionen die gegenwartsdiagnostische Absicht – und, vice versa, die Betonung des Kampfes als Signum der Gegenwart; eines Kampfes, dessen Folgen als Niedergang oder Aufstieg seiner jeweiligen Subjekte interpretiert wird und der zugleich, wo nicht das Ende, so jedenfalls die grundlegende Krise der bürgerlichen Gesellschaft einläuten soll. Auffällig ist zudem die durchgehende Konzipierung von Geschichte bzw. Kampf als eigenständige Akteure. Organologische Metaphorik bietet sich für die sprachliche Präsentation geradezu zwanglos an, und die teilweise Inanspruchnahme religiöser Metaphorik wird von dynamischen Verlaufs- bzw. Entwicklungsvorstellungen einerseits, der semantischen Aufladung der Gegenwart andererseits geprägt. Dabei gehen Kollektivierungs- und Individualisierungstendenzen im Blick auf die Rolle der Menschen miteinander einher – und die Vorstellung, es würden auf der Weltbühne metaphysische Konflikte ausgetragen, ist keinem der genannten

62 A. a. O., S. 4.
63 A. a. O., S. 5.
64 A. a. O., S. 34.
65 A. a. O., S. 38.
66 A. a. O., S. 79.
67 Breysig, Kurt: Vom geschichtlichen Werden. Bd. 3: Der Weg der Menschheit, Stuttgart 1928, S. 26.
68 A.a.O., S. 44.

Autoren fern. All dies sind Aspekte, die sich auch in Barths «Römerbrief» finden lassen.

3.2 Begriffliche Klärungen

Erstaunlicherweise verfahren viele jüngere Publikationen zur Apokalyptik, Apokalypse u. ä. aus dem weiteren Bereich der Geistes- und Kulturwissenschaften weitestgehend ohne Reflexion ihres begrifflichen Arsenals – und ganz besonders ohne Rekurs auf die (traditionelle) theologische Begriffsverwendung. Dies erschwert nicht nur die Lektüre, sondern auch den Vergleich und die Übertragung der unterschiedlichen Forschungsthesen und -ergebnisse (denn auch innerhalb der verschiedenen theologischen Subdisziplinen stehen Apokalyptik und Eschatologie in den letzten Dekaden hoch im Kurs).[69] Diese Tatsache ist umso gravierender, als es sich um ursprünglich theologische Terminologie handelt, deren unkritische Übertragung auf andere Deutungskontexte subkutan normative Implikationen und semantische Überschüsse transportieren mag, die das analytische Interesse der beteiligten Wissenschaften zu konterkarieren geeignet sein können, wo sie auf eine ebenso undifferenzierte Rezeption stossen.

Als apokalyptisch können, neben der historischen bzw. gattungspoetischen Bedeutung des Begriffs, auch solche Konzeptionen bezeichnet werden, die entweder mit inhaltlichen Motiven arbeiten, die der Apokalyptik entstammen oder deren Aufbau ein spezifisch apokalyptisches Geschichtskonzept erkennen lässt, dessen Ausweis allerdings auch inhaltlicher Bestimmungen bedarf.[70] Gerade die Frage nach einem spezifisch apokalyptischen

69 Vgl. an jüngeren Publikationen nur Nagel, Alexander K.; Schipper, Bernd U.: Apokalypse. Zur Soziologie und Geschichte religiöser Krisenrhetorik, Frankfurt a. M. 2008; Wieser, Veronika; Zolles, Christian; Feik, Catherine; Zolles, Martin; Schlöndorff, Leopold (Hg.): Abendländische Apokalyptik. Kompendium zur Genealogie der Endzeit [Kulturgeschichte der Apokalypse 1], Berlin 2013.

70 Den knappen, aber präzisesten Überblick v. a. über die historische jüdische und christliche Begriffsverwendung mit unterschiedlichen deutenden Ausgriffen auf die Gegenwart bietet Tilly, Michael: Apokalyptik, Tübingen 2012. Vgl. zu einer Systematik apokalyptischer Semantik, Syntax und Pragmatik die Ausführungen bei Nagel, Alexander K.: Ordnung im Chaos – Zur Systematik apokalyptischer Deutung, in: Ders.; Schipper, Bernd U.; Weymann, Ansgar (Hg): Apokalypse. Zur Soziologie und Geschichte religiöser Krisenrhetorik, Frankfurt a. M. 2008, S. 49–72.

Geschichtskonzept verweist auf dessen Unterscheidung von chiliastischen (oder auch millenaristischen) Entwürfen.[71]

Hingegen ist die Unterscheidung von Apokalyptik und Eschatologie weitaus komplizierter. So ist die traditionelle Verschränkung von individuellen mit universellen Elementen in den Zukunftskonzeptionen der Eschatologie gegenüber der von der Vorstellung eines (nahenden) Weltendes geprägten apokalyptischen Semantik[72] nur ein behelfsweises und vergleichsweise grobes Kriterium. Daher kann die Unterscheidung beider nicht ohne einen Blick auf die neuzeitliche, spezifisch die moderne Entwicklung des theologischen Lehrstücks *de novissimis* selbst vorgenommen werden, da dieses, parallel zur Entwicklung des neuzeitlichen Geschichtsdenkens, verschiedenen Transformationen ausgesetzt war. Die Bestimmung des Verhältnisses von Apokalyptik und Eschatologie ist folglich kaum abstrakt vornehmbar und ohne die Eintragung dogmatischer Prämissen gar nicht auf ihre theologische Angemessenheit hin überprüfbar.[73] Nicht auf der materialen Ebene kann demnach ihr Skopus liegen. Vielmehr müssen beide Begriffe, die traditionell durchaus unterschiedliche Assoziationsräume öffnen, wo sie theologisch prominent verwendet werden, auf ihren jeweiligen Ort und ihre Funktion innerhalb eines bestimmten Programms befragt werden. Dies soll im Folgenden am Beispiel Barths gezeigt werden. Hier wird Eschatologie zum Programmbegriff eines bestimmten Typus protestantischer Theologie im 20. Jahrhundert mitsamt den diesem eigenen normativen Anliegen. Bezeichnend ist dabei, dass «Eschatologie» dabei gerade in Opposition zu «Apokalyptik» verwendet wird. Ein historischer Zugriff, wie im vorliegenden Fall, verspricht zumindest einen spezifischen (und damit in seiner Geltung historisch beschränkten) Beitrag zur Klärung dieser Fragestellung zu leisten.

71 Vgl. Sparn, Walter: «Aussichten in die Ewigkeit». Jenseitsvorstellungen in der neuzeitlichen protestantischen Theologie, in: Hölscher, Lucian (Hg.): Das Jenseits. Facetten eines religiösen Begriffs in der Neuzeit, Göttingen 2007, S. 12–39.

72 Vgl. Wissmann, Hans: Art.: Eschatologie, I. Religionsgeschichtlich, TRE Bd. 10, Berlin u. a. 1982, S. 250–256, 255.

73 Vgl. die Ausführungen bei Plasger, Georg: Recht und Grenze apokalyptischer Rede. Eschatologie und Apokalyptik in systematisch-theologischer Perspektive, in: Schipper, Bernd U.; Ders. (Hg.): Apokalyptik und kein Ende?, Göttingen 2007, S. 151–168, in denen die (zu Recht zentrale) christologische Dimension geradezu zum einzigen Inhalt der Eschatologie gerät.

4. Barths «Römerbrief»: Eine «objektive, von Gott aus gedachte Geschichtsbetrachtung»[74]

Karl Barth hatte, so viel sollte aus dem Vorangegangenen klar geworden sein, genügend Anlass, seine Relektüre des paulinischen Römerbriefs mit dem konstruktiven Bemühen um eine theologische Geschichtskonzeption zu verbinden, die nicht nur als Kritik moderner liberaler Theologie auftrat, sondern zugleich als Beitrag zur theologischen Zeitdiagnostik gelesen werden muss. So stellte Barth, ganz anders als etwa sein Landsmann Adolf Keller, der die demokratische und karitative Bewältigung der Auswirkungen des Krieges (und nach dessen Ende auch den Völkerbund) sowie die ökumenische Verbindung der verfügbaren Kräfte zur gemeinsamen weltweiten Aktion befürwortete,[75] jegliche optimistische Identifikation bestimmter Institutionen mit einer erwartbaren positiven zukünftigen Entwicklung in den Verdacht des vorschnellen und theologisch unangemessenen Aktionismus. Rückblickend bewertet er im «Römerbrief» ironisch und geradezu abschätzig die politischen Bemühungen seiner Zeitgenossen:

> «Es entstanden tiefgreifende ‹Bewegungen›, vortrefflich arbeitende Organisationen für Gottes Sache, es standen Professoren, Schriftsteller, Evangelisten, Volkstribunen auf, von denen der Zauber religiöser Hypnose ausging. Die Religion war 1909 eine so ‹gewaltig spürbare Macht› geworden, dass ein besonderes ‹Nachlagewerk› über ihre Geschichte und Gegenwart dringendes Bedürfnis wurde. John Mott reiste mit seiner Rede von der ‹Entscheidungsstunde› von Land zu Land und wir glaubten ihm halb und halb. Rastlose Weltkomitees waren an der Arbeit. In Basel jubelten die Sozialisten, in Edinburgh die Christen über das nahe herbeigekommene Gottesreich. Es fehlte auch nicht an einzelnen, in die Augen springenden verheissungsvollen Wirkungen und Anzeichen.[76]

Es ist auch nicht die gegenwartskritische Funktion des «Römerbriefs», die zwischen den anspruchsvollsten Interpretationen zum «frühen» Karl Barth

74 Barth, Karl: Der Römerbrief (erste Fassung) 1919, hg. von Schmidt, Hermann (Karl-Barth-Gesamtausgabe, Abt. II), Zürich 1985 [abgek.: Römerbrief (1919)], S. 47. Die Angabe der Seitenzahlen erfolgt nach der Originalpaginierung.

75 Vgl. Jehle-Wildberger, Marianne: Adolf Keller (1872–1963): Pionier der ökumenischen Bewegung, Zürich 2008; speziell zum Völkerbund Keller, Adolf: Die Kirchen und der Völkerbund, Zürich 1919. Keller konnte hier die Kirchen als «Weltgewissen» (a. a. O., S. 14) und «ideale Unterlage» (a. a. O., S. 3) der politischen Bemühungen um internationale Kooperation darstellen.

76 Barth, Karl, Römerbrief (1919), S. 299.

strittig sein kann. Als unumstritten muss weiter auch die Verhaftung Barths in Terminologie und Denkmodellen speziell des Marburger Neukantianismus zur Zeit der Abfassung des «Römerbriefs» gelten.[77]

Fraglich ist allerdings, inwiefern Barths Theologie der Kriegszeit tatsächlich als «Wendung zu theologischer Objektivität»[78] bzw. als «kritisch-realistisch»[79] beschrieben werden kann. Ohne den deskriptiven Gehalt solcher Einschätzungen bestreiten zu wollen, ist dennoch deutlich, dass ihre Erschliessungskraft an die Semantik der Barthschen Theologie selbst gebunden bleibt. Eine Alternative dazu stellt eine strukturale Interpretation dar, welche die genuin theologische Semantik auf der Ebene der Argumentationsstruktur sowie der Textpragmatik aufsucht.[80] Beide Sichtweisen schliessen einander allerdings nicht notwendig aus, unterscheiden sich jedoch in der Bestimmung des intentionalen Gehalts des Begriffs Eschatologie, der zugleich dessen Funktion im Rahmen des Römerbriefkommentars determiniert.

Nach einer kurzen Skizze des Geschichtskonzepts in Barths «Römerbrief» möchte ich daher die Frage nach der systematischen wie zeitdiagnostischen Funktion der Eschatologie erneut stellen und den Beantwortungsversuch zugleich als Auslegung dreier Spitzensätze zur Eschatologie verstanden wissen – solche lassen sich auch in der ersten Fassung des «Römerbriefs» finden:

- «*Gottvertrauen* und *Eschatologie* sind nicht voneinander zu trennen.»[81]
- «*Lösung des Welträtsels* und *Eschatologie* sind nicht voneinander zu trennen.»[82]
- «[A]uch *Heilsgewissheit* und *Eschatologie* [gehören] untrennbar zusammen».[83]

77 Das Verdienst, die von Barth verwendete neukantianische Terminologie nicht nur akribisch herausgearbeitet, sondern auf ihre jeweilige Verwendungsweise konkret geprüft zu haben, gebührt Lohmann, Johann Friedrich: Karl Barth und der Neukantianismus. Die Rezeption des Neukantianismus im «Römerbrief» und ihre Bedeutung für die weitere Ausarbeitung der Theologie Karl Barths, Berlin; New York 1995. Vgl. zum Römerbrief (1919) v. a. S. 206–251. Die Frage nach der systematischen Bedeutung des Neukantianismus für die spätere theologische Entwicklung Barths wird allerdings in der jüngeren Forschung unterschiedlich eingeschätzt.

78 Spieckermann, Ingrid, Gotteserkenntnis, S. 73.

79 McCormack, Bruce, Theologische Dialektik, S. 127.

80 Pfleiderer, Georg: Karl Barths praktische Theologie, S. 275ff.

81 Barth, Karl, Römerbrief (1919), S. 241.

82 A.a.O., S. 246.

83 A.a.O., S. 250.

Barth wendet sich mit seiner Vorstellung von Eschatologie explizit gegen einen «neue[n] Pietismus eschatologischer Färbung»[84] und setzt in einer Erläuterung zu Röm 13,4 («Denn Gottes Dienerin muss sie dir dann sein zum Heil») einen eschatologischen einem wohl von anderen Interpreten vertretenen «moralischen Sinn» des Satzes entgegen.[85] In einem kritischen Brief an Paul Wernle, der auf dessen Rezension des «Römerbriefs» im «Kirchenblatt» für die reformierte Schweiz mit dem Titel «Der Römerbrief in neuer Beleuchtung»[86] reagiert, erläutert Barth seine Absicht, die paulinische «Entdeckung der Eschatologie», die er als den «Nerv der paulinischen Stellung» bezeichnet, in der Linie der «reinen, jenseitigen, überpsychologischen [...] Heilserkenntnis» der Reformatoren zu interpretieren.[87]

Bereits aus diesen wenigen expliziten begrifflichen Nennungen kann einiges geschlossen werden. Eschatologie dient Barth zu diesem Zeitpunkt einerseits als abgrenzender Begriff. Weder kann es sich ihm um eine moralisch individuelle Heilsaneignung handeln noch um die psychologische (d. h. hier vom subjektiven Bewusstsein ausgehende) Erkenntnis spezifisch religiöser Gehalte. Gottvertrauen und Heilsgewissheit sind die zugeordneten positiven Termini – und sie stehen in unlösbarem Zusammenhang mit der Jenseitigkeit des Heils. Wenn das Heil als jenseitig vorgestellt wird, dann ist in der Tat die Kosmologie (als weltlicher Gegenpart des Jenseits) von Interesse.

84 «Dass also doch ja nicht aus dem ‹Seufzen und doch selig sein› ein neuer Pietismus eschatologischer Färbung werde, ein neuer Versuch einer individuellen Lösung der Lebensfrage!», a.a.O., S. 250.

85 Vgl. a.a.O., S. 375, Anm.

86 Wernle, Paul: Der Römerbrief in neuer Beleuchtung, in: Kirchenblatt für die reformierte Schweiz, Jg. 34, 11. und 18. Oktober 1919, S. 163f., 167–169.

87 Vgl. den auch im Anhang der Edition des Römerbriefs von 1919 als Anhang III abgedruckten Brief an Paul Wernle vom 24. Oktober 1919 (in: Barth, Karl: Der Römerbrief (1919), S. 638–646). Barths Vorwürfe an Wernle sind harsch: «Ich werfe Ihnen vor, dass Sie die ganze Seite des Paulinismus, die nur aus der Gottesreichserkenntnis zu erklären ist, wohl gesehen, aber nicht ernst genommen, sondern mit einer schnellen Entscheidung, die nicht aus historischer Gewissenhaftigkeit, sondern aus dem modern-religiösen Wertempfinden stammt, als rätselhaftes, bloss zeitgeschichtlich zu deutendes Theologumenon bei Seite geschoben haben. Typisch dafür war mit Ihre Erklärung von Röm. 6 und 8, die doch wesentlich darin besteht, dass Sie über den ‹Dogmatismus› und dgl. des Paulus die Achseln zucken. Indem Sie aus subjektiven Gründen das nicht ernst nehmen wollten, was der Nerv der paulinischen Stellung ist, machten Sie die Entdeckung der Eschatologie sofort wieder unfruchtbar für das Verständnis dieser Stellung. Dasselbe habe ich auch gegen Holtzmann, Jülicher, Lietzmann usf.» (a. a. O., S. 639).

Die «Lösung des Welträtsels» muss, wenn sie im Zusammenhang der Eschatologie begriffen werden soll, jedoch zugleich mit einer Beschreibung dessen einhergehen, was «Welt» hier heissen kann. Deutlich wird, dass Barth keine positive Anknüpfung an Ernst Haeckel sucht, der die «Welträtsel» innerhalb einer Konzeption des evolutionistischen Monismus aufzulösen trachtete. Worin genau der Unterschied zu diesem neoidealistischen Systemdenken besteht, muss ein Blick auf die Geschichtskonzeption im «Römerbrief» (1919) zeigen.

Der Terminus Eschatologie erläutert Ausführungen Barths zur Geschichte, die begrifflich in unterschiedlichen Komposita und im Kontext der den «Römerbrief» (1919) prägenden Oppositionspaare vorkommt. Wesentlich ist hier die Unterscheidung von «eigentlicher Geschichte» und (somit uneigentlicher) «sogenannter Geschichte». Zentralbegriff der Ausführungen Barths zur Geschichte ist das Reich Gottes. Es ist dieser sehr häufig (und in unterschiedlichen Variationen88) vorkommende Begriff, anhand dessen Barth auch seine Auseinandersetzung mit der theologischen Tradition führt. Das Reich Gottes war, in jeweils spezifischem Zuschnitt, nicht nur ein Zentralbegriff der Theologie Albrecht Ritschls, sondern insbesondere auch des religiösen Sozialismus Christoph Blumhardts (d. J.), Hermann Kutters und Leonhard Ragaz'. Und dieser Begriff dient Barth auch zur Konstruktion eines Einheitsprinzips der Geschichte, die die antihistoristische Stossrichtung seiner Ausführungen markiert: Der Gegenstandsbereich der «Historie» sei jegliches «Gewimmel»[89], auf das das jeweilige «Interesse»[90] des Historiographen gerichtet sei. Eine «wohlberatene Geschichtsschreibung» fokussiere demgegenüber nicht das «Nebeneinander», sondern die «Mannigfaltigkeit des Einen», so dass «an jedem Punkt der Geschichte der *Sinn* des Daseins»[91] vernommen werden könne. Theologisch adäquat sei demnach eine solche Betrachtung der Geschichte, «die ihr Wesen darin hat, die Geschichte mit uns und uns mit der Geschichte reden zu lassen von dem einen einzigen Thema des Gottesreichs»[92].

88 Etwa als «Reich der Gerechtigkeit und des Lebens», S. 33, schlicht als «Reich», S. 37, pass., aber auch als «Reich des absoluten Geistes»(!), S. 80, als «Reich der Freiheit und des Friedens in Gott», S. 101, «Reich der Gnade», S. 161, «Reich des lebendigen Gottes» u. a. m.

89 Barth, Karl, Römerbrief (1919), S. 101.

90 A.a.O., S. 102.

91 A.a.O., S. 101.

92 A.a.O., S. 102.

Die Entfaltung des Geschichtskonzepts in Barths Text dokumentiert zugleich seine Auseinandersetzung mit Kulturprotestantismus, religiösem Sozialismus und neukantianischer Philosophie. Geschichte, so Barths Darstellung, ist zunächst Ort des «Kampfes», etwa von «Natur und Kultur, Materialismus und Idealismus, Kapitalismus und Sozialismus, Weltlichkeit und Kirchlichkeit, Imperialismus und Demokratie»[93]. Kampf ist geradezu das Signum von Geschichte überhaupt, die als Zeit – gegenüber der ewigen Gegenwart Gottes – verstanden wird. Ort des Kampfes ist die Welt. Die Welt ist der Ort der Entzweiung der ursprünglichen Einheit von Gott und Mensch. Kampf bezeichnet damit nicht nur die Auseinandersetzungen immanenter Mächte, sondern zugleich das «geschichtliche» Verhältnis Gottes zur Welt. «Ist jener Kampf beendigt, der Anfang und das Ende aus Vergangenheit und Zukunft Gegenwart geworden, so verschwindet die Zeit im ewigen Jetzt.»[94] Aus dieser Perspektive muss sich alles Denken, das die Geschichte selbst als «Fortschritt» deuten will, als «Fleisch» bezeichnen lassen und wird zugleich mit «der Schuld und der Sünde, der Qual und Bedrängnis, der Vergänglichkeit und Sterblichkeit» als den «Kennzeichen des gegenwärtigen Äons»[95] korreliert.

In gewisser Weise wird hier die Situation des Ersten Weltkriegs in die Theologie hineintransportiert. Der Kampf von Gut gegen Böse, Licht gegen Finsternis, wird nicht nur in historischen Begebenheiten aufgesucht, sondern zugleich als Signum «unserer» Gegenwart interpretiert, einer Gegenwart, deren katastrophale Situation Barth als direkte Konsequenz menschlich-allzumenschlichen (sprich: sündigen) Verhaltens interpretieren kann: «[D]ie Wege, auf denen wir mit unsern Taten wandeln, sind die Wege, die in den Weltkrieg führen.»[96] Allerdings ist der innerweltlich manifeste Kampf nur Phänomen einer höheren, anderen Realität. Denn gleichzeitig mit und innerhalb der «alten sogenannten Geschichte», vollzieht sich die «im Christus eröffnete neue *eigentliche* Geschichte», die «Geschichte der Geschichte›»[97]. Deren Handlungssubjekt ist, im Unterschied zu den die vermeintlich fortschrittliche blosse Geschichte vorantreibenden «alten» Menschen, allein Gott.

Die Verhältnisbestimmung beider Geschichten mit ihren unterschiedlichen Handlungssubjekten wird Barth zum Zentralproblem der Eschatologie, denn wenn sie nicht «neben[einander]»[98] einander verlaufen, bedarf

93 A.a.O., S. 20.
94 A.a.O., S. 59.
95 A.a.O., S. 65.
96 A.a.O., S. 53.
97 A.a.O., S. 43.
98 Ebd.

das *In*einander beider nicht nur einer lokalen, sondern zugleich einer temporalen Näherbestimmung. Oder, mit anderen Worten: Diese spezifisch moderne *Vergeschichtlichung* der Eschatologie bedarf zu ihrer Präzisierung des Rekurses auf Fakten, Tatsachen, Orte und Zeiten. Offenbar ist Barths Betonung der Jenseitigkeit des Eigentlichen unter der Chiffre «Eschatologie» keine Restitution eines dualen Modells zweier getrennter Welten bzw. Realitäten – vielmehr muss Eschatologie hier als spezifische Form von Geschichtstheologie verstanden werden, die sich in kritischer Überwindung des teleologischen (wie evolutionistischen) Denkens versteht und zugleich nicht als Rückfall hinter Kant gelesen werden will.

Noch wichtiger ist, dass die Konkrektisierungsforderung sich auch auf die Akteure oder Subjekte der «eigentlichen» wie der «sogenannten» Geschichte erstreckt, denn mit der Vergeschichtlichung der Eschatologie geht zugleich deren kategoriale Umstellung auf Handlungsreflexivität einher.[99] Geschichte wird als Handlung oder Resultat von Handlungen beschrieben, und die verwendete Terminologie stammt aus dem Arsenal der Handlungstheorie. In dieser Hinsicht scheiden allerdings die bereits genannten Kollektivabstrakta (Kapitalismus und Sozialismus, etc.) als Subjekte «eigentlicher» Geschichte aus – zunächst aber zugleich auch «wir», zumindest insofern «wir» der «alte Mensch»[100] sind. Insofern «wir» dies *nicht* sind, befinden «wir» uns in der «Kampfstellung gegenüber den Gewalten dieses Äons»[101]. Offenbar bereitet diese Doppelbestimmung der Angeredeten (der «Leser»[102] – des Paulus wie Karl Barths) einige gedankliche Schwierigkeiten. Denn als «alte» wie «neue» Menschen zugleich scheinen «wir» uns in einer doppelten Frontstellung zu befinden. Hier gegenüber der Welt, dort gegenüber Gott. Daher ist die Verhältnisbestimmung beider «Geschichten» umso dringlicher.

Barths eschatologischer Vorstoss, der seinen Ansatz zugleich vom perhorreszierten «Pietismus eschatologischer Färbung» unterscheiden soll, zielt einerseits darauf, zu «zeigen, dass die sogenannte Geschichte der notwendige Durchgangspunkt der eigentlichen Geschichte ist».[103] Dies ist, in der Sprache Barths, die präzise Formel für den von mir verwendeten Ausdruck «Vergeschichtlichung der Eschatologie». Zum zweiten aber zielt er darauf, dass der Gegenstand und zugleich der treibende Akteur dieser «eigentlichen» Geschichte das Reich Gottes ist, bei dem es sich

99 Vgl. Pfleiderer, Georg: Utopiekritische Utopik, S. 33f.
100 Barth, Karl, Römerbrief (1919), S. 158, pass.
101 A.a.O., S. 262.
102 A.a.O., S. 6.
103 A.a.O., S. 44.

> «nicht um eine Entleerung, sondern um die Erfüllung der vergehenden Welt [handelt]. Die offenbar gewordene Gotteskraft eröffnet nicht eine neue Geschichtszeit nach und hinter der andern, sondern sie bringt als Längsschnitt durch die Zeiten die göttlichen Möglichkeiten aller Perioden zur Erscheinung und zur Realisierung.»[104]

Die «eigentliche» Geschichte wird damit zur Realisierung des ontologischen und Richtungssinns der «sogenannten» Geschichte. Und diese Realisierung denkt Barth in der Tat prozessual.[105] Es geht der theologischen Geschichtsbetrachtung mithin darum,

> «Verständnis zu gewinnen für die eigentümlichen Lebensbedingungen des Gottesreiches, das weder das Bestehende erhalten oder auch nur in ein stabiles Gleichgewicht zu ihm treten, noch es katastrophenartig beseitigen, sondern durch die ‹Wirklichkeit› hindurch und unter Realisierung aller ihrer göttlichen Ansätze und Möglichkeiten wachsen will.»[106]

Dieses Wachsen des Gottesreichs umkreist Barth in immer neuen Wendungen.[107] Die zeitliche Ausdehnung des Wachstums umfasst sowohl die Vergangenheit wie auch die Zukunft, insbesondere aber die Gegenwart. Wachstum beschreibt damit die Barths Geschichtskonzeption im «Römerbrief» eigene Spannung zwischen Gegenwart und Zukünftigkeit der Realisierung des Heils, die diese als eschatologische ausweist und die zugleich als eschatologische Bestimmung der Gegenwart gelesen werden muss. In diesem Sinne ist Eschatologie hier tatsächlich «Zeitdiagnostik».[108] Und Barth gerät sein Geschichtsverständnis geradezu zum Inbegriff seiner Selbstpositionierung innerhalb der theologischen Debattenlage seiner Zeit.[109] Damit

104 Ebd.

105 Michael Beintker spricht daher sowohl von einer Progresseschatologie (Ders.: Die Dialektik, S. 110) und Prozessdialektik (a. a. O., S. 113) als auch von einer «Prozesseschatologie» (Ders.: Der Römerbrief von 1919, S. 24). Karriere gemacht hat nur die frühere Begriffswahl der «Prozesseschatologie», insbesondere durch ihre programmatische Aufnahme bei McCormack, Bruce: Theologische Dialektik, S. 127ff.

106 Barth, Karl, Römerbrief (1919), S. 45.

107 Vgl. a.a.O., S. 12, 30, 80, 111, 118, 124, 150, 188, 213, 218, 227, 233, 234, 250, 257, 258, 262, 299, 305, 356.

108 Vgl. Wenz, Gunther: Eschatologie als Zeitdiagnostik (1991), in: Ders.: Tillich im Kontext. Theologiegeschichtliche Perspektiven [Tillich-Studien 2], Münster 2000, S. 45–103. Wenz fokussiert explizit auf die Zeit der Weimarer Republik und nennt die zweite Fassung des «Römerbriefs» (vgl. a. a. O., S. 56).

109 «Gegen diese objektive, von Gott aus gedachte Geschichtsbetrachtung haben der Konservative und der Radikale, der Historizist und der Schwärmer Hand in

wird eine weitere Stossrichtung der eschatologischen Neuausrichtung der Theologie Barths deutlich. «Eschatologie» steht für die theologische Bestimmtheit des Geschichtsbegriffs – und damit, ungeachtet der vordergründigen Differenz, für eine semantische Neubestimmung und Aufwertung der *Gegenwart*.

Die jeweilige Gegenwart ist der Ort der Entscheidung des Kampfes zwischen Gut und Böse – und dieser Kampf vollzieht sich nicht nur zwischen Kollektivsubjekten, sondern auch im Innern jedes einzelnen Menschen, sofern er «Leser» ist. Daher bezeichnet das Wachstum des Reiches Gottes zugleich einen Vorgang in den Menschen, der sie als Subjekte «eigentlicher Geschichte» qualifiziert – wobei zu beachten ist, dass diese Subjektivität allenfalls als Teilhabe, keineswegs jedoch als Handlungssubjektivität im autonomietheoretischen Sinn gedacht werden soll (auch nicht in den rechtfertigungstheologisch eingefärbten Varianten Ritschls oder Herrmanns).

> «Das Böse wird nur im Guten besiegt, nämlich durch die eigene Gewalt des Guten, die im Christus wirksam geworden ist und in euch, seinen Gliedern, wachsen will dem vollen Tag entgegen. Es handelt sich um das grosse Werk des Aufbaues einer neuen Welt, das sich wohl in Stürmen und Katastrophen äussern kann, innerlich und sachlich aber durch ein stilles, gemeinsames Sichgewöhnen aller Menschen (im Christus!) an die göttliche Atmosphäre, durch ein gemeinsames Heimischwerden in den göttlichen Ordnungen sich vollziehen muss und das nicht durch individuelle, anarchistische Ausbrüche ins Äusserliche gezogen und gestört werden darf»[110].

Das Wachstum des Reiches Gottes als innermenschlicher Prozess wird nicht als Resultat eines intentionalen Selbstverhältnisses, sondern als Vorgang der allmählichen Aneignung der Individuen durch die «Gotteskraft» dargestellt. Damit wird der eschatologischen «eigentlichen Geschichte» zugleich eine providentielle Dimension zugeeignet (und sie letztlich als Heilsgeschichte interpretiert). Daraus resultiert eine Verschränkung von individueller und kosmologischer Eschatologie:

> «Mitten in die Auflösung hineingelegt wird der schöpferische Keim des Neuaufbaus, der nun bestimmt ist, mit seinem eigenen Wachstum Schritt für Schritt ein

Hand einen Einwurf zu erheben: Wird nicht durch dieses ‹Denken von Gott aus› die menschliche Verantwortlichkeit und Aktivität in der Geschichte verleugnet oder doch verdunkelt und damit der ‹Ernst› des göttlichen Gerichtes aufgehoben oder doch vermindert?», vgl. Barth, Karl, Römerbrief (1919), S. 47.

110 A.a.O., S. 380.

> Element des alten Chaos um das andere an sich zu ziehen, sich selber einzuverleiben und so das verwandelte, von innen heraus organisch erneuerte Weltganze aus sich zu entlassen, wie es einst Gottes Schöpferwort im Anfang getan!»[111]

Das Medium wie das Subjekt der Aneignung ist der göttliche Geist, sowohl auf individueller wie auf kosmischer Ebene:

> «Jede Behauptung, jeder Ausbruch des Geistes in die unerlöste, noch nicht geistbeherrschte Umwelt hinein dient dem Bau, dem Wachstum des unvergänglichen Kosmos, der in der Auferstehung des Christus erstmals erschienen ist.»[112]

Damit dient die Verschränkung von individueller und kosmologischer Eschatologie nicht nur der Betonung der antimoralischen (im Sinn der Tradition der Ethik der Autonomie), sondern auch der antipsychologischen Stossrichtung der Geschichtskonzeption des «Römerbriefs» (1919), deren Herausarbeitung sich Barth (wie im oben zitierten Brief an Paul Wernle dokumentiert) jedenfalls nachträglich zum Vorsatz erklärte.

Die zugleich angestrebte Bearbeitung der Frage nach der «Lösung des Welträtsels» lässt sich nun ebenfalls leichter beantworten. Sie ist bereits weiter oben als Frage nach einem Einheitsprinzip der Geschichte gedeutet worden, das deren Verlauf strukturiert. Zugleich soll dieses nicht allein aus der «sogenannten» Geschichte stammen dürfen (d. h. etwa in den vernünftigen Handlungen einzelner Akteure aufzufinden sein oder aber als immanentes Strukturprinzip der sich eigendynamisch entwickelnden Welt gelten sollen), sondern diese mit der «eigentlichen» Geschichte ursprünglich und dauerhaft verbinden. Die gesuchte Lösung bedarf eines jenseitigen Aspekts. Barth versucht sie wie folgt zu konzipieren: Die kosmologische Dimension der eschatologischen Geschichtskonzeption wird in organologischer Metaphorik beschrieben. Und zwar nicht zunächst auf der Linie der von Schleiermacher bis Herrmann als Organismus interpretierbaren Metapher des Leibes Christi, sondern in der Apostrophierung der geistlichen Gegenwart des Reiches Gottes als eines lebendigen, d. h. auch *eigendynamischen*, wachsenden Organismus. Darin besteht eine gewisse Nähe zu Oswald Spenglers Geschichtstheorie. Allerdings sind es dort die unterschiedlichen menschlichen Kulturorganismen, die individuelle Lebenszyklen durchlaufen und letztlich jeweils zu Grunde gehen, während bei Barth das Wachstum des Gottesreiches durch menschliche Kultur zwar gehemmt werden kann, letztlich aber vor dem Hintergrund der modernen Fortschrittserzählungen als ziel-

[111] A.a.O., S. 224.
[112] A.a.O., S. 234.

gerichteter, wenngleich bereits «siegreich eröffneter aber – noch nicht abgeschlossener»[113] Transformationsprozess gedacht wird, dessen Steuerungsprinzip wiederum (wenigstens teilweise) *außerhalb* dieses Prozesses liegen soll. Damit unterscheidet sich Barths Eschatologie nicht nur von den spezifisch modernen «kupierten» Apokalypsen.[114] Die gesamtgeschichtliche und zukunftsgewandte Ausrichtung entfernt seine Konzeption auch von den inversen, d. h. rückwärtsgewandten Apokalypsen[115] – ja sie entbehrt gerade durch ihren prozessualen Charakter überhaupt einer *apokalyptischen* Dimension. So hat Barth sich auch selbst in Abgrenzung gegenüber Paul Wernle verstehen wollen, der ihm schon 1915 gegenüber Martin Rade eine «Apokalyptik schroffster dualistischer Art» unterstellte.[116] Wernle bezog sich hier auf Barths Vortrag «Kriegszeit und Gottesreich» vom 15. November 1915. Damit wird einmal mehr deutlich, dass und inwiefern hier Eschatologie auch als programmatischer *Gegen*begriff gegen eine bestimmte Geschichtskonzeption in Stellung gebracht wird, worin durchaus auch eine rückblickende Selbstkorrektur Barths gesehen werden kann.

Barths Eschatologie als Geschichtskonzeption könnte als Form eines invertierten Chiliasmus interpretiert werden; invertiert deshalb, weil die Vorstellung von eschatologischer Handlungsmächtigkeit gerade nicht anthropologisch begründet, sondern nur in der Idee der geistlichen Teilhabe am aus eigener Kraft organisch wachsenden Gottesreich lokalisiert wird.

Um diesen letzten Interpretationsvorschlag zu erläutern, sind einige weitere Ausführungen notwendig. Unbestreitbar geht mit Barths Geschichtskonzeption im «Römerbrief» eine gehörige Portion an theologischem Realismus einher. Dessen Elemente sind von Bruce McCormack[117] ausführlich herausgearbeitet worden. Die Frage nach dem Stellenwert dieser «realistischen» Einschlüsse beinhaltet aber gerade im Blick auf die Geschichtskonzeption Barths und angesichts der Zentralstellung der Kampfmetaphorik, zumal im Zusammenhang der handlungsorientierten modernen Eschatologien, eine ethische Dimension. Die Frage nach dieser kann in doppelter Hin-

[113] A.a.O., S. 388.

[114] Vgl. Vondung, Klaus: Die Apokalypse in Deutschland, pass.

[115] Vgl. Gerhards, Claudia: Apokalypse und Moderne. Alfred Kubins «Die andere Seite» und Ernst Jüngers Frühwerk, Würzburg 1999, S. 36ff.

[116] Vgl. Wernles Brief an Martin Rade vom 26. November 1915, zit. nach Kantzenbach, Friedrich Wilhelm: Zwischen Leonhard Ragaz und Karl Barth. Die Beurteilung des 1. Weltkrieges in den Briefen des Basler Theologen Paul Wernle an Martin Rade, in: Zeitschrift für Schweizerische Kirchengeschichte 71 (1977), S. 393–415, S. 405f. (Brief), S. 406 (Zitat).

[117] Vgl. McCormack, Bruce: Theologische Dialektik und kritischer Realismus, S. 127–170 (pass.).

sicht gestellt werden, einerseits auf der Objektebene als Frage nach der Stellung und Aufgabenbeschreibung der «neuen Menschen» im «Römerbrief», andererseits als Frage nach der ethischen «Aussenseite» der Theologie.

In der ersten Hinsicht, d. h. der Frage nach der Bedeutung der Eschatologie für die «Leser» bzw. der impliziten oder unterstellten gläubigen Subjekte des «Römerbriefs» gilt zunächst das bereits Ausgeführte. Das Wachstum des Reiches Gottes bedeutet für sie einen inneren Kampf, der sich psychologisch abspiegeln mag, dessen theologische Bedeutung aber darin liegt, dass er die subjektive Dimension des kosmischen Wachstums des Gottesreichs darstellt. Angesichts der Doppelbestimmung des «Lesers» als «alter» und «neuer» Mensch zugleich kann zudem keinesfalls von einer soteriologisch belangvollen Handlungssubjektivität per se gesprochen werden. Die ethische Konsequenz dieser Bestimmungen liegt mithin darin, dass die Handlungsaufforderung, die Barth in die Kommentierung von Röm 12 und 13 einbettet, neben der Ausdeutung etwa der Obrigkeitsbestimmungen, im eigentlichen Sinn eine Unterlassungsaufforderung ist: Die Glieder des organischen Leibs Christi sollen schlicht «warten»[118]; das Wachstum des Reiches Gottes vollzieht sich von selbst – es darf nur nicht gehemmt werden. Charakteristischerweise fällt Barth hier vom Adhortativ in die direkte Anrede: «Ihr seid der Leib des Christus, die Keimzelle der kommenden Welt, die wachsen will. Nichts ist wichtig, als dass sie wachsen kann.»[119]

Allerdings wird dieses Warten näher bestimmt als freudige Zukunftserwartung: «[W]o Wachstum ist, da blickt man in die Zukunft, und wo Wachstumskraft ist, da blickt man mit Freuden in die Zukunft»[120]. Die freudige Zukunftserwartung, die neben das Warten, Sichgewöhnen und Ausharren tritt, ist demnach nicht nur ein Kämpfen, sondern vor allem ein Hoffen.[121] Darin liegt das beschränkte Recht der Bezeichnung der ersten Fassung des Römerbriefkommentars als Dokument einer «Theologie der Hoffnung»[122]. Allerdings wirklich nur ein beschränktes Recht, denn das Programm, das Jürgen Moltmann 1964 unter diesem Titel starten sollte[123] ist gerade im Blick auf seine ethischen Implikationen gänzlich anders gear-

[118] Barth, Karl, Römerbrief (1919), S. 380. Das «Warten» bestimmt bereits Barths Auseinandersetzung mit dem religiösen Sozialismus seit Ende 1914 und prägt seine ethischen Stellungnahmen seitdem, vgl. Wittekind, Folkart: Geschichtliche Offenbarung und die Wahrheit des Glaubens, S. 215f.

[119] Barth, Karl, Römerbrief (1919), S. 392.

[120] A.a.O., S. 188.

[121] A.a.O., S. 112.

[122] Beintker, Michael: Der Römerbrief von 1919, S. 25.

[123] Vgl. Moltmann, Jürgen: Theologie der Hoffnung.

tet. In der Tat hat auch bei Barth die Hoffnung den Charakter der Antizipation zukünftiger Erfüllung des Verheissenen, «weil hier die Zeit aufgehoben, das Zukünftige schon menschlich gegenwärtig ist, weil die lebendige Hoffnung, die sich uns hier aufgetan hat, die Erfüllung schon in sich trägt»[124]. Barths Betonung des lebendigen Charakters der Hoffnung ist wichtig. Sie macht deutlich, dass das verlangte Warten keinesfalls quietistisch missverstanden werden soll. Vielmehr wird es als aktiver Reflexionsprozess beschrieben, der im gedanklichen Nach- bzw. Mitvollzug des Wachstumsprozesses des Gottesreiches besteht. Im menschlichen Warten bildet sich damit das Handeln Gottes ab.

Die Konsequenz dieses Hoffens, das Kämpfen, kann bei Barth jedoch allenfalls ein öffentliches Rufen[125] ergeben. Mehr aber nicht. Jegliche Handlungen im klassischen Sinn werden in den inneren Reflexionsprozess zurückgenommen, insofern dieser als Möglichkeit der Anteilnahme und zugleich Teilhabe an den *eigentlichen* Handlungen des *eigentlichen* Subjekts der *eigentlichen* Geschichte verstanden wird. Diese Teilhabekonzeption besetzt damit denjenigen systematischen Ort, den die *Vorstellungen* in autonomietheoretischen Ethiken einnehmen. Mit dieser Restriktion ist aber nicht schon eine Geringwertigkeit der Ethik des «Römerbriefs» verbunden. Vielmehr, und das leitet zur anderen Fragehinsicht über, hat gerade diese Zurücknahme der Ethik selbst einen «ethischen Sinn» (Rendtorff).

Wie gesehen hat die eschatologische Neuausrichtung der Theologie in Barths «Römerbrief» eine antipsychologische und eine antimoralische Spitze. Mit den erläuterten Bestimmungen der Geschichtskonzeption Barths wird verständlicher, inwiefern auch die Begriffe Heilsgewissheit und Gottvertrauen daher einen neuen Sinn erhalten müssen. Beide sind, nimmt man Antipsychologismus und Antimoralismus ernst, keine Erfahrungsbegriffe und schon gar keine handlungstheoretischen Kategorien im autonomietheoretischen Sinn. Vielmehr stellen sie Reflexionskategorien dar, die den eigentümlichen Abstand der menschlichen Erfahrungssubjekte von der jenseitigen Dimension des Heils beständig präsent halten. Und genau diesen Abstand bezeichnet das Prädikat eschatologisch. Denn auch die beschriebene *Teilhabe* soll begründungstheoretisch nicht als in einer intentionalen Reflexion des Subjekts lokalisiert verstanden werden, sondern als reine Abspiegelung und Erleiden des Eigentlichen. Die Einschärfung dieses Differenzbewusstseins ist eines der zentralen «ethischen» Anliegen des «Römerbriefs», erlaubt es doch nicht nur, die theologische Anthropologie gleichsam als Antiheroismus und damit als Gegenentwurf etwa zu Jüngers Menschenbild zu formulieren, sondern zugleich auch die ideologiekritische Analyse

124 Barth, Karl, Römerbrief (1919), S. 113.
125 A.a.O., S. 232.

der politischen Situation, deren Grundgedanke in der Desidentifikation jeglicher bestehenden politischen bzw. institutionellen Grössen mit dem Reich Gottes besteht. In dieser Hinsicht hat Georg Pfleiderer zu Recht nicht allein auf die Mobilisierungsrhetorik des «Römerbriefs» hingewiesen, sondern ebenso auf die Pragmatik der Struktur des argumentativen Gefälles selbst.[126]

Erst wenn dieser Aspekt des «Römerbriefs» berücksichtigt wird, tritt der Skopus des ethischen Anliegens vollumfänglich neben den dogmatischen. Die «Entdeckung der Eschatologie», die Barth im Brief an Wernle betont, kommt so nicht nur als theologisch-dogmatisches, sondern auch als zeitdiagnostisches und politisch-ethisches Programm zur Geltung. Für dieses ist allerdings nicht allein der kritische Gegenwartsbezug ausschlaggebend. Dieser wird vielmehr erst ermöglicht durch die kritische Fokussierung der Möglichkeiten autonomer Handlungssubjektivität, die nicht einfach abrogiert, sondern durch eine negative inhaltliche Neubestimmung dem Versuch einer theologischen Qualifikation zugeführt werden. Damit ist die subjektive Entsprechung zur objektiven Neubestimmung des Verhältnisses von Geschichte und Eschatologie beschrieben.

5. Fazit: Geschichte, Eschatologie und Gegenwart

Karl Barth hat sich kurze Zeit nach der Publikation der ersten Fassung des «Römerbriefs» bereits zu einer Überarbeitung, ja Neubearbeitung veranlasst gesehen – ein Impuls, den er selbst als Erleuchtung[127] deuten oder zumindest darstellen konnte. Auslöser dafür waren nicht allein neue intellektuelle Anregungen – etwa die «Entdeckung» Overbecks[128] – sondern auch die Unzufriedenheit mit der Unausgewogenheit der Darstellung der subjektiven wie objektiven Seite des eschatologischen Geschichtsverständnisses. Die Verhältnisbestimmung von Eigentlichem und Uneigentlichem, Diesseitigem und Jenseitigem, die hier als Verschlingung präsentiert wurde, sollte in der zweiten Fassung gänzlich (unter Rückgriff auf Kierkegaard) in paradoxale Beschreibungen gebracht werden – was die eschatologische Spannung noch deutlicher betonte und auch rhetorisch zu teils gewaltvoll anmutenden Wendungen führte.[129]

126 Vgl. Pfleiderer, Georg: Karl Barths praktische Theologie, S. 275ff.

127 Vgl. Karl Barth an Eduard Thurneysen, 27. 10. 1920, in: Bw. Th. I, S. 435.

128 Vgl. als neuere Studie nur Glomsrud, Ryan: The Cat-Eyed Theologians. Franz Overbeck and Karl Barth, in: ZNThG 16 (2009), S. 37–57.

129 Vgl. Jones, Paul Dafydd: The Rhetoric of War in Karl Barth's *Epistle to the Romans*: A Theological Analysis, in: ZNThG 17 (2010), S. 90–111.

Wenn es richtig ist, dass die Neufassung und Neubearbeitung des Verhältnisses von Geschichte und Eschatologie nicht nur, aber in hohem Masse auch ein im beschriebenen weiteren Sinn zeitdiagnostisches und zugleich politisch-ethisches Programm trägt, dann sollte die Aufmerksamkeit auf den intellektuellen Kontext Barths dazu beigetragen haben, das Spezifikum eines theologischen *Geschichtsdenkens* schärfer herauszustellen. Dieses besteht, will man es auf einen Satz bringen, in der Bearbeitung der Spannung zwischen einer *bestimmten* inhaltlichen Erwartung und der *kritischen Analyse* der Gegenwart. Die Neufassung der Eschatologie, die zugleich die Restitution des Jenseits als genuin theologischer Kategorie beinhaltete, erlaubt, die Konstitution eines kritisch-gläubigen Zeitbewusstseins zugleich als dessen permanente *Selbstkritik* zu fassen, die zugleich die Notwendigkeit beständiger Neubesinnung genau deshalb unterstreichen kann, weil sie zwar auf spezifische Inhalte zurückgreifen, deren Realisierung jedoch nicht selbst herbeiführen kann. Diese kritisch-metakritische Interpretation der temporalen Aspekte des Selbst- wie des Objektbewusstseins ist, ebenfalls im Modus der kritischen Reflexion handlungssubjektivitätstheoretischer Kategorien, in der «konsistenten Eschatologie»[130] der zweiten Fassung des «Römerbriefs» nicht nur erhalten geblieben, sondern sogar noch verschärft worden. Sie erlaubte es Barth in der Tat, das Programm einer genuin *kritischen* Theologie weiterhin zugleich als Beitrag zum zeitgenössischen intellektuellen Diskurs zu formulieren. Nicht zuletzt darin besteht nach wie vor die Aktualität auch der ersten Fassung von Karl Barths «Römerbrief», insbesondere auch und gerade angesichts der andauernden Konjunktur apokalyptischer Gegenwartsdiagnostik in Wissenschaften wie öffentlichen Diskursen. Dabei stellt sich die grundlegende Frage, ob apokalyptischer oder eschatologischer Antihistorismus sich prinzipiell offen für diskursive Vermittlungsfiguren und die damit verbundene Notwendigkeit reflexiver Selbstrelativierung zeigt oder nicht. Hieran – und nicht schon am Versuch der Revitalisierung eschatologischer Denkfiguren – entscheidet sich auch die gesellschaftliche und politische Legitimität eschatologischer Theologie.[131]

130 Vgl. McCormack, Bruce: Theologische Dialektik, v. a. S. 196–214.

131 Vgl. die so informierte wie vernichtend kritische Studie Friedrich Wilhelm Grafs: Die «antihistoristische Revolution» in der protestantischen Theologie der zwanziger Jahre (1988), in: Ders.: Der heilige Zeitgeist, S. 111–138. Deutlich hat Graf hier die in der Tat radikalisierten Ansätze insbesondere der dialektischen Theologen der Weimarer Republik vor Augen. Gleichwohl dürfen Radikalisierungs*möglichkeiten* eines bestimmten Theologietyps nicht schon zu Denkverboten und ihrerseits theologischen Verdikten führen, wenn anders die produktiven Potenziale der theologischen Theoriegeschichte ausgeschöpft werden sollen.

Longing for a New World: On Socialism, Eschatology and Apocalyptic in Barth's Early Dialectical Theology

Bruce L. McCormack

Introduction

On 26 November 1915, the eminent Basel Church Historian Paul Wernle wrote to his friend Martin Rade in Marburg to register his profound displeasure with a lecture recently given in the Schmiedenhof in Basel by the twenty-nine year old Safenwil pastor, Karl Barth. The title of the lecture was «Kriegszeit und Gottesreich». Of it, Wernle said,

> «The lecture belongs ... to the most unfortunate I have ever heard in my life. Three theses [were advanced]: 1) the world remains world, ruled by the Devil. Every attempt in all of the most varied directions to do something to improve it or to help are without value and unsuccessful. 2) God is God. The Kingdom of God must come. Then everything will be different. 3) What we have to do is to believe in Jesus Christ and wait for the Kingdom of God.»[1]

Wernle went on to describe the theology which emerged in the lecture as «apocalyptic of the most sharply dualistic sort»[2] – as well-suited for those with a fondness for the teachings of the Blumhardts in Bad Boll but of no use whatsoever to what he called «other simple souls.» «... to have to listen to this was dreadful and if it was for this purpose that Jesus was in the world, I would have to refuse Him openly.»[3] While there is much to criticize in Wernle's assessment of Barth's early theology (his description of the ethical implications of Barth's theology in quietistic terms topping the list!), his description of it as a form of apocalyptic was actually quite close to the truth. In fact, I would go so far as to say – and here, I am announcing the thesis that will govern my reflections in this essay – I would go so far as to say that Barth would become even more consistently «apocalyptical» in his

1 Barth, Karl: Vorträge und kleinere Arbeiten 1914–1921, in Verbindung mit Friedrich-Wilhelm Marquardt (†) hg. v. Drewes, Hans-Anton, Zürich 2012, p. 184. [Hereafter cited as VuklA 1914–1921.]

2 Ibid.

3 Ibid.

outlook as the years passed, most consistently so in his later years (for reasons I will sketch in my concluding remarks). That Barth's further development would require that he transgresses the limitations of Blumhardt's eschatology is also clear. Blumhardt's eschatology was but a stripped down and modified version of what a fair number of New Testament scholars in the English-speaking world, especially, think of these days as «Pauline apocalyptic». If these scholars are right, then Barth would have to become less Blumhardtian if he was to become an «apocalyptic theologian» in a fully Pauline sense. The effort to bring Blumhardt's rendering of the theme of the Kingdom of God into play was but a phase Barth was passing through.

In what follows, I want to begin with some reflections on the earliest, Blumhardtian phase of Barth's «new» theology in 1915 and 1916 above all. In a second section, I will make some remarks on Barth's well-known Tambach lecture, which will help to explain the reasons for the shift from Blumhardtian eschatology to a version of Pauline apocalyptic which is enjoying considerable popularity in America today. In a third section, I will try to explain the nature of that apocalyptic vision more fully through some brief remarks on the second Romans commentary, completed in 1921. In my conclusion, I will say a few words on the interesting issue of whether Barth's theology constitutes a break with so-called «modern» theology.

I. On Socialism and Eschatology in Barth's «New» Theology

Karl Barth was a committed socialist, of that there can be no doubt. But it also must be said that he was bitterly disappointed by the performance of socialist party representatives in the German parliament especially in the early days of the war. Unanimous support on the part of the socialists for the Chancellor's request on August 4, 1914 for a credit line of 5 million marks to finance the war was a crushing blow. To be sure, this did not dissuade Barth from joining the Swiss Socialist party on 26 January, 1915. But it was a chastened Barth who took this step; a person well versed in the failings of party leadership and a person who did not embrace the party's understanding of how the socialist future would be achieved. Indeed, the failure of socialist politicians convinced him that the «new world» would not be realized through political means.[4] And the realization that this was

4 See Barth, Karl: «Krieg, Sozialismus und Christentum» in VuklA 1914–1921, pp. 91–92: «We need a *radical socialism* … a socialism which wants to achieve victory through its *truth*, and expects nothing from the acquisition of power. The old socialism was too much of a political socialism. It wanted to acquire influence and power within the world as it is. It wanted again to achieve socialist

so was certainly one of the decisive factors which sent him in search of new foundations for Christian theology. The basic features of Barth's «new» theology are amply on display in four essays: the aforementioned «Kriegszeit und Gottesreich», «Religion und Sozialismus» (a lecture delivered in Baden, 7. Dez. 1915), «Auf das Reich Gottes warten» (a review essay which appeared in the pages of the «Freie Schweizer Arbeiter» in September 1916) and Barth's well-known essay «Die neue Welt in der Bibel» (which first saw the light of day as a lecture given in Leutwil in February 1917).[5] Among the most characteristic features of this «new» theology, three elements stand out (which will be treated here in the order mentioned), 1) the «realism» of Barth's eschatology, 2) the phrases *«von Gott aus»* and *«von Gott her»* – which recur throughout «Kriegszeit und Gottesreich» like a drumbeat and which provide Barth not only with a new starting-point for *thought* but also with a necessary presupposition of all Christian *action* and 3) a theological (rather than political) critique of religion. Barth's eschatology in this period was «realistic» in the sense that he understood God's reign in terms of an invasive activity originating from a point beyond or outside the world. When he says in «Kriegszeit und Gottesreich» that «world is world»[6], he means that the «relative responsibilities, virtues and goods» of neither Christians nor socialists are not to be understood as «preliminary stages» of the coming Kingdom of God.[7] The Kingdom of God is no mere improvement upon this world but a «break-through» of its existing order.[8]

goals through un-socialist means ...» Cf. Barth, «Religion und Sozialismus» in ibid., p. 218: «I think I see the failings of socialism and its advocates quite clearly. But I see even more clearly a revelation of God in its basic vision ...» That vision was thought to include the following: «A new society, which rests on the foundation of community and justice instead of on a foundation of the rule of force and caprice; a new order of work in the sense of a common activity of all for all instead of in the sense of exploitation through the self-seeking of the individual, the new connectedness of human beings as human – transgressing the boundaries of class and nation ...» Ibid. Barth consistently made a distinction between what the socialists want and what socialists do, aligning himself firmly with the former but taking up a position of critical solidarity (and sometimes rejection) with respect to the latter.

5 These essays can all be found in VuklA 1914–1921, pp. 177–210; 211–223; 275–302; and 317–343 (respectively).

6 Barth, Karl: «Kriegszeit und Gottesreich» in VuklA 1914–1921, pp. 190, 193.

7 Ibid., p. 196.

8 Ibid., p. 198.

Indeed, it is a «shaking of *the entire cosmos* at its foundations.»[9] The Kingdom comes to those in whom «real knowledge of God»[10] is to be found, a knowledge manifested in waiting upon the God who *alone* can establish His rule. Moreover, the power of God by which these things must happen is not to be directly identified with any this-worldly power; His truth is no this-worldly set of ethical ideals. The «Father in heaven» to whom Jesus points, Barth says, is

> «no set of ideals which draws its life from opposition, not a formal, unreal magnitude which finally belongs to the world ... but rather the Reality from which our entire world has fallen away ... God's life is the original Life in which we truly have our homeland.»[11]

What is most interesting about these reflections, when seen in the light of Barth's later dialectical theology, is just how little Christology there is in it. It is the Kingdom of God which provides Barth with his central theme in this earliest phase of his dialectical theology. Certainly that theme *could have been* Christologically grounded and *would* be in later years but it is not so at this stage. And it is precisely the relative unimportance of Christology which marks the distance of this Blumhardtian eschatology from Pauline apocalyptic. For Paul, the «turning of the ages» – i.e. the passing away of the old world which we know and the creation of a new world – is something that has already taken place, in principle, in the cross and resurrection of Jesus Christ. For the earliest dialectical Barth, on the other hand, Jesus certainly points to the coming Kingdom, He bears witness to the activity of God which will bring it. And in this very limited sense, He is its beginning, its inauguration. But He is in no sense its realization in time.[12] To be sure, Barth already shares with Pauline apocalyptic an interest in the invasive activity of God from beyond. But there the similarity ends. In the place of a Christological realization of God's reign, there is a history of organically-connected «break-throughs» leading up to a definitive realization thought to lie somewhere in the future. Where, secondly, the repeated formulas *«von Gott aus» and «von Gott her»* are concerned: these are used to speak of a «new orientation» and dynamic in theology, a thinking «from

9 Ibid.(emphasis mine).
10 Ibid., p. 191.
11 Ibid., p. 195.
12 Barth, Karl: «Auf das Reich Gottes warten» in VuklA 1914–1921, p. 295.

above» – from a starting-point in God Himself.[13] Rather than seeking to find in God a solution to our problems, an answer to our questions,[14], Barth believes that God's activity in this world qualifies and (ultimately) sets aside all of the programs and plans of human beings. His theology is, already at this stage, a dis-possessive theology. Here there is no «having», no human attainments or achievements.[15] There is only *waiting* on God. This phrase too is borrowed from Blumhardt and is a clear sign of the latter's influence.[16] Before proceeding, I will simply point out that the «turn to objectivism» signaled in these formulas (*von Gott aus* and *von Gott her*) would not justify talk of a break with modern theology in its entirety. No nineteenth century theologian or philosopher thought more consistently *von Gott aus* than did Hegel. But the use of this phrase did announce a break with a certain strand of Ritschlian theology, that which he found in Wernle, for example: a kind of Harnackian evisceration of the eschatology of Jesus.[17] Barth's critique of religion – which would remain a constant throughout all the remaining phases of his theological development – first begins to take shape in this period. Religion – and by this, he means the *Christian* religion – religion in all of its externally visible manifestations belongs to the sphere of human striving and devising, to the «old world» which is passing away.[18] Its institutions, its morality and even its cultic practices are governed by the laws of human development which also shape the state, the

13 The best treatment of Barth's shift in theological starting-point remains Spieckermann, Ingrid, Gotteserkenntnis: Ein Beitrag zur Grundfrage der neuen Theologie Karl Barths München 1985.

14 Barth, Karl: «Die neue Welt in der Bibel» in VuklA 1914–1921, p. 334.

15 See on this point, Ruschke, Werner, Entstehung und Ausführung der Diastasentheologie in Karl Barths zweitem «Römerbrief», Neukirchen-Vluyn 1987, pp. 17–20.

16 Barth, Karl: «Die neue Welt in der Bibel» in VuklA 1914–1921, p. 291.

17 Barth, Karl: «Kriegszeit und Gottesreich», p. 198: «Of all the remarkable things that have been said from Basel during the course of the war, the most remarkable has been the repeatedly made claim that the lives of the disciples of Jesus as described in the Sermon on the Mount is but a kind of improved Quaker morality with a bit of carefree-ness and enemy-love thrown in – a morality which quite obviously could not stand alone in this world but must be flanked and protected by a solid ethic [*Weltmoral*]. At the end of the day, of course, the most urgent and important thing for the Christian to do is to grant to this *Weltmoral* its justification.» As Drewes' note here makes clear, the target of this diatribe is Wernle.

18 See Barth, Karl: «Religion und Sozialismus» in VuklA 1914–1921, p. 217; cf. Barth, Karl, «Kriegszeit und Gottesreich», pp. 192–193.

economy, education, the family, etc. A few years later, in the second edition of his Romans commentary, Barth would go so far as to equate the first act of worship with the fall of the human race – a distancing of self from an original relation of immediacy to God in order to make of God an object of adoration![19] But even now, Barth has already become profoundly distrustful of all power and authority – including ecclesiastical power and authority. He was anti-clerical in the sense of being distrustful of offices. The fact that he himself held an office in the church was an irony which was not lost on him. And yet, he remained in the church for much the same reason that he remained in the socialist party (and did not become an anarchist): forcible testimony to the coming Kingdom of God was to be found in both.

II. Transition to Pauline Apocalyptic: Barth's Tambach Lecture

For the vast majority of those who came to Tambach in Thüringen to celebrate the founding of a German version of the Swiss Religious Socialist movement in September 1919, the changes that had taken place in the ordering of state, church, and society in the months following the end of the war could not have been more dramatic, more epoch-making. The German empire had crumbled. Revolutionary experiments had been attempted and might be attempted again. A fledgling republic was seeking to establish itself under the leadership of the SPD. Massive changes! And yet, for the Barth who spoke at Tambach, it was clear that such changes were at best cosmetic. They did not constitute *the* change which would have to take place were society to be brought into a truly redemptive relationship to Christ. The reason was simple – and hard to dispute. Men and women everywhere – including the vast majority in the churches – treated the laws governing social life as having a «*final* independent validity».[20] To bring Christ into a relationship with a society so constituted was to secularize Christ even as it clericalized society. It was to invest the laws governing social relations with *religious* legitimacy. As such, it was a betrayal of both Christ and society. For the one thing needful – a restoration in the soul of its original relation of immediacy to God and, with that, a restoration of society to its original relation of immediacy to God[21] – had not taken place and could not so long

19 Barth, Karl, Der Römerbrief (zweite Fassung), 1922, ed. by van der Kooi, Cornelis and Tolstaja, Katja, Zürich 2010, p. 340.

20 Karl Barth, «Der Christ in der Gesellschaft» in VuklA 1914–1921, p. 570.

21 Ibid.

as efforts to bind Christ to humanly-constructed programs for social reform or even revolution remained the default move of church leaders and members. But herein lies the problem: lost immediacy to God can only be restored *by God*. And Barth was by now convinced that God has already done what was necessary – that God has Himself re-established the lost relationship – in the bodily resurrection of Jesus Christ from the dead.[22] The emphasis here on the bodily nature of the resurrection is not accidental. It is not a reflexive manner of speech born of endless repetition of an article of faith to which Barth had no real commitment. On the contrary! To speak of the resurrection as «bodily» was, for him, an expression of the fact that God has established a relation to the *profane* world, the world in all of its secularity, in the raising of Jesus from the dead. For Barth, it remained true: there are no sacred spaces within the world, no region or dimension of social life to which God actively and positively relates in distinction from all the other regions and dimensions in relation to which He is only *absent*. The churches err in thinking of themselves in this way – as so many islands of holiness in the midst of an overwhelming sea of unrighteousness and injustice. The resurrection of Jesus from the dead is the «Archimedian point»[23] from which God moves *the entire world*. And the relation established by God in raising Jesus from the dead is one that he continues to establish wherever he awakens men and women to their lost but re-established relation of immediacy to Him.

What we catch sight of in Tambach is the transition from Blumhardtian eschatology to Pauline apocalyptic. The «organic» conceptuality which was still employed in the first edition of Barth's commentary to describe the coming of the Kingdom finds no expression here. The power unleashed in the world through the resurrection is now seen as a power that falls upon men and women «perpendicularly from above.»[24] The Kingdom of God, Barth now said, is a movement which «cuts through all the movements»[25] of the present, the socialist, the religious-socialist, the ecclesiastical, etc. «as their hidden transcendent meaning and motor.»[26] *The* movement which is the secret of these human movements does not have «its origin and goal in space, in time, in the contingency of things ...»[27]. It is not a movement next

22 Ibid., p. 568.
23 Ibid., p. 575.
24 Ibid., p. 564.
25 Ibid.
26 Ibid.
27 Ibid.

to other movements. It is the movement «whose power and meaning was unveiled in the resurrection of Jesus from the dead.»

«Christ is the unconditionally *new thing from above* [cf. Jn. 3:31; 8:23], the way, the truth and the life [Jn. 14:5] *of God* among men and women, the Son of Man in whom humanity's lost immediacy to God is made known.»[28] It is because the attention of Paul and John especially was so completely absorbed by the resurrection that they had no interest in «the life of the so-called historical Jesus.»[29] Even the synoptic Gospels «cannot be understood without the Bengelian insight into their intention: *spirant resurrectionem.*»[30] Gone is the Barth once took in the teachings of Jesus, in His preaching of the Kingdom. His center of gravity is now to be found in the resurrection.

Much more could be said about the Tambach Lecture – for example, its insistence that analogies of the Kingdom (of which socialism is the most significant) stand in no relation of continuity to the Kingdom to which they bear witness. We could also profit from thinking carefully about the idea of a lost immediacy – precisely because too many Barth scholars have stumbled over it in the past, thinking that it belongs to the realm of ideas which were left behind when Barth turned to the task of dogmatics. What these scholars fail to see is that what is described in this phraseology is an element which would recur – precisely in Barth's later dogmatic writings, albeit in a thoroughly modified form. The organic metaphors by means of which immediacy was conceptualized early on were indeed swept away with the revisions that led to the second *Romans* commentary.[31] In place of this original conception of «immediacy» came a new form of primordial relatedness – which would eventually find expression in Barth's new doctrine of election. Think, for example, of this phrase (found in the «Göttingen Dogmatics»): «The relation of God to humanity is not accidental; it is necessarily contained and grounded in God's *essence.*»[32] Or again: Barth's claim in «Church Dogmatics» II/2 that Jesus Christ is the «electing God», that the eternal electing activity of God makes essential to Him that which is its

28 Ibid., p. 567.

29 Ibid., p. 566.

30 Ibid., pp. 566–567.

31 See on this point, Anzinger, Herbert, Glaube und kommunikative Praxis: Eine Studie zur «vordialektischen» Theologie Karl Barths, München 1991, pp. 146–156.

32 Barth, Karl: «Unterricht in der christlichen Religion», Erster Band: Prolegomena, 1924, ed. by Reiffen, Hannelotte, Zürich 1985, p. 156.

content.[33] What we find in all of these formulations is evidence that Barth's thinking moves quite often and for long stretches within the sphere of ideas generated by Hegel (among others). In such claims, we find evidence of Barth's ongoing attachment to at least one strand of modern theology. And so we need not be surprised or worried when Barth appeals to Goethe with a measure of approval:

> «Tot ist alle Metaphysik. Tot wäre Gott selbst, wenn er nur von außen stieße [as Goethe once put it], wenn er ein ‹Ding an sich› wäre und nicht das Eine in Allem, der Schöpfer aller Dinge, der sichtbaren und der unsichtbaren, der Anfang und das Ende [Apk. 1:8; 21:6; 22:13].»[34]

But my primary interest here lies in Pauline apocalyptic. It is to a closer examination of what this entails that I now turn in a final section.

III. Cosmological Apocalyptic in Full Bloom: Barth's Second Romans

Karl Barth's justly famous second commentary on *Romans* (completed in September 1921) is many things. It is, above all, an exercise in tearing down idols, those false gods created by the human imagination and invested with the power to grant legitimacy to human plans and projects. It is also a «hermeneutical manifesto»[35] – one of the landmark books in the history of theological hermeneutics. And it is a sustained protest against the use of metaphysical reasoning in Christian theology – i.e. a reasoning which tries to conceptualize the being and nature of God on a basis laid in either creation or anthropology. God can only be known through God; and through God, God is truly known – that is the message of Barth's *Romans*. But that already tells us something important about Barth's relation to Paul. For Barth, the definitive act of divine self-disclosure – the *apocalypse* of God which makes concrete the end of history – has already taken place. To be sure, it has taken place in a form well calculated to prevent human beings from taking control of it and *using* it as a basis for self-justification in any sphere (theology, politics, etc.). Still, the apocalypse («revelation») of God has

33 Cf. on this point, Barth, CD II/2, p. 4, 50 with CD IV/2, p. 84 – which reads as follows: «It is only the pride of man, making a god in its own image, that will not hear of a determination of divine essence in Jesus Christ.» Election is an eternal activity which makes essential, i.e. which decides what is «proper» to God and what is «proper» to the human.

34 Barth, Karl: «Der Christ in der Gesellschaft», p. 571.

35 Gadamer, Hans-Georg: Wahrheit und Methode, 2nd ed., Tübingen 1965, p. 481.

taken place in the death and resurrection of Jesus Christ – and that belief, more than anything else, is what binds Barth to Paul.

But is this «point of contact» sufficient to justify the claim that what Barth offers us in his commentary is a responsible exegesis of Paul's Romans? Is the theology which emerges from these pages Paul's – or has Barth simply read his own theology into Paul's letter? The great majority of New Testament scholars – from Barth's time on into the present – have been more than a little skeptical. Barth's *Romans* is many things but the one thing it is not is exegesis.

There is, however, a minority opinion which is gaining strength in English-language New Testament studies especially. For those who read Paul as an «apocalyptic theologian» these days, Barth's commentary is regarded not only as a (largely) defensible piece of exegesis but as opening up an approach for understanding Paul which they too embrace. I am thinking here especially of J. Louis Martyn, emeritus professor of New Testament at Union Seminary in New York City and his former students and friends.[36] But there are others who were working along similar lines even before the appearance of Martyn's highly influential Anchor Bible commentary on Galatians in 1997. W. D. Davies (Duke) and Paul Meyer and J. Christian Beker (Princeton) come immediately to mind. And further back behind them stands: Ernst Käsemann.

I cannot enter into a detailed discussion here of the work of the «Martyn school» – much as I would like to. I will restrict myself to a few brief remarks with reference to an article by one of its members, Martinus De Boer, New Testament scholar at the Free University of Amsterdam. De Boer's article provides much needed assistance in our efforts to understand the version of apocalyptic found in Barth's second *Romans*. And, in doing so, it also provides us with a clearer understanding of the relation of Barth's theology (early *and late*) to Paul's. The article is entitled «Paul and Apocalyptic

36 Among them are the following: Joel Marcus (Duke Divinity School), Beverly Gaventa (Princeton Theological Seminary), Martinus de Boer (the Free University of Amsterdam), Dale Allison (Pittsburgh Theological Seminary) and Susan Eastman (Duke) – to mention only a few. The theologian who has done the most to make the apocalyptic Paul relevant to contemporary theology is probably Douglas Harinck (King's University College, Edmonton, Canada) but mention should also be made of Nathan Kerr (Trevecca Nazarene University) and Joshua Davis (Visiting Assistant Professor of Catholic Studies at the University of Illinois).

Eschatology.»[37] De Boer's thesis is twofold. First, he holds that there were two primary strands in *Jewish* apocalyptic in Paul's time: «cosmological apocalyptic» and «forensic apocalyptic.» According to the first,

> «the created world has come under the dominion of evil, angelic powers in some primeval time, namely, in the time of Noah ... God's sovereign rights have been usurped and the world, including God's own people, has been led astray into forms of idolatry. But there is a righteous remnant, chosen by God, who by acknowledgment of and submission to the Creator, the God of Israel, bears witness to the fact that these evil cosmological powers are doomed to pass away. This remnant, the elect of God, await God's deliverance. God will invade the world under the dominion of the evil powers and defeat them in a cosmic war.»[38]

The second pattern – the forensic – is a variant of the first. Here the emphasis on evil powers «recedes into the background, or is even explicitly rejected.» It is the evil that *men and women* do that must be addressed if God's reign is to be established. The sin of sins is idolatry and God has given His people the Law as a remedy and it is «a person's posture toward the law» which

> «determines his or her ultimate destiny. At the last judgment, conceptualized not as a cosmic war but as a courtroom in which all humanity appears before the bar of the judge, God will reward with eternal life those who have acknowledged his claim and chosen the law and observed its commandments (the righteous), while he will punish with eternal death those who have not (the wicked).»[39]

Both of these patterns entail an expectation of the imminent end of the world but one holds that the end will come with a cosmic battle and the other holds that the end will take the form of a judicial judgment. That is why de Boer names these two alternatives the «cosmological» and the «forensic.»

De Boer's second thesis is that *both* of these patterns can be found in Paul's writings in a Christologically-modified form. Most significantly for my purposes here, he claims that the forensic pattern is predominant in Romans 1:1–5:12 and the cosmological pattern comes to the fore in Romans 6–8 (with 5:12–21 constituting a transition between the two). Indeed, for de Boer, the cosmological pattern «overtakes»[40] the forensic – which makes

37 De Boer, Martinus: «Paul and Apocalyptic Eschatology» in John J. Collings, ed., The Encyclopedia of Apocalypticism, volume 1, New York 2003, pp. 345–383.

38 Ibid., pp. 358–359.

39 Ibid., p. 359.

40 Ibid., p. 365.

the forensic elements in Paul's description of Christ's work in Rom. 3 especially to be a ploy, a way of making common cause (provisionally) with unnamed opponents of his teaching in Rome so as to lead those influenced by them into an agreement with him on the cosmological. Basic to de Boer's reading of Paul (and to all those belonging to the «Martyn school») is the belief that God's eschatological triumph over the «anti-God» powers of sin and death took place in the death of Christ.

What I want to suggest is this. I am convinced that De Boer's «cosmological pattern» provides a very useful tool in understanding the theology that emerges in Barth's second commentary on *Romans*. The forensic element is not altogether lacking here but it has been subordinated to the thought that God's judgment upon the world – a judgment with cosmic scope, to be sure – has taken place in the death of Christ.[41] And the resurrection of Christ is understood in terms of «new creation»[42] – a turning of the ages from the old world in which alien powers held sway over the world to a «new world» of justice, righteousness and peace.

But! As helpful as the pattern of «cosmological apocalyptic eschatology» is for understanding Barth's *Romans*, it is somewhat less so for understanding Paul's. De Boer is certainly right, I think, to find elements of the cosmological pattern in Romans 6–8. The question is: does the emergence of these elements qualify (and, perhaps, consign to Paul's opponents!) the forensic elements in Romans 1–5? Would we not do better to think of Romans 1–5 as setting forth the *foundation* of Paul's eschatologically-driven soteriology and the cosmic elements in chapters 6–8 as treating the *implications* of that soteriology? To put a finer point on it: is it not the case that the divine judgment which falls upon Christ according to Romans 3 is construed in terms of a courtroom drama rather than a military battle? If that much is correct – and I think it is – then surely it is *forensic* apocalyptic that is basic to Paul.

To be sure, Barth's early reading of Paul as an «apocalyptic theologian» of the «cosmological» variety captures something that is truly important. If the standard which decides what is Christian is Paul, then Barth is not wrong to say that a «Christianity which is not wholly and without remainder eschatology has nothing whatsoever to do with Christ».[43] He is certainly right about that. The greatest weakness in his commentary, however – insofar as it is intended to be an exegesis of Paul – is to be found in his interpretation of Roman 3.

41 See Barth, Karl: Der Römerbrief, 1922, pp. 66–89.
42 Ibid., pp. 125–141.
43 Ibid., p. 298.

For the Barth of the second Romans commentary, the divine judgment takes place not so much in the cross as it does in the resurrection. What takes place in the cross is the death of all human possibilities.

At the high point, at the goal of His way, «Jesus» is a purely negative magnitude: not a genius, not the bearer of manifest or hidden psychic powers, not a hero, a leader, a poet or thinker and precisely in this negation («My God, my God, why have you abandoned me?»), precisely in that «He *sacrifices* every … thinkable human possibility whatsoever to an impossible *more*, to an unintuitable *Other*, precisely therein is He the One who fulfills the possibilities of human development which, in the Law and the Prophets especially, point beyond themselves. *Therefore*, God exalted Him, *therein* is He recognized as the Christ, *thereby* He becomes the light of the last things which shines forth above everyone and everything. Truly we see in Him God's faithfulness in the depths of hell. The Messiah is the end of the human.»[44]

The death of Jesus is a death to all *human* possibilities. It is not a judicial judgment on human acts of sin, still less does it result in the destruction of the sinner *as sinner* – i.e. in the annihilation of the *being* of sin as the later Barth would later put it in *CD* IV/1. It is something that takes place in response to God's command but it is, from start to finish, the act of a human being. But if that be so, then how, in what way, does the faithfulness of this one man unto death effect a deliverance of all the rest of us from the powers which hold us in bondage? Even more importantly, how can the faithfulness of the man Jesus in His passion and death be *identified* with the invasive action of a God who enters into history to engage in mortal combat with His enemies? What precisely is the relation of divine activity to the human self-sacrificial activity of Jesus in the event of the cross? The answer is that there is no clearly articulated explanation to be found in the second *Romans* – beyond that of a divine Subject who commands and a human subject who obeys. *God's activity* is seen to consist in raising Jesus from the dead, in God's acknowledgment that Jesus was right to sacrifice all human possibilities in His way to the cross. But that could only mean that victory over the anti-God powers does not happen so much in the death of Jesus as it does whenever and wherever Jesus' self-sacrificial way to the cross is emulated. But, of course, to put it that way would also seem to imply that what is accomplished in Jesus is merely the *possibility* of redemption, not its already effective *reality*. Barth didn't want this obviously. But that is all he is left with – which shows, I think, that «cosmological apocalyptic

44 See Ibid., p. 72.

eschatology» is a failure on its own grounds.[45] For if redemption is only realized at the point at which *we* do something, then we cannot speak of cross and resurrection as the definitive realization in time of God's ultimate eschatological aims. What would make cross and resurrection an event which is already effective *in that it is performed* – and, therefore, a true *apocalypse* of that eschatological salvation which awaits us all – is the understanding that *God* is the subject who not only acknowledges the way of Jesus in raising Him from the dead but who destroys the being of sin in the cross. But to think in this way would be to think in accordance with the forensic apocalyptic pattern, not the cosmological. For the new world cannot dawn without the death of the old; the resurrection amounts to a groundless hope in the absence of the destruction of the sinner.

The later Barth of *CD* IV/1 understood all of this. In the section «The Judge Judged in our Place», Barth makes it clear that the judgment which falls upon Jesus is judicial in nature; that the death that He died was not simply an atonement for the guilt which accrues to human acts of sin but is, in fact, the death of the sinner as such.[46] The later Barth's soteriology was clearly a version of forensic apocalyptic – and for just that reason, I would argue, it was more consistently *Pauline* than it had been in the second *Romans*.

Conclusion

Describing the arc of Barth's theological development from the standpoint of his engagement with Pauline apocalyptic is not the only way it can be done; it is not even the most important way.[47] But it does capture significant elements in the unfolding of his thinking about soteriology. There can be no

45 What is missing is a Christology which could make it clear how a human act could, at the same time, be a divine act. For a divine act alone can have universal significance and immediate efficacy. At this stage of his development, Barth has no doctrine of the incarnation, no account of the ontological constitution of the Redeemer. In the absence of it, the rich battery of images employed in cosmological apocalyptic – whether his or that found in the «Martyn school» – dissolves into so much rhetorical flourish.

46 Barth, Karl: Kirchliche Dogmatik IV/1, p. 280; E. T. Church Dogmatics IV/1, p. 254.

47 I remain convinced that the most important turning-points in Barth's theological development took place at the point at which material decisions were made in the realm of dogmatics which were basic for his theology as a whole, i.e. in the areas of Christology and the doctrine of election. See Bruce L. McCormack, Karl Barth's Critically Realistic Dialectical Theology: Its Genesis and Development, 1909–1936, Oxford 1995.

question but that his early theology, culminating in the second *Romans* commentary, made widespread use of military metaphors and tended to collapse reconciliation into the act of revelation itself (the apocalypse of God). Basic to Barth's later soteriology, on the other hand, was a «Christological objectivism» in accordance with which the reconciliation of all is effective in being accomplished; it does not await a work of the Holy Spirit in the lives of individuals to make it so. Where early on, revelation *is* reconciliation, now reconciliation *is* revelation (the definitive self-disclosure of God). And the military metaphors have been abandoned in favor of a judicial frame of reference for treating Christ's atoning work, justification, etc.

The importance of these observations is twofold. First, they make a contribution (however small) to the question of the role played by biblical exegesis in Barth's theology (both early and late). Barth understood Paul, especially, to have been an apocalyptic theologian. And that brings us to the second point. There are a growing number of New Testament scholars in the English-speaking world who hold Barth's second *Romans* commentary in high regard. Most of them are apocalyptic readers of Paul. If, then, we are seeking to understand the current popularity of Barth's theology in the English-speaking world, this would not be a bad place to start.

Barths Krisentheologie in Kontexten radikaler Transformation lesen? Eine südafrikanische Reflexion

Dirk Smit

1. Barth in Südafrika lesen?

«Die Frage, ob nicht gerade die kritische, dialektisch-theologische Wendung, die Barth erfahren hat, heute auch von aktuellem, nicht nur theologiehistorischem Interesse sein könnte,» ist eine der im Hintergrundsdokument[1] formulierten Schlüsselfragen zum Basler Symposium, auf das der vorliegende Beitrag zurückgeht. Diese Frage wird noch fokussierter im Hinblick auf spezifische Gemeinschaften und Gesellschaften, denn:

> «Barths Theologie ist in vielen Ländern nach wie vor eine wichtige Inspirationsquelle aktueller Theologie ... auch in vielen Ländern mit hohen Veränderungsgeschwindigkeiten und dramatischen sozialen Verwerfungen und Problemen – wie etwa Südafrika.»[2]

Anlässlich des Erscheinens der «Vorträge und kleineren Arbeiten 1914–1921» lassen sich manche Fragen, die die Rezeptionswege und -möglichkeiten der Barthschen Theologie in solchen Kontexten betreffen, die von rapiden sozialen Veränderungen und Brüchen geprägt sind, spezifischer formulieren und auch neuen Antwortversuchen zuführen.

Denn diese Texte stammen aus einem historischen und sozialen Kontext, der eine ähnliche Struktur aufwies. Barths immer neue theologische Anläufe stellen auf ihre Weise Versuche dar, eine theologisch angemessene Reaktion zu formulieren, die nicht dabei stehen bleibt, bloss Reaktion zu sein, sondern darauf aus ist, einen eigenständigen Beitrag zu den zeitgenössischen Debatten in Kirche, Theologie und politischer Öffentlichkeit zu leisten. Gerade angesichts dieser Tatsache legt sich ein Blick auf die südafrikanische Theologie nahe. Denn Südafrika ist tatsächlich ein Land mit verschiedenen

1 Redaktionelle Anmerkung: Dirk Smit bezieht sich hier auf eine im Frühjahr 2012 von Georg Pfleiderer verfasste Beschreibung des Tagungsprojekts, die zur Orientierung der Referierenden und zur Information der um Unterstützungen angefragten Institutionen diente.

2 A.a.O., s. Anm. 1.

Perioden radikaler gesellschaftlicher Transformation in der jüngeren Vergangenheit – man kann sie sogar alle als Krisen bezeichnen. In diesen Krisen wurde Barth in der Tat in Südafrika gelesen, und sein Denken hat sowohl inspiriert wie zu tiefer Kontroverse und Zerschtrittenheit geführt – in der Kirche, im wissenschaftlichen Bereich und im öffentlichen Leben. Auf Englisch gesagt: *Reading Barth mattered.*

Es ist daher völlig berechtigt zu fragen, ob und wie die Herausgabe dieser Dokumente – viele von ihnen vorher noch nicht publiziert – aus einer Periode politischer Krise und radikaler gesellschaftlicher Veränderungen und selbst ein Zeugnis einer persönlichen Krise und einer radikalen Neuorientierung der theologischen Überzeugung, auf die Leser Barths in Südafrika wirken wird.

Zugleich ist es jedoch aus vielen Gründen eine sehr komplexe Frage. Zunächst ist die Lektüre von Barth in Südafrika von Anfang an eine komplexe und umstrittene Geschichte. In einem kürzlich veröffentlichten Paper über «Dogmatics after Barth» habe ich den Standpunkt vertreten, dass es vielleicht besser wäre, «Barth» in Anführungszeichen zu setzen, wenn wir von ihm in Südafrika reden.[3]

Der offensichtlichste Grund ist einfach, dass wir wissen, dass wir sehr weit entfernt sind von der historischen Figur Barth, von seinen eigenen soziohistorischen Kontexten und von seinen Herausforderungen und Aktivitäten. Wir beschäftigen uns viel eher mit Barths Empfehlungen, was Christen und Theologen in Südostasien seiner Meinung nach tun sollten, die er in seinem, wie sich später herausstellte, letzten offenen Brief, erschienen in «Offene Briefe 1945–1968», formulierte.[4] Dort regte er an, dass wir – in unseren unterschiedlichen Kontexten, weit entfernt von seinem eigenen – unsere eigenen Stimmen finden sollten, vorausgesetzt unsere Theologie handele von Christus und sei eine fröhliche Theologie – und solange wir die Einheit des Glaubens und der Kirche ernst nähmen.[5] Wir arbeiten in der Tat selbständig («tun unser eigenes Ding»), auch wenn wir «Barth» sagen.

3 Smit, Dirk: Dogmatics after ‹Barth›? South African challenges, in: Thomas, Günter; Reeling Brouwer, Rinse; McCormack, Bruce (Hg.), Dogmatics after Barth: Facing Challenges in Church, Society and the Academy, Leipzig 2012, S. 3–14.

4 Barth, Karl: An Christen in Südostasien, in: Offene Briefe 1945–1968 (Karl-Barth-Gesamtausgabe, Abt. V), Zürich 1984, S. 551–556; for the translation, «No boring theology! A letter from Karl Barth», South East Asia Journal of Theology, Volume Autumn 1969, S. 3–5.

5 Smit, Dirk: Dogmatics after ‹Barth›? South African challenges.

Die Sache ist jedoch noch komplizierter. Viele Südafrikaner konnten Barth nur in englischer Übersetzung lesen, das heisst, dass sein Denken ihnen oft erst lange nach dem ursprünglichen Erscheinen zugänglich war.

In Wahrheit haben viele Südafrikaner, die sein Denken relevant und inspirierend fanden, nie etwas von Barth selbst Geschriebenes gelesen. Dies wurde z. B. klar, als Charles Villa-Vicencio (viel später der Sekretär, der für die Publikation des Berichts der Wahrheits- und Versöhnungskommission verantwortlich war) anlässlich von Barths 100. Geburtstag im Jahre 1986 eine Essaysammlung mit dem Titel «On Reading Karl Barth in South Africa» herausgab (die allerdings erst 1988, und in den USA, erschien).[6] Es war klar, dass bis auf wenige Ausnahmen der Grossteil der Autoren Barths eigenes Werk kaum kannte, sondern in erster Linie durch die Arbeiten von Paul Lehmann[7] und George Hunsinger[8] inspiriert waren. Anscheinend kannten sie auch Marquardts Arbeiten auf dem Umweg über diese Autoren.[9] Dies ist selbst auch eine wichtige Beobachtung, denn wenn Südafrikaner von «Barth» sprechen, verweisen sie eigentlich auf Stationen in seiner *Wirkungsgeschichte,* auf Diskussionen über Barth und darüber, wie er von anderen rezipiert, interpretiert und dargestellt wurde.

Um die Sache noch komplizierter zu machen, gab es zwischen denen, meist Afrikaanssprachigen, die Barth selbst lesen konnten, tiefe Differenzen. Barth war umstritten, er wurde von verschiedenen, oft einander radikal entgegengesetzten Traditionen und Positionen in Anspruch genommen. Manches über diese «Geschichte vieler Geschichten» wurde bereits in meinem Aufsatz «On reading Karl Barth in South Africa – today?»[10] berichtet, und es ist nicht nötig, es hier zu wiederholen. Das ist allerdings auch der Grund, warum dieser Beitrag nicht mehr sein kann als *eine* südafrikanische

6 Villa-Vicencio, Charles (Hg.): On Reading Karl Barth in South Africa, Grand Rapids 1988.

7 Lehmann, Paul: Karl Barth, theologian of permanent revolution, in: Union Seminary Quarterly Review 28 (1972); auch Lehmann, Paul: The transfiguration of politics, San Francisco 1975.

8 Hunsinger, George (Hg.): Karl Barth and Radical Politics, Philadelphia 1976.

9 Vor allem Marquardt, Friedrich-Wilhelm: Theologie und Sozialismus: Das Beispiel Karl Barths, München 1972, abstracted and translated as: Socialism in the Theology of Karl Barth, in: Hunsinger, George (Hg.), Karl Barth and Radical Politics, Philadelphia 1976, S. 47–76; Marquardt, Friedrich-Wilhelm: De Christen in de maatschappij, Zeist 1978.

10 Smit, Dirk: On reading Karl Barth in South Africa – today?, in: Vosloo, Robert (Hg.), Essays on Being Reformed. Collected Essays 3, Stellenbosch 2009, S. 275–294.

Reflexion, eine von vielen möglichen Antworten auf die eingangs formulierten Fragen. Andere hätten bestimmt anders geantwortet.

Auf einer noch tieferen Ebene bedeutet dies daher, dass Südafrikaner Barth auf Weisen gelesen haben, die sorgfältig zu bestimmen sind. Villa-Vicencio beschreibt das gut im bereits genannten Band. In seinem einleitenden Essay «Reclaiming the Christian Heritage»[11] stellt er dar, wie Barth von verschiedenen Ausgangspunkten her je für sich immer wieder neu gelesen, neu in Anspruch genommen, neu angeeignet, neu definiert, neu in Besitz genommen, neu angegangen und neu entdeckt wurde. In ihren eigenen Krisen entdeckten manche Südafrikaner zu ihrer Überraschung einen anderen Barth als den, der ihnen durch ihre eigene theologische Tradition präsentiert war, und dass sein Denken sich auch in Augenblicken historischer Krise entwickelt hatte und dass sein Werk mitten in unseren eigenen Krisen befreiendes Potenzial bietet.[12]

Es war deshalb nicht so, dass sie Barth lasen, um zu erfahren, was sie denken oder tun sollten, sondern vielmehr umgekehrt. In ihrem eigenen Ringen mit ihren eigenen Krisen fanden sie plötzlich überraschende Ressourcen in ihrer eigenen Tradition, in Leben und Werk Karl Barths. Sie entdeckten «versteckte Traditionen», «Ressourcen, die die traditionelle Theologie in diesem Land unbemerkt an sich hatte vorbeigehen lassen», «bedeutsame, vernachlässigte, fehlinterpretierte Teile unseres theologischen Erbes der Vergangenheit»[13] – die, plötzlich und überraschend, rechtfertigten, was sie bereits dachten und taten. Schliesslich waren sie doch Teil dieser Tradition.

Könnte sich ein solcher Rezeptionsvorgang durch die Herausgabe dieser zumeist unveröffentlichten Vorträge und kleineren Arbeiten aus der Zeit des Ersten Weltkriegs wiederholen?

2. Barth lesen in Südafrikas Kontexten radikaler Transformation?

Vielleicht wäre es nützlich, etwas genauer zu bedenken, wie «Barth» also während der verschiedenen Krisen der jüngeren südafrikanischen Vergangenheit gelesen wurde. Allerdings, historische Momente in unserer Ge-

11 Villa-Vicencio, Charles: Reclaiming the Christian heritage, in: On reading Karl Barth in South Africa, Grand Rapids 1988, S. 1ff.

12 Boesak, Allan: Foreword, in: Villa-Vicencio, On reading Karl Barth in South Africa, S. ix–xii.

13 Villa-Vicencio, Charles (Hg.): On reading Karl Barth in South Africa, S. 5.

schichte zu beschreiben, ist selbst bereits eine kontroverse und tief umstrittene Sache. Vielleicht kann man trotzdem behaupten, dass mindestens *vier grosse Krisen* herausragen.

Die erste Krise ist diejenige, in der sich die südafrikanische Gesellschaft heute befindet. Vor einiger Zeit zeigte das internationale Magazin «The Economist» auf seiner Titelseite ein Bild streikender und mit Stöcken bewaffneter Minenarbeiter in herausfordernder Haltung mit der Überschrift: «Cry, the Beloved Country. South Africa's sad decline».[14] Der redaktionelle Kommentar spricht von der traurigen Realität, dass «es in Südafrika bergab geht, während grosse Teile des restlichen Kontinents sich langsam emporarbeiten». Dieser kritische Kommentar löste in Südafrika einen wahren Sturm der Empörung aus. Führende Mitglieder der Regierungspartei ANC reagierten heftig, sprachen dem Bericht jede Fairness ab und bestritten, dass das Land sich in irgendeiner Form der Krise befände. Wirtschaftlich, politisch, gesellschaftlich, moralisch, gesetzlich, im Bildungswesen – überall gibt es jedoch Anzeichen einer zunehmenden Krise im Land, die in der Tat immer schwieriger zu ignorieren sind. Die fortgesetzten verbreiteten Streiks, wie auf der genannten Titelseite abgebildet, sind ein sichtbares Indiz von Frustration und Versagen, doch leider gibt es auch andere bedrohliche Zeichen: Mangel an öffentlichen Dienstleistungen und weit verbreitetes Versagen der Kommunalverwaltungen; Armut und Arbeitslosigkeit; öffentliche Gewalttätigkeit und polizeiliche Brutalität; hohe Kriminalitätsrate und schändliche Korruption; rassistische Einstellungen und eine eklatante Unterminierung der Gerichte. Kürzlich sagte der Präsident – der kraft seines Amtes für die Aufrechterhaltung der Verfassung und den Schutz der menschlichen Würde und Rechte verantwortlich ist – in einer öffentlichen Rede, dass das Rechtssystem «der Weg des weissen Mannes» sei und dass Afrikaner ihre Probleme «auf afrikanische Weise» lösen sollten und nicht auf dem Weg der Gerichte und des Rechtssystems.[15] Es gibt in der Tat genug Anzeichen dafür, dass sich das Land im gegenwärtigen Augenblick auf des Messers Schneide befindet und dass es sich in Zukunft in radikal andere Richtungen entwickeln könnte – klassische Anzeichen dafür, vor einer Krise zu stehen.

Im Laufe der letzten beiden Jahrzehnte hat das Land natürlich radikale soziale Transformationen enormen Ausmasses erlebt. Es hat sich fast über Nacht aus einer rassistischen, autoritären und unterdrückerischen Gesellschaft in eine moderne, säkulare, pluralistische Demokratie verwandelt. Alle

14 «Cry, the Beloved Country. South Africa's sad decline», in: The Economist, 20.–26. Oktober 2012.

15 Siehe z. B. Jacob Zuma backs traditional courts instead of «white man's way», in: The Telegraph, 4. November 2012.

öffentlichen Einrichtungen – das politische System, das Wirtschaftsleben, das Bildungswesen, Universitäten, Wissenschaft, Kultur, die Rolle der Gerichte und die Funktion der öffentlichen Medien, die Sicherheitsdienste, das Gesundheitswesen, kurz, alles hat sich grundsätzlich und dramatisch verändert. Die Auswirkungen auf das Bewusstsein, das Selbstverständnis und die kollektiven und persönlichen Identitäten der Bürgerinnen und Bürger waren enorm, und zwar auf einer Bandbreite von befreiend bis zu herausfordernd und bedrohend. Wiederum ist es durchaus möglich, diese dramatische Periode als eine Zeit der Krise zu bezeichnen.

Vor diesen Jahrzehnten war das Land in den langen und schmerzlichen Kampf gegen die Apartheid verwickelt. Es ist kaum nötig, irgendjemanden an jene Jahre zu erinnern oder die Art der radikalen gesellschaftlichen Auseinandersetzungen jener Zeit zu beschreiben. Die internationale Gemeinschaft war mehr als ausreichend darüber informiert, was im Lande los war. Südafrika stand im Rampenlicht der Weltöffentlichkeit, einschliesslich der ökumenischen und theologischen Welten. Es waren mehrere Jahrzehnte tiefer und beunruhigender Krisen.

Schliesslich kann man auch die ersten Jahrzehnte des 20. Jahrhunderts als eine Periode der Krise bezeichnen. Das waren die Jahre, in denen die Apartheid Gestalt annahm – politisch, wirtschaftlich, sozial und kulturell, aber in erster Linie auch ideologisch, philosophisch, theologisch, ekklesiologisch. Diese Genealogie der Apartheid war ein langer und komplexer Prozess, der bis heute Historiker und gesellschaftliche Kommentatoren herausfordert, seine Verzwicktheiten und Einzelheiten zu beschreiben. Aber wiederum war es eine Periode der Krise, grossteils mit den Augen zu erkennen, oft versteckt, unter der Oberfläche und mit katastrophalen langfristigen Auswirkungen.

Der relevante Punkt ist jetzt, dass *«Barth» durch alle vier dieser Erfahrungen radikaler sozialer Transformation hindurch gelesen wurde.* Manche Gläubige und Theologen glaubten eine spirituelle Krise hinter diesen unterschiedlichen sozialen und politischen Krisen zu erkennen, sie meinten, sie sähen in und hinter diesen ideologischen, politischen und kulturellen Entwicklungen Herausforderungen für den Glauben. Kirche und Theologie waren am Werk und fanden regelmässig in «Barths» Leben und Werk Orientierung und Inspiration. Leider müssen ein paar breite Pinselstriche und einzelne Beispiele, diesmal in chronologischer Reihenfolge durch das letzte Jahrhundert, genügen, um uns daran zu erinnern, was viele wahrscheinlich gut wissen.

Schon während der *ersten* Periode, der Herausbildung der Ideologie der Apartheid, einschliesslich ihrer zunehmenden biblischen Rechtfertigung, kirchlichen Umsetzung und praktischen Verkörperung, berief man sich bei den vergeblichen Versuchen, diese Entwicklungen zu verhindern, oft auf

«Barth». Meistens berief man sich auf Aspekte und Themen seines späteren Werkes, aber es gab doch auch früh einen bemerkenswerten Moment, schon am 28. November 1928, als B. B. (Bennie) Keet, Professor am Theologischen Seminar der Niederdeutsch-Reformierten Kirche in Stellenbosch (heute die Theologische Fakultät der Universität Stellenbosch), die Schlussvorlesung des akademischen Jahres hielt.

Es war das allererste Mal, dass diese Vorlesung auf Afrikaans gehalten wurde. Keet widmete seine ganze Vorlesung einer Erörterung der damals neuen Arbeit von Karl Barth – aus dem seinerzeit fernen Deutschland – unter dem Titel «Theologische Erweckung in Deutschland»[16]. Nach seiner eigenen Erklärung hat er dafür konsultiert: die Kommentare über den Römerbrief (er erwähnt die erste Ausgabe von 1918 sowie die 1924 erschienene vierte Ausgabe der Neuauflage von 1922), den Sammelband «Das Wort Gottes und die Theologie» (1925, aber mit verschiedenen jetzt im neuen Band enthaltenen Beiträgen, einschliesslich «Die Gerechtigkeit Gottes», «Die neue Welt in der Bibel», «Der Christ in der Gesellschaft» und «Biblische Fragen, Einsichten und Ausblicke»), verschiedene «kleinere Werke» (die er nicht näher bezeichnet) und den ersten und einzigen Band der «Christlichen Dogmatik im Entwurf», «Die Lehre vom Worte Gottes» (1927).

Er geht in dem sehr langen Vortrag auf viele Einzelheiten ein und lässt Barth selbst zu Wort kommen, aber er stellt ihn eindeutig in den Kontext der Auseinandersetzungen, die in den örtlichen kirchlichen und theologischen Kreisen und in der allgemeinen Öffentlichkeit seiner Zeit über das Wesen des Glaubens, der Kirche und der Theologie selbst geführt wurden. Kurzum: Baut die Theologie auf religiösen Erlebnissen auf (im Sinne sowohl des Pietismus wie der liberalen Theologie) oder sollte sie auf der Offenbarung, dem Wort, Christus, Gott selbst aufbauen? – Dies ist in Wirklichkeit Keets eigene Frage, die er auf dem Umweg über «Barth» anspricht. Ohne seine eigenen Schlussfolgerungen in Einzelheiten ausführen zu müssen, ist klar, wo sein Gedankengang hinführt.

Es ist daher kein Wunder, dass sein Vortrag ungekürzt in der Zeitschrift «Die Ou Paaie» veröffentlicht wurde, einer der Zeitschriften, die in einem bitteren Streit innerhalb des Seminars und der Niederdeutsch-Reformierten Kirche radikale Gegensätze vertraten. Dieser Streit führte schliesslich zur Amtsenthebung eines der Professoren (trotz eines Gerichtsverfahrens, das zu seinen Gunsten entschied) und zu einer tiefen Spaltung in der Kirche selber, die wahrscheinlich den Ausgang der gesellschaftlichen und politischen

16 Keet, B. B.: Teologiese herlewing in Duitsland, Die Ou Paaie, Desember 1928, S. 260–272.

Diskussionen in Kirche und Gesellschaft in den folgenden Jahren mitbestimmt hat.

Verschiedene Akteure in dieser frühen Kontroverse sollten wichtige Sprecher und bedeutende Persönlichkeiten in den theologischen und politischen Entwicklungen der folgenden Jahre werden, einschliesslich Keet selbst. Oft war er in seiner Kritik am Erstarken der Apartheid-Ideologie eine einsame Stimme im Seminar und in der Kirche.[17] Er setzte sich in «Suid-Afrika Waarheen?»[18] kritisch mit der zukünftigen Richtung des Südafrikas der Apartheid auseinander, nannte sie biblisch nicht zu rechtfertigen und aus praktischen Gründen unhaltbar und warnte Südafrika vor seiner eigenen zukünftigen Richtung. In prophetischer Weise erklärte er: «Die Glocke hat bereits geschlagen.»[19] 1959 hielt er zum hundertjährigen Bestehen des Seminars wieder einen öffentlichen Vortrag mit einer Rückschau auf die Theologie der letzten hundert Jahre. Dieser Vortrag wurde der erste Artikel in der damals neu gegründeten Zeitschrift «Nederduits Gereformeerde Teologiese Tydskrif» und wiederum beschäftigte er sich mit Barth.[20]

Dieses Beispiel mag genügen. Über die Jahre sollten viele andere Stimmen, auch von innerhalb der Kirche, in ihrem Widerstand gegen die Apartheid folgen – meist einsame Stimmen, obwohl von angesehenen und einflussreichen Theologen –, und sehr oft beriefen sie sich auch auf Themen im Werk von Karl Barth. Doch Keet überragt sie als bedeutende prophetische Gestalt, die eindeutig einen Grossteil ihrer eigenen Inspiration schon in den frühen Entwicklungen in Barths Leben und Denken während der schwierigen Jahre nach 1914 gefunden hatte.

Während der *zweiten* Periode radikaler Transformation in der südafrikanischen Gesellschaft, nämlich des Kampfes gegen die Apartheid, kamen – auch von innerhalb der Kreise der Niederdeutsch-Reformierten Kirche, von Personen wie Keet, Ben Marais, Beyers Naudé, Willie Jonker, David Bosch und anderen, aber noch wichtiger von Führern und Theologen aus den sog. schwarzen Kirchen, den englischsprachigen Grosskirchen und aus ökumenischen Kreisen, von Personen wie Desmond Tutu, Allan Boesak und vielen anderen – Berufungen auf Karl Barth wieder weit verbreitet vor und waren von eminenter Bedeutung. Dieser Rezeptionsvorgang fand wiederum auf viele unterschiedliche Weisen statt, aber es ist vielleicht nützlich, wenigstens *drei vorherrschende Traditionen* zu erwähnen.

17 Siehe die unveröffentlichte Dissertation über Keets Leben und Werk, De Beer, J. C.: Prof. B. B. Keet 1885–1974. Leraar en Hoogleraar in die Ned. Geref. Kerk, Stellenbosch 1992.

18 Keet, B. B.: Suid-Afrika Waarheen?, Stellenbosch 1956.

19 Keet, B. B.: The bell has already tolled, in: Delayed Action, Pretoria 1961.

20 Keet, B. B.: Honderd jare van teologie in voëlvlug, in: *NGTT* 1960/2.

Die erste dieser Traditionen war die, in der man sich – grob gesagt – auf «Barth und Barmen» berief. Diese Geschichte ist allgemein bekannt. Auf südafrikanischer Seite ist es die Geschichte von Beyers Naudé und dem Christlichen Institut, den Fragen hinsichtlich einer bekennenden Kirche und eines *status confessionis*, dem Einfluss von Dietrich Bonhoeffer, der *Barmen*-Rezeption in Südafrika und schliesslich dem *Bekenntnis von Belhar* (1982/1986). Es war die Geschichte von Figuren wie Allan Boesak, Takatso Mofokeng, John de Gruchy, Russel Botman und vielen anderen. In der Theologie Barths ist es selbstverständlich die Geschichte von *Barmen*, seinen Schriften über den *status confessionis* – die eine direkte und entscheidende Rolle bei den Synodaltagungen gespielt haben, auf denen *Belhar* formuliert und verabschiedet wurde –, aber auch die Geschichte seines früheren Denkens (in den 1920er Jahren) über das Wesen reformierter Bekenntnisse und daher über Calvin und selbstverständlich über das Wesen und die Autorität des Wortes Gottes. Daher ist es seine offene Frage, ob diese Linie bis in die Zeit von 1914–1921 zurückgeht und sogar noch weiter, bis zu seinen Begegnungen mit Calvins Leben in Genf und vor allem zu seiner Wendung zu der «fremden neuen Welt der Bibel». In dem Masse, in dem diese thematische Linie ihren Anfang in jener Periode hat, könnte man natürlich anführen, dass die jetzt in viel grösserem Detail als bisher dokumentierten Erkenntnisse schon in sehr tiefer und nachhaltiger Weise in südafrikanischen Erfahrungen radikaler Transformation rezipiert wurden.[21]

Dies gilt unbedingt auch für die zweite vorherrschende Linie, auf die man sich während der Jahre des Anti-Apartheid-Kampfes berief, nämlich – wieder grob gesagt – *Barth und der Sozialismus*. Diese Geschichte beginnt viel später als der Einfluss von Barths konfessioneller Theologie. Sie ist in dem oben genannten, von Charles Villa-Vicencio herausgegebenen Band gut dokumentiert.[22] Diese Rezeption geht eindeutig, wenn auch indirekt, auf die Arbeit von Marquardt zurück, obwohl diese in südafrikanischen englischsprachigen Kreisen in erster Linie über Lehmann und Hunsinger bekannt wurde. Theologen, oft selbst mit sozialistischen Überzeugungen, fanden in diesen Quellen eine starke Rechtfertigung dieser eigenen Überzeugungen,

21 Siehe z. B. De Gruchy, John W.: The Church Struggle in South Africa, Grand Rapids 1979; De Gruchy, John W.: Liberating Reformed theology, Grand Rapids 1991; auch Naudé, Piet J: Neither Calendar nor Clock. Perspectives on the Belhar Confession, Grand Rapids 2010; Horn, Nico: From Barmen to Belhar and Kairos, in: Villa-Vicencio, On reading Karl Barth in South Africa, Grand Rapids 1988, S. 105–120.

22 Villa-Vicencio, Charles (Hg.): On reading Karl Barth in South Africa.

die sich bereits in ihrer Hingabe an den Kampf um Freiheit und Gerechtigkeit in Südafrika entwickelt hatten. Sie beriefen sich jetzt direkt auf die wenigen von Barth verfassten Dokumente, die schon zugänglich waren, aus der Periode, in der sich sein eigenes Engagement für den Sozialismus gezeigt hatte, sowie auf seine eindeutig politischen Aktivitäten, wie sie durch Marquardt und andere bekannt geworden waren.[23] Sie waren überrascht, ermutigt und inspiriert durch diese unerwartete Ressource in der christlichen Tradition, von der sie vorher nicht gewusst hatten bzw. über die sie nicht informiert gewesen waren.

Die dritte vorherrschende Tradition während der Kampfjahre waren die Berufungen auf – noch einmal grob gesagt – *Barths Ansichten über Kirche und Staat*. Der Anti-Apartheid-Kampf forderte die Kirchen heraus, ihre Rolle gegenüber dem Staat neu zu definieren. Fragen hinsichtlich ihrer eigenen Berufung und Verantwortung wurden meist formuliert in Bezug auf die gegenseitigen Beziehungen von Kirche und Staat, auf politische Streitpunkte, Macht und die sogenannte prophetische Rolle der Kirche.[24] In diesem Zusammenhang fanden Barths kleinere Schriften über das Verhältnis von Kirche und Staat sowohl vor wie nach dem Zweiten Weltkrieg (auch in englischer Übersetzung erhältlich, z. B. der Band «Community, State, and Church», 1968, mit drei Aufsätzen, jeweils Übersetzungen von «Evangelium und Gesetz», «Rechtfertigung und Recht», und «Christengemeinde und Bürgergemeinde»),[25] weite Verbreitung. Einflussreich war auch der Gegensatz zwischen seinen Ansichten und denen des niederländischen reformierten Theologen, Kirchenführers, öffentlichen Intellektuellen und Politikers Abraham Kuyper, der in reformierten Kreise oft behauptet wurde. Kuypers Denken herrschte im Südafrika der Apartheid vor; regelmässig berief man sich auf Barths Ansichten als kritischen Kontrast und Alternative zu denen Kuypers.[26] Die Frage ist daher, ob Einsichten und Überzeugungen

23 Vor allem auf Barth, Karl: Socialism and the Movement for Social Justice (1911), in: Hunsinger, George (Hg.): Karl Barth and Radical Politics, Philadelphia 1976, S. 19–46.

24 Vgl. Horn, Nico: Teologie of Politiek? 'n Sistematies-Teologiese analise van die wisselwerking tussen teologie en politiek by Karl Barth met besondere verwysing na die jare 1933–1946, Bellville 1987, unpublished doctoral dissertation.

25 Barth, Karl: Community, State and Church, Gloucester 1968.

26 Durand, Jaap: Church and State in South Africa: Karl Barth vs. Abraham Kuyper, in: Villa-Vicencio, Charles, On reading Karl Barth in South Africa, Grand Rapids 1988, S. 121–138; als Hintergrund auch Brinkman, Martien E.: Karl Barth's socialistische stellingname, Baarn 1982; Brinkman, Martien E.: De theologie van Karl Barth: dynamiet of dynamo voor christelijk handelen. De

aus Barths Zeit während des Ersten Weltkriegs in diesen späteren Arbeiten über Kirche und Staat wirksam waren oder nicht.

In der *dritten* Periode radikaler Transformation, dem Übergang zu einem säkularen und pluralistischen demokratischen Rechtsstaat auf der Grundlage der Anerkennung der Menschenwürde und Menschenrechte, kommen Berufungen auf Barth wieder einmal allgemein vor, wenngleich jetzt auf neue Weisen. Es lassen sich mindestens *sechs Diskurse* unterscheiden, in denen Barths Denken eine gewisse Rolle spielt. Alle sechs kann man vielleicht mit kurzen Hinweisen auf mindestens eine grössere neuere Publikation illustrieren.

Erstens. Im Jahr 2008 erschien posthum eine grosse Monografie von W. D. (Willie) Jonker, dem verstorbenen Systematischen Theologen Haus Stellenbosch, über die Relevanz der Kirche.[27] Obwohl schon vor langer Zeit geschrieben, war das Werk nach Einschätzung des Verlags offensichtlich wichtig genug für die Periode der Säkularisierung, um es jetzt herauszubringen und drei namhafte südafrikanische Theologen – Piet Naudé, Christo Lombard und Nico Koopman – zu bitten, darauf zu antworten. Das Buch ist eine einzige lange und durchgehaltene Auseinandersetzung mit Barths Gedanken über die Präsenz und Aufgabe der Kirche in der Welt, vor allem in seiner Versöhnungslehre.[28] Natürlich ist diese Lehre, mindestens nach Gollwitzer, nur die konsequente Ausarbeitung der in der Safenwiler Zeit entstandenen Ideen Barths.[29] Jonkers These – wie die von vielen anderen – ist, dass die Kirche nicht dazu berufen ist, möglichst grosse öffentliche Relevanz zu erlangen, sondern ihrem Verkündigungsauftrag treu zu bleiben, was die glaubwürdige und zuverlässige Verkörperung des Evangeliums in ichrem eigenen Leben einschliesst.

Zweitens. Piet Naudé selbst hat 2010 ein preisgekröntes und allseits positiv aufgenommenes Werk mit dem Titel «Neither Calendar nor Clock» vorgelegt. Das Buch beschäftigt sich mit dem *Bekenntnis von Belhar*, aber der Titel stammt von Barth, und grosse Teile des Arguments setzen sich mit Barth auseinander. Ein zentrales Kapitel befasst sich beispielsweise mit der

politieke en theologische kontroverse tussen Barthianen en Neocalvinisten, Baarn 1983.

27 Jonker, Willie: Die relevansie van die kerk, Wellington 2008.

28 Jonker, Willie: Turning to the World (On Karl Barth's Interpretation of the Modern Era), in: Mouton, Johan; Lategan, Bernard (Hg.), The Relevance of Theology for the 1990s, Pretoria 1994, S. 535–536; auch Jonker, Willie: «Some remarks on the interpretation of Karl Barth», NGTT XXIX 1988/1, S. 29–32.

29 Gollwitzer, Helmut: Kingdom of God and Socialism in the theology of Karl Barth, in: Hunsinger, George (Hg.): Karl Barth and Radical Politics, Philadelphia 1976, S. 19–46.

spekulativen Frage, ob Barth *Belhar* unterzeichnet hätte.[30] Naudé zufolge inspiriert Barth die Kirche zu mutigem öffentlichen Zeugnis und Bekenntnis, wann immer dies angezeigt ist.

Drittens. Das sogenannte Paradigma des «doing public theology» ist in diesen Jahren in südafrikanischen Kreisen sehr beliebt geworden. Nach Meinung wenigstens einiger mag es ein Abrücken von den konfessionellen, aktivistischen, schwarzen, kontextuellen, prophetischen Theologien der Vergangenheit der *Struggle*-Jahre darstellen, mit dem Ziel, eine neue, demokratischere und partizipatorischere Art des Theologisierens zu entwickeln. Wiederum sind Berufungen auf Barth, z. B. auf seinen Aufsatz über die Menschlichkeit Gottes, beliebt.[31]

Viertens. Eng damit verwandt sind die kürzlich erschienenen Bücher von John de Gruchy über Humanismus, einschliesslich zweier preisgekrönter Studien, nämlich sein früheres «Being Human. Confessions of a Christian Humanist»[32] und sein jüngeres «John Calvin. Christian Humanist and Evangelical Reformer» (2009), aber auch der bedeutende edierte Band «The Humanist Imperative in South Africa».[33] Dieses Buch ist das Ergebnis eines dreijährigen interdisziplinären Forschungsprojekts. Der anfängliche Anstoss, erklärt De Gruchy, kam von der Initiative nach dem Zweiten Weltkrieg in Europa, Wissenschaftler mit unterschiedlichen Hintergründen und Überzeugungen zusammenzubringen, um eine neue Form von Humanismus um eines gemeinsamen Lebens willen zu begründen – und insbesondere der Beitrag Barths an diesem Treffen.[34] Wiederum ist die offene Frage hinter diesen beiden letztgenannten Diskursen, ob der Fokus auf Humanität und das Menschsein schon in Barths frühere Jahre und seine Safenwiler Aktivitäten zurückreicht oder nicht.

30 Naudé, Piet J.: Neither Calendar nor Clock. Perspectives on the Belhar Confession, S. 77–103.

31 Siehe Einzelheiten bei Smit, Dirk: No ulterior motive – and public theology? In: Religion without ulterior motive. Studies in Reformed Theology Vol 1/1, ed. E. A. J. G. van der Borght, Leiden 2006, 21–45.

32 De Gruchy, John W.: Being Human. Confessions of a Christian Humanist, London 2006.

33 De Gruchy, John W.: John Calvin. Christian Humanist, Evangelical Reformer, Wellington 2009; De Gruchy, John W. (Hg.): The Humanist Imperative in South Africa, Stellenbosch 2011.

34 Barth, Karl: Humanismus, Zürich 1950 (Theologische Studien, Heft 28; translated as «The Christian proclamation here and now», in: Barth, God Here and Now, London 2003, S. 1–12, also including his observations on that consultation, under the title «Humanism», S. 115–132).

Fünftens. In Antwort auf den Diskurs über öffentliche Theologie gibt es immer auch Südafrikaner, die ihre Orientierung immer noch in der einen oder anderen Form «schwarzer Theologie» suchen. Führend unter ihnen sind zum Beispiel Allan Boesak aus der früheren Generation und Rothney Tshaka aus einer jüngeren Generation. Für beide spielt Barth eine Schlüsselrolle.

Boesak zum Beispiel steht in seinem neueren und weit beachteten Buch «The Tenderness of Conscience. African Renaissance and the Spirituality of Politics»[35] ganz in der Tradition der Barth-Rezeption in schwarzen theologischen Kreisen. Sein liebster Slogan, dass die Kirche fähig sein muss, «Jesus» und «Politik» zugleich zu sagen, erinnert fast an die Gedankenstrukturen hinter Barths Reden in seiner Safenwiler Zeit.[36]

Tshaka veröffentlichte eine Monographie mit dem Titel «Confessional Theology», in der er sich mit Barth auseinandersetzt. Er scheint dabei besonders von den bereits zugänglichen Berichten über Barths Treffen mit den Blumhardts und seinem Austausch mit Kutter und Ragaz inspiriert zu sein. Tshaka beschreibt den Wandel in Barths Safenwiler Jahren mit Worten, die für die zeitgenössische schwarze theologische Sprache in Südafrika sehr charakteristisch sind.

> «Barths veränderte Einstellung ist in zwei Ansprachen dokumentiert … in ‹The Righteousness of God› (Die Gerechtigkeit Gottes) (und) ‹The Strange New World within the Bible› (‹Die seltsame neue Welt in der Bibel›), was alles in seinem ersten Kommentar zum *Römerbrief* gipfelt. Die Saat dieser Vorträge war bereits gepflanzt, nachdem Barth den Beitrag erkannt hatte, den die Blumhardts in einem Kontext machten, in dem die Menschheit von Hoffnungslosigkeit geplagt war (*the contribution that the Blumhardts were making in a context where humanity was plagued with hopelessness*).»[37]

In späteren Aufsätzen setzt Tshaka diese Überlegungen fort, obwohl er jetzt zunehmend voller (selbst-)kritischer Fragen darüber zu sein scheint, ob westliche wissenschaftliche Stimmen (wie Barth) innerhalb der heutigen

35 Boesak, Allan: The Tenderness of Conscience. African Renaissance and the Spirituality of Politics, Stellenbosch 2005.

36 Siehe dazu Barth, Karl: Vorträge und kleinere Arbeiten 1914–1921, Zürich 2012.

37 Tshaka, Rothney: Confessional Theology? A Critical Analysis of the Theology of Karl Barth and its Significance for the Belhar Confession. Cambridge 2010.

schwarzen Erfahrung in Südafrika überhaupt irgendeine Hilfe darstellen können (Tshaka 2011).[38]

Schliesslich ist da der konfessionelle Diskurs in Bezug auf globale wirtschaftliche Marginalisierung und ökologische Zerstörung innerhalb der Kreise der Weltgemeinschaft Reformierter Kirchen, in denen Stimmen aus Südafrika und dem übrigen südlichen Afrika auf verschiedene Weise eine zentrale Rolle gespielt haben. In einer Erklärung in Kitwe zu den Vollversammlungen des Weltbundes in Debrecen und Accra sprachen diese Stimmen mit tiefer Betroffenheit über Fragen der Ungerechtigkeit und Habgier – oft unter Berufung auf die Tradition von Calvin, Barth, Barmen und Belhar. Südafrikanische und deutsche reformierte Kirchen haben zusammen einen Bericht vorgelegt mit dem Titel «Gemeinsam für eine andere Welt»[39], der ein klares Zeugnis für diese Tradition darstellt und implizit auch für verschiedene Traditionen, die sich alle auf «Barth» zurückführen lassen.

3. Barths Krisentheologie neu lesen?

Was ist also zu der heutigen Krise zu sagen? Wie lesen südafrikanische Gläubige, Kirchen und Theologen die Zeichen der Zeit heute und wie antworten sie auf das, was – zumindest für viele – nach einer weiteren Phase radikaler Transformation aussieht? Berufen sie sich weiterhin auf «Barth»?

Noch genauer: Werden die (mindestens) sechs in den letzten zwei Jahrzehnten aktuellen Diskurse, die sich alle auf die eine oder andere Weise auf «Barth» berufen, diese Kirchen und Theologen weiterhin orientieren und motivieren: die Konzentration auf die treue Verkündigung und verlässliche Verkörperung des Evangeliums; das bekennende gesellschaftliche und politische Zeugnis; die demokratischen und nachdenklichen Diskussionen über öffentliche Theologie; die Verpflichtung, zusammenzuarbeiten im Hinblick auf eine humanere Gesellschaft; die schwarzen theologischen Bemühungen, Jesus und schwarze konkrete Alltagserfahrungen in Beziehung zu setzen; die Teilnahme an einer globalen Suche nach Gerechtigkeit in einer anderen Welt?

Und noch spezifischer: Wird dieser Band die Art und Weise beeinflussen, vielleicht sogar verändern, wie südafrikanische Kirchen und Theologen auf

38 Tshaka, Rothney: Confessional theology as belligerently public theology, in: Len Hansen, Nico Koopman; Robert Vosloo (Hg.): Living Theology. Stellenbosch 2011, S. 292–404.

39 Boesak, Allan; Weusmann, Johann; Amjad-Ali, Charles (Hg.): Gemeinsam für eine andere Welt (2010; in English, Dreaming a Different World), Stellenbosch 2010.

die gegenwärtige Krise antworten? Werden sie beim Lesen des neu erschienenen Bandes irgendeine Orientierung und Inspiration finden? Das bleibt natürlich abzuwarten, aber vielleicht mögen *drei kurze Bemerkungen* als vorläufige Antwort dienen.

Erstens. Dieser wunderbare Band – auf Deutsch, technisch, historisch, detailliert – wird wahrscheinlich wieder einmal nicht von vielen Südafrikanern gelesen werden, vor allem nicht von denjenigen, die in die alltäglichen Realitäten unserer gesellschaftlichen Auseinandersetzungen und Transformationen involviert sind.

Zweitens. Es mag jedoch auch so sein: Wenn die Nachricht von diesem Band in weiteren Kreisen als der theologischen Wissenschaft bekannt wird, können diese Geschichten einige Leser bewegen und inspirieren, denn es ist in der Tat eine erstaunliche Erfahrung, diese Reden und Briefe mit ihren reichen Anmerkungen und sorgfältigen Erklärungen durchzulesen. Für jemanden wie mich war es tatsächlich eine Erfahrung, die mir die Augen geöffnet und geholfen hat zu begreifen, wie intensiv Barths Engagement in alltäglichen politischen Aktivitäten in jenen Safenwiler Jahren wirklich war. Die Berichte von Busch[40] und so vielen anderen werden plötzlich viel greifbarer – und in vielerlei Hinsicht klingt in dem Buch vieles auf seltsame Weise wie das heutige Südafrika: Generalstreiks, Nationalisierung, parteipolitische Mitgliedschaft und Führungspositionen. Es fühlt sich fast so an, als läse man mit der Zeitung in einer Hand und diesem neuen Band in der anderen – sie sprechen von seltsam ähnlichen Welten. Es mag daher gerade möglich sein, so wie es auch in der 1970er und 1980er Jahren in Südafrika passiert ist, dass einige wieder einmal von diesem «Barth» inspiriert werden, als historisches Beispiel und Rollenmodell für sich selbst, heute.

Drittens. Höchst wahrscheinlich werden südafrikanische Leser lieber weiterhin ihren «Barth» «lesen», und zwar wie sie es bisher getan haben, mit anderen Worten, in den Traditionen, in denen sie sich «Barth» in den früheren Perioden radikaler Transformation in unserer Gesellschaft angeeignet haben – im Widerstand sowohl gegen Pietismus wie liberale Theologie, einschliesslich verschiedener Ausprägungen sogenannter natürlicher Theologie; als Inspiration für bekennendes Zeugnis, soziale Verantwortung, politisches Engagement; als Ruf für eine treue Kirche, prophetische Anwesenheit, affirmierende Humanität, Widerstand gegen Ungerechtigkeit, das «Tun der kleinen Gerechtigkeit», zu träumen, zu beten und zu warten.[41]

40 Busch, Eberhard: Karl Barths Lebenslauf, München 1978.

41 Siehe z. B. Smit, Dirk: The doing of the little righteousness› – On justice in Barth's view of the Christian life, in: Welker, Michael, Jarvis, Cynthia (Hg.): Loving God with our minds. Festschrift for Wallace Alston. Grand Rapids 2004,

Für verschiedene südafrikanische Leser sind alle diese Motive in ihrem «Barth» anwesend. Ob und inwieweit einige oder alle diese Motive, implizit bzw. explizit, in den Jahren des Ersten Weltkriegs bereits anwesend waren, werden wir gespannt von denjenigen erfahren, die mit dem «wirklichen» Barth viel vertrauter sind.

(Übersetzt von Ulrich Plüddemann)

S. 120–145; auch Boesak, Allan: «… The doing of the little righteousness» – The ongoing search for justice after the TRC, in: Hansen, Len; Koopman, Nico; Vosloo, Robert (Hg.): Living Theology. Stellenbosch 2011, S. 569–584.

II.

Theologie im Horizont der Kulturkrise nach dem Ersten Weltkrieg: Der «Römerbrief» von 1922

Der «Römerbrief». Ein Jahrhundertbuch in neuer Edition

Cornelis van der Kooi

1. Faszinierend und schreckenerregend: ein holländischer Rezensent

Karl Barths zweite Ausgabe seines Kommentars zum Römerbrief des Paulus, «Der Römerbrief»[1], war und bleibt ein irritierendes, aber bis heute ebenso faszinierendes Buch. Das wurde einmal mehr deutlich, als vor zwei Jahren eine vollständige niederländische Übersetzung bei einem weltlichen Verlag erschien[2] und das Buch einen Wiederhall fand, den wir vielleicht erhofft, aber doch nicht erwartet hatten. Ich zitiere darum ausführlich aus der Rezension des Philosophen Ger Groot im «NRC Handelsblad»:

> «Seite um Seite hämmert Barth ein: Gott ist Gott, und der Mensch ist Mensch. Und wenn je ‹the twain shall meet›, dann nicht deshalb, weil der Mensch das Göttliche gedanklich nachvollziehen oder gar selber konstruieren könnte. Das alles ist nur Menschenwerk ... Es ist Religion, nicht das Reich Gottes. Dieses Letzte ist nicht ausdenkbar und noch weniger Ergebnis rationaler Argumentation. Denn Glaube ist Wunder, anders ist er nicht Glaube.
>
> An all diesem könnte ein kritischer moderner Leser achselzuckend vorbeigehen, wenn Barth es nicht so beispiellos eindrücklich formuliert hätte. Der *Römerbrief* ist ein literarisches Meisterwerk, in dem apodiktische Verkündigung das sprachliche Gewand eines unerschütterlichen Wortes erhält. Nur darin gleicht Barth Nietzsche, der in seinen Schriften etwa vierzig Jahre früher etwas ganz Ähnliches vollbracht hatte – allein theologisch mit umgekehrten Vorzeichen.
>
> Gott ist tot, und wir sind seine Mörder, hatte Nietzsche in seiner *Fröhlichen Wissenschaft* geschrieben. Das war zu seiner Zeit schockierend, aber mittlerweile

1 Barth, Karl: Der Römerbrief (zweite Fassung) 1922, hg. v. van der Kooi, Cornelis und Tolstaja, Katja (Karl-Barth-Gesamtausgabe, Abt. II), Zürich 2010 [abgek.: Römerbrief (1922)].

2 Barth, Karl: De Brief aan de Romeinen / druk 2, übers. von Mark Wildschut, Den Haag / Amsterdam 2008.

> munkeln wir das gedankenlos. Nietzsches Skandal ist für uns zu einer Selbstverständlichkeit geworden, manchmal so sehr, dass uns die Unerfreulichkeit seiner Ideen kaum mehr auffällt.
>
> Bei Barth ist das umgekehrt. Sein Gott, der niemals selbstverständlich war, ist unser Stein des Anstosses – und Barth macht sich gar keine Mühe, das zu mildern. Heimlich sind wir alle nicht nur durch die Aufklärung hindurchgegangen, sondern auch durch die liberale Theologie, die den Glauben zuerst mundgerecht machte und ihn sich daraufhin geschmeidig in einem modernen Geist auflösen liess, der diesen Glauben nach und nach vergass.
>
> [...]
>
> Vor meinen Augen liegt ein ebenso faszinierendes wie schreckenerregendes Buch. Ich komme mit diesem Buch nicht aus. Zutiefst und aus voller Überzeugung atheistisch, weiss ich nicht recht, ob ich dieses skandalöse Buch lieber nie gelesen hätte – oder ob ich es auf keinen Fall verpassen durfte.»[3]

Wenn ein Buch so erregen und die im 20. Jahrhundert selbstverständlich gewordene Religionslosigkeit so in Frage stellen kann, und damit, kurz gesagt, unverdaulich ist, haben wir es dann nicht mit einem Jahrhundertbuch zu tun?

2. Der Bund zwischen europäischer Kultur und Christentum

Barths kurz vor Weihnachten 1921 erschienener «Römerbrief» ist in vielerlei Hinsicht ein Meilenstein. Der Kommentar kann nicht nur als Ouvertüre der westlichen Theologie des 20. Jahrhunderts gelesen werden, etwa weil die Thematik der Verborgenheit Gottes hier so eindrucksvoll inauguriert wird, sondern dieser Kommentar ist gleichzeitig auch Vorbote grossflächigerer Entwicklungen während dieser Periode.

Auf kulturellem Gebiet signalisiert dieses in vielerlei Hinsicht merkwürdige Buch die Suche nach einem neuen Verhältnis zwischen europäischer Kultur und christlichem Gottesglauben. Es erscheint in einer Zeit, in der die Selbstverständlichkeit eines allumfassenden religiösen und weltanschaulichen Rahmens zusehends schrumpft und der religiöse Horizont zurückweicht.[4] Barth verabschiedet sich nicht vom Gottesglauben als solchem. Dass der Mensch Gott begegnet, mitten im Leben, ist auf jeder Seite zu finden. Doch es ändert sich nach Barth sehr viel an der Art und Weise, wie

3 Groot, Ger: God is God, en daarmee uit, NRC Handelsblad, 17.7.2008, boekenbijlage. Deutsche Übersetzung vom Vf.

4 So formuliert es Hermann Walther von der Dunk, De verdwijnende hemel. Over de cultuur van Europa in de twintigste eeuw, 2 Bde., Amsterdam 2000.

Gott sich zu Welt und Mensch verhält. Mit einem Überfluss an sprachlichen Mitteln wird dem Leser eingehämmert, dass diesem Gottesglauben die alten Anknüpfungspunkte und Brückenköpfe fehlen, die die Verbindung von europäischer Kultur und Christentum viele Jahrhunderte lang geprägt hatten. Im «Römerbrief» ist Gott nicht länger Schlussstein in einem kosmischen Bauwerk oder unerlässliche Voraussetzung für eine kohärente Gesellschaft. Gott kommt nun zur Sprache als etwas erschütternd Unbegreifliches, das dennoch gefährlich nahekommt.

Während im Kulturprotestantismus des 19. Jahrhunderts Christentum und westliche Kultur noch weitgehend miteinander identifiziert wurden und christliche Werte als Zement und Ferment der Gesellschaft galten, unterscheidet Barth nun zwischen christlichem Glauben und Christentum. *Christentum* ist eine kulturelle Erscheinung, eine Summe von Handlungen, Überzeugungen und Gewohnheiten, die der menschlichen Existenz Form gibt und dem Zusammenleben Struktur bietet. Demgegenüber muss christlicher Glaube, oder noch besser gesagt *Gottes Offenbarung*, von diesen kulturellen Ausformungen unterschieden werden. Worum es in diesem Glauben geht, ist die Konfrontation mit einem kategorial fremdartigen Gott, der einer gänzlich anderen Ordnung angehört. Gott ist nicht der Vatergott, dessen gutmütige Absichten ebenso bekannt wie ungefährlich sind.

Die Wortwahl, mit der Barth Gott als den *ganz Anderen* andeutet, und die Art, wie er auf diese Konfrontation verweist, zeigen sein Ringen um eine neue sprachliche Form, die ihrer «Sache» angemessen ist.

Gott ist der Heilige, der ganz Andere, ein unantastbares Geheimnis, eine überhängende Felswand, an der man nicht entlang oder durch die man nicht hindurch kann. Gott ist keine Verlängerung unserer Welt, oder ein solches Geheimnis, zu dem man mithilfe von Wissenschaft oder meditativer Übung vordringen kann. Ebenso wenig ist Gott etwas, das sich ausschliesslich religiösen Menschen zeigt, Leuten mit einer besonderen Sensibilität. Er ist vielmehr derjenige, der sich in Vermummung andient, in einer Rätselhaftigkeit, von der Leben und Humanität nicht losgelöst werden können. Gott ist derjenige, von dem man plötzlich überfallen wird, der sich unausweichlich in den Weg stellt, der die Augen öffnet für die eigene Rätselhaftigkeit und Begrenztheit und der auf diese Weise zugleich die Möglichkeit schafft für die Erkenntnis, dass die menschliche Existenz nicht in sich selbst ruht. Das Wort Gott verweist auf eine Wirklichkeit, die sich ausserhalb unserer eigenen Macht und Autonomie befindet; letztendlich ist der Mensch Objekt Gottes als desjenigen, der den Menschen will, ihn qualifiziert und seine Existenz begrenzt und ihm gerade auf diese Weise Raum verschafft.

Die Entdeckung Gottes als des *ganz Anderen* wird im «Römerbrief» als ein Vorgang dargestellt, der jeglicher Selbstzufriedenheit ein Ende bereitet. Was die christliche Religion in der europäischen Kultur anzeigt, ist nicht das bereits realisierte Gottesreich und nicht die Humanität und Freiheit, nach denen Renaissance, Aufklärung und Modernität auf der Suche waren. Barth bricht mit der Ansicht des herrschenden Kulturprotestantismus, dass westliche Kultur und westliche Humanität massgebliche Zeugen von Wahrheit und Wert seien und dass die westliche Humanität als Heilsverwirklichung gelten könne. Auch darin ist der «Römerbrief», so meine ich, ein Jahrhundertbuch, dass hier theologisch dem Eurozentrismus ein Ende gesetzt wird.

Es ist charakteristisch für Barth, dass er in seinem «Römerbrief» von 1922 auf ein Phänomen verweist, das man negative Zeugen nennen könnte. Die Offenbarungsträger sind nicht länger die Koryphäen der europäischen Zivilisation, die grossen Figuren, die Zivilisation und Humanität verkörpern. Barth führt nunmehr die Menschen an, die am Rande leben und in den Abgrund sehen: die Romanfiguren von Dostojewski, den dänischen Philosophen Kierkegaard, den Dichter Hölderlin, die prophetischen Gestalten in Bibel und Kultur, die ein Auge haben für die Unerfülltheit der menschlichen Existenz, für deren Auswüchse. Diese Vorliebe für die negativen Zeugen der *condition humaine* stiess einige Leser ab, aber stärker noch zog sie andere an: Sie konnte an ein verbreitetes, von vielen geteiltes Gefühl von Ambivalenz oder Misstrauen gegenüber der eigenen Kultur anknüpfen. Nicht die Koryphäen der europäischen Kultur, nicht die arrivierten und erfolgreichen Leute, die ihre Identität vermeintlich bereits gefunden haben, haben nach Barth etwas vom Gottesgeheimnis begriffen. Ganz im Gegenteil, vor allem die Menschen am Rande der bürgerlichen Kultur, die scheinbaren Versager, diejenigen, die auf existentielle Brüche verweisen und an diesen unterzugehen drohen: Sie sind die wahrhaftigen Zeugen der Krise, in der sich die bürgerliche Kultur und mit ihr die individuellen Existenzen befinden. Jener selbstverständliche Bund zwischen christlichem Glauben und westlicher Kultur, der dem Kulturprotestantismus zugrunde lag, wird in Barths Theologie zerschmettert. Er greift damit ein Bewusstsein auf, das in der Oberschicht der europäischen Kultur schon länger präsent war. Das Neue bei Barth ist, dass er es in seine Theologie integriert.

3. Der Gegenpol zu Schleiermacher

In seiner Suche nach einer neuen Verhältnisbestimmung zwischen westlicher Kultur und christlichem Glauben ist Barth vergleichbar mit Friedrich D. E. Schleiermacher, dem Literaten, Platokenner und Theologen, der 1799, auf der Schwelle zum 19. Jahrhundert, sein «Über die Religion» schrieb.[5] Aus dem Untertitel dieses berühmten Manifests wird deutlich, für wen Schleiermacher dieses Schreiben verfasste, nämlich für seine ungläubigen, jedoch kulturell verfeinerten Freunde im Berliner Gelehrtenkreis: «Reden an die Gebildeten unter ihren Verächtern». Man könnte sagen, dass Schleiermacher als einer der ersten die Herausforderung angenommen hat, die in der Philosophie Kants beschlossen lag. Bei Kant verliert der Glaube an Gott als höchste Macht den Status eines allgemeingültigen Wissens. Der Glaube an Gott ist nicht länger in der Lage, sich auf naturwissenschaftliche Argumentationen zu berufen und sich davon gestützt zu wissen.[6] Aber er wird bei Kant zum Postulat der praktischen Vernunft,[7] einem Anhängsel der Ethik,[8] oder aber einer Hypothese der Humanität. Damit haben bei Kant der Gottesglaube oder die Gotteserkenntnis ihre Selbstständigkeit verloren. Der Glaube an Gott kann nur über einen Umweg in das Gebäude der Philosophie integriert werden, nämlich über die Ethik. Gott oder «Gott» ist nur insofern interessant, als er der Humanität für die Ethik, Nutzen bring. Für sich genommen ist «Gott» oder Gott nichts. Nach der Meinung Schleiermachers ist dies zu wenig und wird dem Phänomen Religion ganz sicher nicht gerecht. Auch Schleiermacher schenkt der Rolle der Religion für die menschliche Gesellschaft und Humanität grosse Beachtung, jedoch auf eine andere Art. Bei ihm darf die Religion wieder auf eigenen Beinen stehen – eine «eigene Provinz im Gemüt»[9] ausfüllen. Ihm zufolge enthält die religiöse Erfahrung ein Element, das nicht nochmals auf etwas anderes reduziert werden kann. «Gott» oder Gott ist bei Schleiermacher eine Sache von unmittelbarer Lebenserfahrung, ein Bewusstsein der Verbundenheit mit dem All, dem Universum.[10] Die Verbundenheit mit Gott oder dem Absoluten ist also nicht etwas, das man durch Argumentation entdecken muss, sondern

5 Schleiermacher, Friedrich D. E.: Über die Religion. Reden an die Gebildeten unter ihren Verächtern (1799), in: Ders.: Schriften aus der Berliner Zeit. 1769–1799, hg. v. Meckenstock, Günter (Kritische Gesamtausgabe), Berlin / New York 1984 [abgek.: Reden (1799)], S. 185–326.

6 Vgl. zusammenfassend Kants Ausführungen zum «Ideal der reinen Vernunft», Kant, Immanuel: Kritik der reinen Vernunft, A 567 – A 642.

7 Vgl. Kant, Immanuel: Kritik der praktischen Vernunft, AA V, S. 132ff.

8 Religion ist für Kant ein «Vehikel» der Moral, vgl. Kant, Immanuel: Die Religion innerhalb der Grenzen der blossen Vernunft, AA VI, S. 118 pass.

9 Reden (1799), S. 204.

10 Reden (1799), S. 212, bezeichnet Schleiermacher die Religion als «Sinn und Geschmack fürs Unendliche». Demnach soll sie «weder Denken noch Handeln, sondern Anschauung und Gefühl sein» (a. a. O., S. 211) – und das «Anschauen des Universums» ist ihm «die höchste Formel der Religion» (a. a. O., S. 213).

etwas, das zutiefst und unmittelbar mit dem Menschsein und dem menschlichen Leben verbunden ist. Das Ewige liegt im Heutigen. Um es etwas theologischer oder philosophischer auszudrücken: Das Göttliche ist immanent, der Mensch trifft in sich selbst und in seiner Welt das Göttliche an. Gott muss nicht an den Haaren herbeigezogen werden, da er oder es bereits zugegen ist. Dieser Immanenzgedanke ist für das 19. Jahrhundert massgeblich geworden. Barth bricht damit und gibt damit den Ton für die Theologie des 20. Jahrhunderts an. Seine Sprache verrät die Suche nach einer neuen Auffassung von Gottes Transzendenz. Gott ist nicht mehr selbstverständlich, eine Verlängerung oder Vertiefung des uns bereits Bekannten. Wir erreichen Gott nicht, wenn wir unsere Leitern so weit wie möglich nach oben schieben. Die Bewegung ist umgekehrt. Gottes Erscheinen ähnelt dem eines Meteoriten, von dem nur der Krater in der Landschaft an den Einschlag erinnert.[11] Glauben ist darum erkennbar an der Leere, die man erspäht, an Schrecken, Hunger, den offenen Händen, die gefüllt werden wollen und die um ein Versprechen wissen. Offenbarung ist, in einem Bild Nietzsches, ein Pfeil, der jemanden mitten in diesem Leben trifft, von einem anderen Ufer aus.[12] Gott kommt auf die Welt zu und nicht die Menschen auf Gott. In diesen Bildern drückt sich Barths neues Verständnis von Transzendenz aus.

Im Gegensatz zur Erfahrungstheologie nach Schleiermacher und Wilhelm Herrmann entwickelt Barth sein Verständnis von Transzendenz nicht von der menschlichen Erfahrung aus. Vielmehr setzt er bei der Ursache oder beim Grund dieser Erfahrung an. Dieser, so Barths Einsicht in seinem «Römerbrief», lässt sich nun aber gerade nicht aus der Erfahrung ableiten.

Man könnte im Anschluss an Barth auch sagen: Etwas kommt auf den Menschen zu, das ihn bestimmt und ergreift. Barth nennt dieses Etwas Wort. Oder Offenbarung, Auferstehung, Jesus Christus, Ursprung, Felsüberhang, Krisis. Er arbeitet mit Begriffen und Bildern, die verdeutlichen sollen, dass der Mensch diese Angelegenheit weder in den Händen hält noch diese bei ihm beginnt. Auf diese Weise versucht Barth, die völlige Unableitbarkeit und Eigenheit des Glaubens festzuhalten. Dieser wird als freie Bewegung verstanden; er ist ungreifbar, man kann ausschliesslich seine Effekte wahrnehmen. Aus dieser Zeit stammt auch eine etwas kryptische Tautologie, die Barth aufgegriffen hat: Gott ist Gott.[13] Diese Tautologie ist keine sinnlose

11 Vgl. Römerbrief (1922), S. 49.

12 Vgl. A. a. O., S. 327.

13 Siehe für diesen wahrscheinlich Hermann Kutter entliehenen Ausdruck schon Barth, Karl: Der Römerbrief (erste Fassung) 1919, hg. Von Schmidt, Hermann (Karl-Barth-Gesamtausgabe, Abt. II), Zürich 1985 [abgek.: Römerbrief (1919)], S. 71f.

Wiederholung, sondern will die Aufmerksamkeit auf die Unbegreiflichkeit Gottes richten und darauf, dass Gott gleichwohl nicht zu leugnen ist. Gott kann nicht in menschliche Konzepte und Blaupausen eingesperrt werden, und gerade aus dieser Tatsache kann man Hoffnung schöpfen. Gott als der Andere, der einbricht und nicht domestizierbar ist, steht für Gnade, ein letztendliches Ja, das dem Menschen angekündigt wird. Das sind die Klänge, die in der zweiten Ausgabe des «Römerbriefes» in all ihrer Schrillheit und Klarheit zu hören sind.

4. Erneuerungsbewegungen

Der «Römerbrief» wird vor dem Hintergrund einer Gesellschaft geschrieben, in der alles brodelt und in Bewegung ist. Die ständische Ordnung ist auf dem Rückzug. Neue Gruppen fordern eine Stimme und einen Platz in der sich schnell verändernden Gesellschaft. Erneuerungsbewegungen unterschiedlicher Herkunft und Richtung prägen auch das öffentliche Leben. Der Ruf nach wahrer und echter Menschlichkeit bringt viele Gruppen in Bewegung, die davor nie öffentlich aktiv gewesen waren: Frauen, Arbeiter, Jugend. Dieses unruhige Suchen nach Veränderung, nach neuen sozialen und politischen Strukturen ist kennzeichnend für das Klima, in dem Barth seiner Theologie ihre charakteristische Form verleiht.

Die religiös-soziale Bewegung war nicht die einzige Erneuerungsbewegung. Im «Römerbrief» begegnet man zahlreichen Anspielungen auf Gruppen, Personen und Strömungen, die das Bedürfnis nach einer Alternative verkörpern. Ich nenne hier nur die esoterische Spiritualität, die auch in unserer Zeit bei einer Marginalisierung der institutionalisierten Kirchlichkeit eine grosse Anhängerschaft gewonnen hat. In dieser Hinsicht kann eine direkte Linie vom «Römerbrief» in unsere Zeit gezogen werden. An einzelnen Stellen verweist Barth zum Beispiel auf die anthroposophischen Ideen Rudolph Steiners hinsichtlich der «Erkenntnis höherer Welten»; er bezieht sich auf die Suche nach einer neuen romantisch-idealistischen Spiritualität, vertreten durch Figuren wie Johannes Müller oder Pioniere der «Jugendbewegung» wie Hans Blüher. Diese Leute vertreten ein Ethos der Weltflucht, der Indifferenz, der Askese, der Revolution, des Wartens – oder auch einer vermeintlichen Paradiesesunschuld. Säulenheilige, Siedler, Urchristen, Naturmenschen und Edelanarchisten[14] versuchen, auf dem schwankenden Boden eine neue Gesellschaft zu stiften. Barths Religionskritik traf damals und heute diese esoterische, auf immanente Ziele gerichtete Spiritualität. Zu sei-

14 Vgl. Römerbrief (1922), S. 403.

nem eigenen Entsetzen entdeckte Barth, dass er in der öffentlichen Diskussion in einem Atemzug mit Namen wie Rudolf Steiner, Johannes Müller, Walter Rathenau und Oswald Spengler genannt wurde.

Und in der Tat befindet Barth sich mit seiner Offenheit gegenüber Veränderungen ganz in der Nähe der Kreise, die diesem Protest ihre Stimme leihen und auf der Suche nach neuen Wegen sind. Oft sympathisiert er mit ihnen, gleichzeitig aber übt er eine theologische Kritik, die sich nicht nur in den Inhalten seiner Aussagen erklärt, sondern auch in seinem Stil. Der ironische Unterton, mit dem er die Erneuerungsbewegungen im «Römerbrief» bedenkt, ist nicht zu überlesen. Sie wollen das Neue, sie wollen das Heil für den Menschen realisieren, sie spiegeln dem Menschen vor, absolute Hingabe zu verdienen – und gerade darin kritisiert Barth ihre Neigung, Menschliches mit Göttlichem, mit dem Absoluten zu verschmelzen.

Diese Art der Kritik verleiht dem «Römerbrief» etwas Trotziges und Unbeugsames und macht ihn zu einer kompromisslosen Analyse der Situation des Menschen vor Gott. Gerade in dieser kompromisslosen Radikalität knüpft das Buch aber zugleich stark an das verbreitete Verlangen nach etwas Anderem an.

5. Endlichkeit und Nichtidentität

Kennzeichnend für Barths Denken um 1921 ist in theologischer und philosophischer Hinsicht die Entdeckung der Nichtidentität, oder, anders formuliert, des Andersseins Gottes. Gott stimmt mit keiner der genannten Strömungen überein. Er ist durchaus der Unruhestifter, der Anreger oder sogar der Motor dieser Unruhe und des Suchens. Er ist das Geheimnis, wodurch Menschen aus ihrer Behäbigkeit und aus ihren starren Strukturen aufgescheucht werden, und die kritischen, politisch linken Stimmen der Gesellschaft haben dies besser begriffen als diejenigen, die lieber das Alte beibehalten würden. Aber diese Neigung zum Kritischen gegenüber der bestehenden Ordnung macht Barths Theologie noch nicht zu einer linken Ideologie. Zwar klingt das Echo der Sympathie, die ein Teil der Intelligenz für die Russische Revolution hegt, auch bei Barth an. Doch auch oder gerade für die Positionen und Entscheidungen, die menschlich sympathisch sind, gilt nach Barth, dass Gott deren grosse Störung und Unterbrechung ist. Barth verteidigt sich explizit gegen die Anschuldigung, dass seine Theologie durch diese Zurückhaltung lebensfremd oder intellektualistisch wäre. Die Distanz gegenüber konkreten Parteimeinungen entspringt der theologischen Überzeugung, dass kein menschlicher Standpunkt mit dem Willen Gottes gleichgesetzt werden darf. Woher stammt dieser Nachdruck auf dem Kritischen, der Nichtidentität?

Die Weise, in der Barth zur Zeit des Ersten Weltkriegs das Weltgeschehen wahrnimmt, kann man mithilfe von zwei Thesen in Worte fassen, die den Ton seiner Theologie prägen und bestimmen und die quasi das Gerüst dessen bilden, was wir im «Römerbrief» von 1922 antreffen. Die erste These lautet: Die Welt ist Welt und bleibt Welt. Die zweite, schon genannte These ist: Gott ist Gott. In dieser letzten These klingt an, dass Gott sich nie und nirgends in der Bibel ins Menschliche einkapseln lässt. Gott ist der Heilige, derjenige, der eine neue Welt erschafft. Andererseits gibt es die menschliche, gottlose Welt. Anders formuliert: Barth teilt das Lebensgefühl nicht mehr, das dem 19. Jahrhundert seinen erwartungsvollen und idealistischen Charakter verlieh. Im 19. Jahrhundert geht man in Europa noch davon aus, dass die Entwicklung der Kultur von einem höheren Prinzip angetrieben wird, von einem göttlichen Geist, dem eine Dynamik des Fortschritts innewohnt. Dieser Idealismus verliert sich jedoch und macht bei manchen Platz für eine Form des Materialismus. Der Mensch ist ein Teil der Natur, ein Bündel von Trieben und ganz und gar nicht durch Verstand und ein höheres Leben bestimmt. In seiner Theologie bricht Barth mit dem selbstverständlichen Bund, den die Theologie jahrhundertelang mit einer idealistischen Weltsicht geschlossen hatte. Wenn die Welt nun einmal Welt ist und auch nicht mehr als das, sitzen Idealismus und Materialismus im selben Boot. Dieser Unsicherheit und Paradoxalität begegnet man in der damaligen Kultur auch noch auf andere Wiese, nämlich im heftigen Kontrast zwischen Optimismus und Pessimismus. Einerseits herrscht ein unverwüstlicher Optimismus: Wissenschaft und Technik, grössere Partizipation im Bildungswesen und eine bessere Krankenpflege erhöhen die Erwartungshaltung gegenüber Zukunft und Gegenwart. Andererseits rufen die Entwicklungen der Industrialisierung und Massenkultur auch eine pessimistische Haltung hervor, und man begegnet heftigen Äußerungen eines Verlangens nach Authentizität, nach einem Leben im Einklang mit der Natur, nach Befreiung aus der Zwangsjacke einer bürgerlichen Kultur und nach individueller Freiheit inmitten der Masse. In Barths «Römerbrief» wird der bisweilen paradoxale Charakter dieser gegensätzlichen Entwicklungen sehr deutlich, da er sie schlicht nebeneinander stellt, ohne jedoch eine Präferenz geltend zu machen. Im Lichte der Offenbarung, im Licht der Gnade sind es alles Äusserungen dessen, was menschlich ist, also beschränkt, mit einem relativen Recht, jedoch ist nichts hiervon gleichzusetzen mit dem Königreich Gottes. Wer eine Ahnung hat von diesem Oberlicht, von Gott und seiner heiligen Liebe, wird nicht aus diesem Leben erhoben, sondern lebt in diesem Leben mit einem Licht, durch das die Dinge anders werden. Diese kurzen inhaltlichen Andeutungen können auch heute noch als Angriff auf eine Kultur gelesen werden, die das menschliche Subjekt oder Selbst als Ausgangspunkt genommen hat. Barth beschreibt Religion und zeitgenössische Spiritualität als etwas, das um das Selbst kreist, das liebe Ich. Barth leugnet explizit die Existenz eines höheren Selbst. Auch in dieser Hinsicht stellt der «Römerbrief» m. E. eine durch und durch moderne Kritik dar. Das Ereignis der Offenbarung gründet nicht auf einem beständigen Selbst – und es lässt sich nur in Begriffen der Nichtidentität fassen.

In Barths Kommentar zu Röm 8,1 («Wir haben den Geist») wird die Gegenwart des Geistes beim Menschen nicht geleugnet, aber die Art problematisiert, wie sich diese Gegenwart zum Selbst des Menschen verhält.

> «Wer auf die Existentialität des Geistes gestossen ist, der ist eben damit auf seine eigene Existenz in Gott gestossen. Wir können, wir wollen nicht leugnen, nicht verbergen, nicht verundeutlichen, dass wir das Brausen vom Himmel gehört [vgl. Act. 2,2], das neue Jerusalem gesehen [vgl. Apk. 21,2], die Ewige Entscheidung gefunden haben, dass wir ‹im Christus Jesus› *sind*. Aber was heisst ‹gesehen›, ‹gehört›, ‹sind›? Was heisst ‹wir haben›? Ob wir das ‹*wir*› oder das ‹*haben*› betonen, wir bewegen uns damit, gerade damit typisch auf dem Gebiet der Religion. Wir meinen *nicht* den Geist, sofern wir ihn mit ‹wir› und mit ‹haben› in Verbindung bringen. Und müssen es doch, weil wir nicht anders dürfen und auch nicht anders – können. ... Wir müssen jedenfalls wissen um seine Unzulässigkeit, wissen dass ‹wir› nur ‹nicht wir› und ‹haben› nur ‹nicht haben› bedeuten kann.»[15]

Während nach Schleiermacher der menschliche Geist vom göttlichen Geist angeeignet und sich selbst auf diesen hin durchsichtig wird, ist nach Barth eine solche gleichsam statische Transparenz ganz unmöglich. Der Geist Gottes bewegt sich nicht immanent im menschlichen Lebenskreis, er ist «ein Jenseits der Grenze unsres Menschenlebens, ... ein fremdes Auge, das uns schaut im Diesseits»[16]. Vom Heiligen Geist kann also nur in Begriffen der Nichtidentität gesprochen werden. Er ist eine Prädikation des neuen Menschen, die nie anschaulich wird, sondern nur als Ereignis vorkommt, die er sich also nicht selbst sagen kann, sondern die ihm gesagt werden muss, noch bevor er darum gebeten hat. Geist ist also «die ewige Entscheidung, in Gott gefallen für den Menschen, im Menschen gefallen für Gott»[17].

15 A. a. O., S. 375f.
16 A. a. O., S. 373.
17 A. a. O., S. 388.

6. Paulus als seriöser Gesprächspartner

Barth ist ein Mensch, der seinen Weg in ständigem Dialog mit Gesprächspartnern aus Vergangenheit und Gegenwart gesucht hat. Sein Freund Eduard Thurneysen fungiert während der Jahre, in denen Barth Pfarrer in Safenwil ist, als ein solcher Reisegefährte. Anfänglich geht es in den Gesprächen zwischen ihnen vor allem um die Bedeutung von Hermann Kutter und Leonhard Ragaz. Ragaz ist insbesondere daran interessiert, die Aufmerksamkeit auf die gesellschaftlichen Orte zu lenken, an denen das Reich Gottes durchzubrechen scheint. Laut Ragaz muss ein gläubiger Mensch sich in diesen Bereichen und Bewegungen engagieren. Kutter betont, dass ein grosser Unterschied zwischen dem, was in diesem Leben an Heil realisiert wird, und Gottes letztendlicher Heilswirklichkeit bestehen bleibt. Barth ist den Reich-Gottes-Diskurs beider um 1916 leid und beginnt selbstständig die Bibel zu lesen, insbesondere den Brief des Paulus an die Gemeinde in Rom. Diese Lektüre führt zur ersten Fassung des «Römerbriefs» im Jahr 1919.

An sich ist dies schon bemerkenswert. Paulus gilt bei vielen liberalen Theologen des 19. Jahrhunderts als Verderber des reinen Evangeliums. Unter dem Einfluss von allerlei Versuchen, dem historischen Jesus auf die Spur zu kommen, der sog. Leben-Jesu-Forschung, beginnt man scharf zwischen dem Auftreten und der Botschaft Jesu einerseits und andererseits dem, was Paulus daraus gemacht hat, zu unterscheiden. Jesus gilt als der gute Prophet, der Bringer der Botschaft des wohlwollenden Vaters, und Paulus wird als der Theologe dargestellt, als Mann, bei dem das Denken über das Leben siegt. Man macht ihn für die Umformung des einfachen Evangeliums Jesu in eine Doktrin des göttlichen Christus verantwortlich. Barth kann diesem Gegensatz nichts abgewinnen; er zeugt für ihn von einer grenzenlosen Oberflächlichkeit. Er wirft den tonangebenden Theologen vor, dass sie die Bibel auf ein moralisches Programm reduziert haben, mit dem man anhand einer vorbildhaften Jesusfigur lernen kann, wie man richtig zu leben hat. Nein, dann lieber Paulus und seine krassen Gegensätze zwischen Geist und Fleisch, Evangelium und Gesetz, Adam und Christus. Gerade in solchen Gegensätzen bezeugt Paulus für Barth, dass er wie von einem Blitz durch etwas ganz Neues getroffen wurde – nämlich von Gott, der dem Menschen zum Trotz und entgegen, ihm dennoch einen neuen Daseinszustand schenkt. Barth hat auf seine Art und Weise einem Gedanken Ausdruck verliehen, der schon in früheren Jahrhunderten immer wieder betont worden war: Gott schenkt dem verfremdeten, sündigen Menschen seine Gnade. Dies trägt den Charakter einer Überraschung, einer nicht zu fassenden Freiheit und Verheissung des Lebens. Luther und vor ihm Augustinus entdeckten dies bei Paulus. Auch Barth war masslos gefesselt von Paulus, von der Sprengkraft seiner Texte. Es geht in der Begegnung zwischen Gott und Mensch um etwas, das jede moralische und psychologische Erklärungsmöglichkeit übersteigt: Es geht um Gott.

Paulus ist für Barth mit anderen Worten nicht jemand aus einer fernen Vergangenheit, den man glasig anstarrt und für überholt erklärt. Er ist durch die Jahrhunderte hindurch ein seriöser Gesprächspartner und Zeitgenosse. Dieser Mann sah etwas, das wir nicht sehen, aber wohl sehen sollten. Dieser Mann hatte etwas entdeckt, das für alle Zeiten und Orte bestimmt ist. Und Jesus steht für den Ort und die Stelle in dieser Welt, an der diese Entdeckung ihren Grund hat. Kurzum: Gerade im Lese- und Interpretationsprozess dieses klassischen Textes begreift ein Mensch seine eigene Situation besser. Nicht umsonst hat Hans-Georg Gadamer Barths «Römerbrief» «eine Art hermeneutisches Manifest» genannt[18] und ist er der Meinung, dass Barths *opus magnum*, die «Kirchliche Dogmatik» «zu dem hermeneutischen Problem nirgends ausdrücklich und indirekt überall» beiträgt.[19]

7. Theologie und menschliche Ohnmacht

Wie kann in dieser Welt, die so in den Fesseln ihrer Endlichkeit und Begrenztheit gefangen ist, noch von Gott gesprochen werden? Wie kann der Mensch, wenn er sich selbst als arm erkennt, Gottes Reichtum noch zur Sprache bringen? In Barths «Römerbrief» klingt auf vielerlei Weise das Echo der Entdeckung der radikalen Endlichkeit des Bestehenden an. Wir sind gefangen zwischen Geburt und Tod. Nichts befähigt uns, über diese Mauern hinwegzuschauen. Alle Formen des Idealismus und Heroismus, alle Formen der Gutwilligkeit oder des Strebens nach Lebenserneuerung helfen uns nicht dabei, den Konditionen der Endlichkeit zu entfliehen. Aus sich selbst heraus ist der Mensch nicht in der Lage, auch nur ein wenig mehr als diese Endlichkeit zu realisieren oder auch nur zu imaginieren. Die einzige Möglichkeit, um anders in diesem gelebten Leben zu stehen, eröffnet sich, wenn sich in dieser Endlichkeit selbst eine andere Perspektive und Realität Bahn bricht; wenn im Nein das Ja durchbricht, im Dunkel ein Licht entzündet wird, kurz: wenn Gott sich in dieser verfremdeten Welt als der ganz Andere präsent macht. Das ist das Bild der Transzendenz, das Barth aufzeigt. Es ist deutlich, dass dies nicht etwas ist, das man organisieren oder durch eigene geistliche Übungen erreichen kann. Gott ist das Geheimnis der Welt, das sich in eigener Souveränität präsentiert.

Der merkwürdig expressionistische Stil der Schrift Barths hat mit diesen Einsichten zu tun. Die Offenbarung kann nicht beschrieben werden; sie

[18] Gadamer, Hans-Georg: Wahrheit und Methode. Grundzüge einer philosophischen Hermeneutik, 4. Aufl., Tübingen 1974, S. 481.

[19] A. a. O., S. 492.

kann lediglich angedeutet werden. Menschen sind in der Lage, mithilfe der Sprache einen Raum zu umschreiben, Striche zu ziehen, die die Koordinaten angeben, innerhalb derer sich die Wirklichkeit des Kommens Gottes vollzieht. Der Mensch und seine Sprache sind wie ein Maler, der den Flug eines Vogels auf der flachen Ebene einer Leinwand einzufangen versucht. Jedes Bild, jede Aussage, wie feinsinnig, wie schön oder exakt auch immer sie sein mag, ist eine Suggestion, ein Einfrieren der Bewegung.[20]

Allerdings ist auch Barths «Römerbrief» ein suggestives Buch. Der Stil ist nicht straff und argumentativ, sondern behauptend und expressionistisch. Der Leser wird nicht durch eine sachliche Argumentation bei der Hand genommen und zu einem Punkt geführt; er wird gleichsam mitten in eine Klangwelt versetzt und eingeladen, sich mitnehmen zu lassen in einem dichten Stakkato von kurzen, beinahe gleich klingenden Anschlägen, die alle zusammen einen überwältigenden Eindruck ergeben. Dabei ist das Genre schwer zu bestimmen. Ein klassischer paulinischer Text wird durch ein Amalgam von Exegese, Literatur, philosophischer und theologischer Sprache neu zum Sprechen gebracht. Barth dringt in den paulinischen Text ein und versucht, so weit vorzudringen, dass die Trennwand zwischen dort und hier, zwischen dem, was er selbst sieht und dem, wovon er denkt, dass Paulus es gesehen habe, zu verschwinden beginnt, und das so, als ob er meine, den Autor vollkommen zu kennen. Es geht Barth um die «Sachen selbst», die der Apostel thematisiert – und er hat den Mut und die Vermessenheit, die bleibende Bedeutung dieser Gegenstände aufzeigen zu wollen.

8. Die Ambivalenz der Religion

Barths zutiefst ambivalente Einstellung zur menschlichen Religiosität und Religion ist im Lichte des Vorangegangenen wahrscheinlich besser zu begreifen. Religion ist für Barth die empirische Religiosität, das, was im menschlichen Bewusstsein anwesend ist oder im religiösen Handeln von Personen, oder das, was in einer institutionellen Religion präsentiert wird. Barth transformiert aber den Begriff Religion von einem phänomenologischen in einen theologischen Begriff. Frömmigkeit und Spiritualität werden in den Händen der Menschen zum Mittel, um eine Brücke zwischen Himmel und Erde zu schlagen oder so zu tun, als ob die Brücke bereits geschlagen wurde. Religion ist nicht nur der gelebte Glaube, sondern ein Instrument in den Händen des Menschen, der buchstäblich egozentrisch lebt. So wird Gott ein Mittel, um selbst Frieden mit dem Transzendenten herzustellen; Gott

20 Vgl. für dieses Bild schon Römerbrief (1919), S. 384 und weiter Barth, Karl: Der Christ in der Gesellschaft (1919), in: Ders.: Vorträge und kleinere Arbeiten 1914–1921, Zürich 2012, S. 564–566.

wird instrumentalisiert, um das Irdische, die europäische Kultur oder die Modernität als etwas Heiliges zu krönen. Das ist die tiefe Ambivalenz der Religion nach Barth. Es geht nicht mehr um Gott, sondern um den Menschen. Die Botschaft in Bezug auf Gott ist schon lange kein Verweis mehr auf die göttlich rettende Wirklichkeit. Es ist wie mit dem Feuer, das Prometheus den Göttern stahl und zu den Menschen brachte. In den Händen von Menschen ist das Feuer zu Rauch geworden, zu einer Gardine erstickenden Nebels. Nicht alle Religion wird von Barth jedoch negativ beurteilt. Wenn Religion nicht mehr tun will als auf Gott zu verweisen, den Platz für ihn freihalten, dann tut Religion das, wozu sie bestimmt ist.

Barths Religionskritik hat tiefen Eindruck gemacht und ist, das muss dazu gesagt werden, falsch verstanden worden. Sie ist kein Plädoyer für eine Ausnahmestellung des Christentums; sie ist theologische Kritik am christlichen Glauben selbst. Der fromme, aufgeklärte oder gutwillige Mensch wird durch seine eigene Frömmigkeit, Einsicht oder Gutwilligkeit nämlich nicht gerettet. Niemand entkommt den Konditionen dieses Daseins. Die einzige Möglichkeit ist, dass Gott rettet. Das ist in Barths Augen eigentlich etwas, das nicht möglich ist, eine unmögliche Möglichkeit.

9. Im Licht der späteren Theologie

Wie ging es weiter? Karl Barth hat viel mehr geschrieben als nur den «Römerbrief». Letztlich muss man seine Theologie und seinen Beitrag zur Geschichte Europas im 20. Jahrhundert anhand seiner «Kirchlichen Dogmatik» beurteilen, einem *opus magnum*, das trotz seines grossen Umfangs ein Torso blieb. Barth hat später erkannt, dass seine frühe Theologie ein wenig unmenschlich ausgefallen war.[21]

Der «Römerbrief» kann den Eindruck erwecken, dass Gott alles ist – und der Mensch nichts. Hat Barth dies gemeint? Der Eindruck stimmt insofern, als Mensch und Welt, Kultur und Zivilisation im Besonderen, in einem äusserst kritischen Licht erscheinen. Sie sind keine Verwirklichung humaner Werte und schon gar nicht eine Realisierung des göttlichen Heils. Die westliche Zivilisation mit ihren modernen Institutionen ist nicht die Realisierung des Reiches der ultimativen Freiheit und Humanität. Mit anderen Worten: Gott ist nicht enthalten in der Welt, auch nicht in der höchsten Religion. Aber das macht aus Barth noch keinen Pessimisten. Einige der Leser sahen in seinem «Römerbrief» das Resultat der Krisenstimmung, die Macht über viele im Nachkriegsdeutschland gewonnen hatte. Solche Beurteilungen scheinen mir aber unzutreffend. Der feste Bund zwischen dem christlichen

21 Vgl. Barth, Karl: Die Menschlichkeit Gottes, Zürich 1956, S. 8.

Glauben und der modernen Kultur ist bei Barth allerdings zu Ende. Aber dies steht einer anderen Form der Beziehung, nämlich einer kritischen Solidarität, nicht im Wege. Und diese ist bezeichnend geworden für die Kirchen in Europa. Barths Dogmatik erhebt, so gesehen, den Anspruch, die theologischen Grundlagen wahrer Humanität zu erschliessen.

Barth hat eine biblische Sichtweise des Verhältnisses zwischen Mensch und Gott aufzeigen wollen. Aber diese Sichtweise war zugleich eine Antwort auf die Moderne und eine Alternative zu derjenigen, die Schleiermacher vorgeschlagen hatte. Das Verhältnis kann in Barths Augen lediglich ein gebrochenes, indirektes sein. Es verläuft kein direkter Weg vom Menschen zu Gott, sondern nur einer von Gott zum Menschen. Der Mensch muss sich in seiner Theologie immer wieder darauf besinnen, dass der Anfang bei Gott liegt, dass Gnade und Hoffnung ein Geschenk sind. Damit ist der Mensch primär als der Empfänger, der Beschenkte gekennzeichnet. Gott hat sich selbst in Christus geschenkt. Barth beschreibt dies in seiner Versöhnungslehre als den Weg des Sohnes in die Fremde. Aber derselbe Weg der Erniedrigung enthält die Erhöhung des Menschen. In Jesus wird Gottes Humanismus sichtbar, seine Liebe zum Menschen – und zugleich seine Freiheit ihm gegenüber. Allein auf diese Art und Weise lernt der Mensch, menschlicher zu werden – und dass es zu seiner Menschlichkeit beiträgt, wenn er diesem Gott sein Vertrauen schenkt. Das ist die Alternative zu Schleiermacher. Schleiermacher hatte behauptet, dass Menschsein bedeute, mit dem Göttlichen zusammen zu sein. Tief im unmittelbaren Leben sind wir verbunden mit dem Absoluten, dem Göttlichen. Barth dreht im 20. Jahrhundert diese Behauptung um. Der Mensch will zwar ohne Gott sein. Der heilige Gott aber will nicht ohne den Menschen sein.[22] Dies ist Barths Reaktion auf einen säkularisierten Kontinent und dessen moderne Gesellschaft.

22 Vgl. Barth, Karl: KD IV/3, S. 133.

Expressionismus und religiöse Kunst – eine zeitgenössische Debatte als Hintergrund von Barths zweitem «Römerbrief»

Folkart Wittekind

I. Einleitung

Barths zweiter «Römerbrief» ist immer wieder als Werk des Expressionismus gedeutet worden. Im Folgenden soll diese Einordnung in der Weise befragt werden, dass sein Religionsbegriff vor dem Hintergrund der zeitgenössischen Debatte um die Möglichkeit religiöser Kunst interpretiert wird. Der Expressionismusbegriff spielt in dieser Debatte eine zentrale Rolle, weil er – jenseits der Frage nach einem religiösen Bildinhalt – als ein intentional religiöser Stilbegriff interpretiert wird. Expressionismus ist nicht (woran heute als Erstes zu denken wäre) ein zeit- oder rein gegenwartsbezogener Stilbegriff, sondern ein Strukturbegriff reflexiver Kunstproduktion und -interpretation.

Die Behauptung, die aufgestellt wird, ist die, dass der Umgang der Theologen mit dem Religionsbegriff im zeitlichen Umfeld des Weltkriegs auf einer ähnlich reflexiven Diskurshöhe anzusiedeln ist. Um diese Behauptung zu plausibilisieren, soll in einem ersten Schritt Tillichs Neuentwurf einer religionsphilosophisch begründeten Kulturtheologie vor dem Hintergrund der Expressionismusdeutung Hartlaubs skizziert werden. Tillichs Rede von einem «Gott über Gott» nimmt erkennbar Problemformulierungen Hartlaubs auf, in denen es um die Bestimmung der religiösen Intention von Kunst geht, und zwar einer religiösen Intention, die nicht direkt an den Inhalten der Kunst abgelesen werden kann, sondern am Stil und insofern an einem reflexiven Selbstverhältnis des Kunstschaffens, das auf die innerlichen Produktionsintentionen im Akt künstlerischer Tätigkeit gerichtet ist.

In einem zweiten Schritt soll dann gezeigt werden, dass Georg Simmels Überlegungen zur Möglichkeit religiöser Kunst eine Folie abgeben, um die religionsphilosophische Begründung der neuen Theologie in Barths «Römerbrief» angemessen zu erkennen. Dabei geht es um das Selbstverhältnis der Religion, die in der Theologie rekonstruiert wird und die Barth mit der gegenstandsbezogenen Identitätsversicherung, dass Gott Gott sei, zu einer sprachlich auf die Selbstauffassung des christlichen Glaubens bezogenen Formel gerinnen lässt. Es geht dabei letztlich um die Argumentation für eine

Barthlektüre, die den reinen Gegenstandsbezug der Barthschen Formel aufhebt in eine religionsphilosophische Lesart, die vor dem Hintergrund des zeitgenössischen Problembewusstseins hinsichtlich der Differenz von Inhalt, Begründung, Inhaltsproduktion und reflexivem Bewusstsein der Religion Bestand haben kann.

II. Zur Barthinterpretation

Dieser letzte Punkt ist in der gegenwärtigen Barthinterpretation immer noch (oder wieder) umstritten. Dies zeigt eine Kontextualisierung der theologischen Äusserungen zu Karl Barth. 1967 schreibt Dorothee Sölle:

> «Orthodox ist Barths Theologie der Heilsgeschichte zu nennen, weil ihr Ausgangspunkt ein ein für allemal gesetztes Objektivum ist: das Anderssein Gottes. [...] [Es] ist ‹Dialektik› in diesem Sprachgebrauch nur der Deckmantel für einen ontologischen Dualismus. Die frühe Ontologisierung Gottes als des ganz anderen enthält die in der weiteren Entwicklung Barths evident werdende Positivität schon in sich, seinen späteren ‹Offenbarungspositivismus›. [...] [Doch] die vermeintliche Objektivität des göttlichen Heilshandelns enthüllt sich gerade bei Barth als pure *confessio* des Glaubenden und somit als Subjektivität. [...] Was die Theologie sich *vor* dem ‹Tode Gottes› leisten konnte – Objektivität –, schlägt ihr nach diesem um ihn bare, unreflektierte Subjektivität, deren empirisches Kennzeichen der Ausbau des kirchlichen Ghettos ist [...]»[1]

Sölles Bemerkungen sind im Kontext ideologiekritischer Durchsichtigmachung von Produktionsbedingungen für kulturelle Erzeugnisse zu verstehen. Sölle markiert zwei verschiedene Aspekte, nämlich einerseits den auf der Textoberfläche ablesbaren Offenbarungspositivismus und das diesen Offenbarungspositivismus produzierende und dabei unkritisch vorgehende menschliche Subjekt andererseits. Der kritische Punkt besteht dabei natürlich darin, dass Karl Barth die «pure confessio», die seine Offenbarungsbehauptung trägt, nicht selbst durchsichtig macht. In Barths Text äussert sich das fromme Subjekt, aber nicht eine wissenschaftlich-theologische Erörterung der Geltung des Gottesgedankens.[2]

1 Sölle, Dorothee: Theologie nach dem Tode Gottes, in: Dies.: Atheistisch an Gott glauben. Beiträge zur Theologie (1968), 6. Aufl., Olten / Freiburg i. B. 1981, S. 52–76, hier S. 58–60 (Hervorhebungen im Original).

2 Eine ähnliche inhaltliche Behandlung Barths findet sich bei Pannenberg, Wolfhart: Problemgeschichte der neueren evangelischen Theologie in Deutschland. Von Schleiermacher bis zu Barth und Tillich, Göttingen 1997, S. 201: «Es ist ein tief ironisches Phänomen, dass gerade der entschlossene Theozentrismus Barths,

In der folgenden Interpretation geht es um die Funktion der von Sölle aufgezeigten Objektivitätsbehauptung für Gott. Damit ist die ideologiekritische Behauptung, Barth habe selbst nicht gewusst, was er da theologisch konstruiert, oder er habe dies in einer unwissenschaftlichen Manier in Kauf genommen, zurückgewiesen. Es kommt bei der Deutung von Barths Theologie genau auf die Durchsichtigmachung der Funktion der Objektivitätsbehauptung in Bezug auf den Gottesgedanken an. Dem in Tillichs Theologie gut sichtbaren und rekonstruierbaren religionsphilosophischen Hintergrund der Formel «Gott über Gott» steht in Barths Theologie ein ebensolcher religionsphilosophischer Hintergrund der Formel «Gott ist Gott» gegenüber. Die behauptete Andersheit Gottes, sein unreduzierbarer Gegensatz zur Welt und zum Menschen ist als eine Funktion der Beschreibung von wahrer menschlicher Religion aufzuzeigen. Gott als das bzw. der ganz Andere ist ein Theorem, das notwendig ist, um Religion in einem religionsphilosophisch befriedigenden Sinn zu erklären. Befriedigend heisst hier einerseits: Die Sicht des Glaubenden, seine existenzielle Beteiligung, sein Stehen vor Gott als dem absoluten Gegenüber muss in der Theorie berücksichtigt werden. Das unterscheidet die theologische Erklärung von einer soziologischen oder religionswissenschaftlichen. Und befriedigend heisst damit andererseits: Funktionale Beschreibungen der Religion in der Theorie müssen zurückgegeben werden an die bewusste religiöse Überzeugung selbst. In ihr liegen die reflexiven Elemente (bzw. müssen ihr zugeschrieben werden), die dann auf theologischer Ebene als Merkmal «wahrer» Religion rekonstruiert werden.

Zusammengefasst: Die erweiterte theologische Auffassung von Religion reduziert Glauben nicht auf das Hegen und Beschreiben von inhaltlichen Überzeugungen, sondern sieht Glauben als ein existenzielles Geschehen, von dem das Aussprechen der Überzeugungen nur ein Merkmal ist, das in Korrelation zur Erfahrung von Gewissheit und zur Tradition christlicher Sprache im Kontext einer bestimmten kirchlich-kulturellen Gemeinschaft und damit zum Anredecharakter von Verkündigung steht. Die religiöse Gewissheit, die den Kern der Religion ausmacht, wird damit selbst als Relat in einem dreipoligen, zirkelhaften Relationengefüge verstanden: Inhalt, Verwendungsfunktion und reflexive Bewusstheit dieser Funktion in der Verwendung des Inhalts machen zusammen das «eigentliche» Wesen der Religion aus. Ich komme deshalb zu der These: Barths positive Behauptung Got-

der allen Anthropozentrismus und allen Subjektivismus der neuzeitlichen Theologie überwinden sollte, auf eine äusserste Zuspitzung eben dieses von Barth bekämpften Subjektivismus hinausläuft.» Wobei interessant sein dürfte, dass Sölle den Positivismus, Pannenberg hingegen den Subjektivismus Barths überwinden wollte.

tes als des ganz Anderen, der nur mit und durch sich selbst ausgedrückt werden kann («Gott ist Gott»), ist eine Weiterentwicklung des modernen Religionsverständnisses. Und zwar in der Weise, dass die funktionale Erklärung der Inhalte der Religion reflexiv auf sich selbst bezogen wird. Die Frage nach dem eigentlichen Wesen der Religion verschiebt sich auf die Ebene der Benutzung der Inhalte. Sie lautet dann, wie die Benutzung der religiösen Gehalte (Gott als Inhalt) selbst als religiös erwiesen werden kann (Religion als Intention der Rede von Gott). Und die Behauptung der Theologie Barths lautet, dass diese Benutzung die Inhalte in der Weise affiziert, dass an ihnen eine religiöse Funktion ihrer Benutzung selbst abgelesen werden kann. Damit wird die Ausseninstanz funktionaler Abbildung (Religion als Vermögen des Menschen) eingeholt in die Selbstbeschreibung des Gebrauchs religiöser Gehalte. Diese reflexive Absolutheit religiöser Sprache wird von Barth in die theologische Behauptung der Identität Gottes (als Inhalt) mit sich selbst (als Symbol für die religiöse Verwendung des Inhalts) umgeformt.[3]

Die Idee der folgenden Interpretation von Barths Theologie im zweiten «Römerbrief» besteht also darin, dass in Simmels kunstreligiöser Erweiterung neukantianischer Ästhetikkonzepte ein ähnlich reflexiv-absolutheitstheoretisches Bestreben erkennbar ist und dass dieses mit Barths Überlegungen parallelisiert werden kann. Damit kann gezeigt werden, dass die zeitgenössische Begründungsdiskussion bei Barth wiederzufinden ist und dass die Modernisierung der Religionsphilosophie in Barths Theologie als Weiterentwicklung neukantianischer Theologie gedeutet werden muss. Man kann innerhalb dieses Modells mehr das Anknüpfungselement oder das Erneuerungs- und Überwindungselement betonen. Barth selbst hat aus guten Gründen die reflexive Weiterentwicklung als radikale Lösung verschiedener Probleme der liberalen Theologie- und Religionsphilosophietradition verstanden und insofern das Moment des Neuartigen in seinen Überlegungen hervorgehoben, nicht nur in der Aussendarstellung, sondern auch für sich selbst.

3 Damit wird das Programm der Theologie Barths parallelisiert mit demjenigen der zeitgenössischen Religionstheorie Tillichs, die durch eine ähnliche Beerbung des idealistischen Konstruktionshintergrundes der modernen Theologie (samt ihrer Religionskritik) sowie durch die Überwindung des religionstheoretischen Denkmodells insgesamt gekennzeichnet ist.

III. Expressionismus als Funktion der Innerlichkeit – Hartlaub und Tillich

1. Voraussetzungen

1.1. Ausgangspunkt der Darstellung ist die enge Verbindung von Religion und Kunst in einem gesamtkulturellen Verständnis des Geistes vor der Jahrhundertwende. Die Verbindung ergibt sich über die Unmöglichkeit, zwischen schlechter Kunst und schlechter Religion zu differenzieren. In den Überlegungen des protestantischen Theologen Pfennigsdorf zur Verbindung von Christentum und Kunst[4] werden Realismus und Naturalismus des 19. Jahrhunderts (und zwar sowohl in der bildenden Kunst wie in der Literatur) mit moralisch abwertenden Bezeichnungen beschrieben und als eine atheistische Verirrung des Zeitgeistes gebrandmarkt.[5] Pfennigsdorf erwartet 1899 ein Absterben solcher religionsfremder Formen von Kunst in der nahen Zukunft, weil sich bereits in seiner Gegenwart eine auf die Ideale des Geistes bezogene Wahrnehmung der Kunst durchsetze. Aber das sei auch notwendig, weil nur eine solche ideale Kunst dem wahren Wesen der Kunst entspreche, während Realismus und Naturalismus nicht nur die Ethik und die Religion, sondern eben auch die eigentliche Kunst gefährdeten.[6] Christus und Christus«geist» sind für Pfennigsdorf kaum zu unterscheiden: Im frommen Bildgehalt drückt sich für ihn auch die Frömmigkeit des Künstlers

4 Pfennigsdorf, Emil: Christus im modernen Geistesleben. Christliche Einführung in die Geisteswelt der Gegenwart (1899), 16. Aufl., Schwerin 1911.

5 Es ist überhaupt das Ziel der Argumentation Pfennigsdorfs, sozusagen kontrafaktisch zur realen Entwicklung daran festzuhalten, «dass der konsequente Atheismus grosse künstlerische Leistungen unmöglich macht» (S. 128).

6 Als Beispiel für viele gleichlautende Urteile: «Doch freuen wir uns eines Hoffnungsstrahls! Die naturalistischen Dichter, Hauptmann und Sudermann voran, fangen an, andere Bahnen einzuschlagen. Hat sie der Ekel erfasst vor der verpesteten Atmosphäre, in der sie sich bisher bewegten, haben sie es satt, die gemeine Wirklichkeit zu photographieren und dabei die nach der höheren Welt verlangende Seele zu verleugnen?» (A.a.O. S. 138) Das Zitat zeigt die eigentliche Frontlinie, nämlich das einer objektivistischen Wirklichkeitssicht und einer idealistisch-moralisch gesehenen Seele, die eine «höhere Welt» repräsentiert. Geistes- und Kulturphänomene stehen ein für die Bindung des Menschen an Transzendenz, oder umgekehrt: für einen Sinn von Bewusstsein, der über seine naturalistische Einbindung in die Wirklichkeit hinausführt, der also einen höheren (religiösen) Sinn vermittelt. Deshalb wird für Pfennigsdorf jeder Versuch einer künstlerischen Autonomie oder einer reinen Kunstästhetik zum Beleg für eine atheistische, materialistische Gesinnung.

wesentlich aus. Die normativ-pädagogische Komponente eines solchen Kunstverständnisses wird durchaus gesehen und gutgeheissen. Denn schliesslich dient die Kunst ja auch der Verbesserung des Menschen hin zur Einsicht in seine wahre Seele und zur Stärkung seines moralischen Freiheitsbewusstseins. Eine Kunst, die nur «aussen» schön wäre, wäre deshalb zugleich eben auch nicht schön und könnte ästhetisch nicht gewürdigt und wahrgenommen werden. Kunst und Religion gehören damit eng zusammen, beide fliessen gleichsam ineinander, wenn es um die Funktion geht, das moralisch-freie Selbstbewusstsein des personalen Geistes in den Menschen auszudrücken, anzuregen und zu stärken.

Umgekehrt aber kann eine solche Position den Drang zu einem von religiösen Ideen freien Kunstverständnis in der Moderne nicht angemessen verstehen. Von ihr aus geht es nicht um die Reinheit und Freiheit der Kunst, sondern um das Losreissen des menschlichen Wesens von dem, was es überhaupt erst «wertvoll» macht, was ihm seinen übernaturalen Sinn verleiht. Ein Auseinandertreten von Religion und Kunst kann deshalb gar nicht wertfrei akzeptiert werden. Pfennigsdorf macht die höhere Sinnhaftigkeit des Bewusstseins denn auch am religiösen Gegensatz von Schuld und Erlösung fest, der von ihm als allgemeinmenschliches Existenzial mehr behauptet als argumentativ gesichert wird. Dass die Erlösung wiederum nur in der Verehrung der Person Christi möglich ist, ist ein ebenso unbezweifelbarer Grundsatz. Ethisch-geistige und christlich-religiöse Deutungsmuster personaler Existenz fliessen für Pfennigsdorf notwendig ununterscheidbar ineinander. Ein Ausgriff auf andere Religionen, eine religiöse Pluralisierung des Abendlandes oder der globalen Kultur ist von Pfennigsdorfs Position aus schwierig zu erreichen, ein Geltenlassen irreligiöser Lebenszuschnitte unmöglich.

Gleichzeitig ist eine Unterscheidung zwischen Kunstproduktion und Kunstinhalten kaum möglich. Pfennigsdorf geht davon aus, dass der Künstler selbst ein frommer Mensch sein muss. Und es ist ihm sicher, dass ein frommer Mensch ein solcher ist, der seine Erlösung durch Christus erwartet. Deshalb endet seine Ausführung über die Kunst und das Christentum bei der Beschreibung und Begründung des Christusbilds. Christus wiederum steht aber als Person für die Einheit des Menschlichen und des Göttlichen, ist also selbst nur das Bild, an dem die Unterscheidung menschlicher Selbstdeutung von naturalistischer und atheistischer Einordnung des Menschen in die Welt – einer «sittlich marklosen Selbstvergötterung»[7] deutlich wird. Kunst und Religion arbeiten zusammen pädagogisch an der Versittlichung der Menschheit.

[7] A.a.O., S. 160.

1.2. Es ist der wesentliche Fortschritt der Kunstdiskussion in der Folgezeit, dass sich die Kunst aus der geist- und kulturphilosophischen Umklammerung löst und zu einer eigenen philosophischen Grundlegung gelangt. Theorien der Kunst fragen nicht mehr nach der Funktion der Kunst für die Erziehung und Moral im Kontext von Kultur und Geist, sondern werden selbst-bewusst. Im Vordergrund steht die Frage nach dem, was die Kunst zur Kunst macht. Und diese Frage kann gerade dadurch bewusst gemacht werden, dass zwischen der Religion und der Kunst unterschieden wird. Das heisst: Ein frommes Kunstwerk kann sowohl schlecht als auch gut, aber ein gutes Kunstwerk kann sowohl atheistisch als auch christlich sein. Ein direkter Zusammenhang ist nicht mehr erkennbar.

Das führt aber dann zur Frage, was überhaupt der Inhalt der Kunst mit dem zu tun hat, was die Kunst zur Kunst macht.[8] Inhaltliche Bestimmungen scheinen nicht geeignet, die ästhetische Begründungslast zu tragen. Die Differenz zwischen Religion und Kunst kann da – weil eben «religiöse Kunst» nur über den Inhalt als religiös erscheint – geradezu als paradigmatischer Fall für das Problem gelten, welche präzise Korrelation zwischen Gehalt der Kunst und dem Wesen der Kunst – bzw. dem, was das bestimmte Kunstwerk jenseits seines Gehalts zum (guten) «Kunstwerk» macht – besteht.

Deshalb weist aber auch die deutliche Trennung von Kunst und Religion in der Kunst auf ein neues Problem hin, nämlich die religiöse Beurteilung nicht des Gehalts, sondern des Wesens der Kunst. Wenn die Inhalte der Kunst über die ästhetische Valenz des Werks keine Auskunft (mehr) geben, dann gilt Gleiches möglicherweise auch für die Religion selbst: Nicht der Inhalt und das Thema, nicht das Dogma und das christliche Bild, sondern allein im Produktionsprozess selbst liegt das Urteil über das religiöse Wesen der Kunst. Ebenso wie über das Wesen der Kunst kann der Inhalt auch nicht über die religiöse Art des Kunstwerks Auskunft geben. Was aber dann?

Es zeigt sich, dass die vorherige Verbindung von Kunst und Religion in einer sittlichen Fassung des Geistes die Frage nach der religiösen Kunst weiterhin schwierig macht. Denn wenn sich jetzt die Frage nach dem Wesen der Kunst von ihrer inhaltlichen Erkennbarkeit im Werk trennt (so wie sich die Frage nach dem Wesen der Religion von ihrer Bindung an dogmatische Gehalte, Bilder und Vorstellungen trennt, sie aber zugleich auch neu – symbolisch, darstellerisch, ausdrucksbezogen – an sie bindet), so kann jetzt die

8 Ein paralleles Beispiel für die hier eingeführten Überlegungen ist noch die spätere, bis heute in den Literatur- und Kulturwissenschaften immer wieder zitierte Definition Roman Jakobsons, dass der Gegenstand der Literaturwissenschaft nicht die Literatur ist, sondern die Literarizität («literalité») der Literatur.

Wesensfrage hinter und unabhängig von den Inhalten beide weiter aneinander binden. Die Frage nach einer Autonomie von Kunst und Religion findet ihre Grenze im inneren Wesen derjenigen Selbstbezüglichkeit, die in beiden die Verbindung von zufälligen, historisch, sozial und bildungsabhängig verschiedenen Inhalten und wesentlichem, an der Produktion und Funktionalisierung der Inhalte im Bewusstsein hängenden Kunst- bzw. Religionsbewusstsein herstellt.

1.3. Der Begriff des Expressionismus, der heute überwiegend als Stilbegriff für eine historische Richtung der Kunst verwendet wird, ist nun in der Debatte der damaligen Zeit zugleich und in erster Linie ein Wesensbegriff für die wahre Kunst. In der Wendung vom Impressionismus zum Expressionismus sehen die Zeitgenossen nicht nur eine neue Machart von Kunst, sondern eine Neubesinnung auf das, was überhaupt die Kunst zur Kunst macht. Das Wesen der Kunst findet im Expressionismus seinen Ausdruck, neben dem, dass hier auch das Innere des Menschen zu neuer Beachtung und Aussengestaltung findet. Beides ist in der Interpretation der damaligen Theoretiker kaum zu trennen. Ähnlich ist ja auch die Debattenlage in der Theologie, wo die Frage nach dem Kern der Religion mit der Frage nach dem inneren Wesen des Menschen und seiner Selbstbeziehung eng zusammenhängt.[9] Der Impressionismus steht hier für eine Kunst, die sich in der sinnlichen Darstellung des Inhalts, in einer für die weltlichen Reize der Wahrnehmung gemachten Inszenierung der Wirklichkeit erschöpft. Parallel wird auch im Anschluss an die religionsgeschichtlich argumentierende Theologie die geschichtliche Entwicklung der religiösen Anschauungen und Bilder vom eigentlichen Wesen der Religion getrennt. Nicht (mehr bloss) am Ende der Entwicklung steht die reine, die höchste Form (von Religion oder auch Kunst), sondern jederzeit aller Religion oder Kunst, wie auch immer sie inhaltlich aussehen mag, liegt die reine Form von «Religion» oder «Kunst» bereits zugrunde.

Eine solche kategoriale Verwendung zeichnet in der damaligen Debatte den Begriff des Expressionismus aus. Expressionismus ist hier keine zeitbezogene Stilrichtung der Kunst. Vielmehr beschreibt der Begriff einen möglichen Gehalt. Diese Überlegungen gibt es auch dort, wo die Ablehnung religiöser Deutungen die Theorie der Kunst beherrscht. So schlägt zum Beispiel der durch die materialistische Überbau-Theorie geprägte Kunst- und Sozialphilosoph Max Deri eine inhaltsbezogene Strukturformel für die Kunst vor, deren Ausprägungen er über die ganze Kunstgeschichte verteilt sieht. Es hat

9 Zu verweisen wäre z. B. neben den Genannten auch auf die frühe Theologie Rudolf Bultmanns.

gleichsam immer expressionistische Varianten künstlerischen Schaffens gegeben. Und zwar deshalb, weil es sich beim Gefühl um einen von vier grundlegenden möglichen Inhalten von Kunst handelt. Problematisch ist an Deris Kunstverständnis, dass er dem, was gegenüber z. B. Fotografie, Kopie oder anderen Ausdrucksformen für Gedanken, Bilder und Gefühle gerade des Wesen der künstlerischen (Re-)Produktion ist, keine eigene Überlegung widmet. Sein Schema hat die Absicht, alle Varianten von Kunst abzudecken und einzuordnen, aber er erklärt nicht, was eigentlich Kunst ausmacht oder was den künstlerischen Prozess im Menschen konstituiert.

Übertragen auf die Religion bedeutet dies, dass Deris inhaltliche Bestimmungen zwischen einem wirklichkeitsbezogenen realen, gleichsam objektiven Gehalt der Kunst und einem durch den Ausdruck des Inneren bestimmten Gehalt unterscheiden. Dies entspricht der Unterscheidung zwischen Gott und dem menschlichen Glauben als Gegenstand der Religion. Erkenntnistheoretisch steht dafür die Unterscheidung von Dingwahrnehmung und Ausdruckswahrnehmung (Cassirer). Dem bestimmten Expressionismusbegriff Deris zu parallelisieren wäre also eine funktionale Bestimmung des Religionsbegriffs. Religiöse Bilder und Gehalte sind Ausdrucksgestalten der Innerlichkeit. Allerdings reflektiert Deri weder auf die Möglichkeit dieser Ausgestaltung noch auf die Bedingungen des Wissenkönnens von der Funktionalisierung auf der theoretischen Ebene.

2. Kunst und Religion bei Gustav Friedrich Hartlaub

2.1. In ihren avancierten Varianten verweist allerdings die Expressionismus- und Stildebatte gerade auf reflexive Überlegungen hinsichtlich der Möglichkeit, wahre «Kunst» (also die Kunsthaltigkeit der Kunst) anhand der bestimmten Darstellung der Inhalte der Kunst zu identifizieren. Expressionismus macht die Kunst durchsichtig nicht nur auf Gefühle, sondern auf ein Inneres im Menschen, das zugleich das eigentliche künstlerische Produktionszentrum darstellt. In der Kunst stellt sich damit die «Kunst» selbst dar, und der Künstler wird zum Organ dieser symbolverhafteten Wesens-Selbstdurchsichtigkeit. Der Betrachter wiederum hat dann die Aufgabe, über den Stil den Zusammenhang zu rekonstruieren und damit die gemeinte «künstlerische» (oder religiöse) Tiefenschicht der Bilder und Inhalte nachzuvollziehen. Das soll im Folgenden anhand der Expressionismustheorie von Gustav Friedrich Hartlaub, die zugleich der Frage nach dem Wesen der religiösen

Kunst (oder einem möglichen religiösen Wesen der Kunst) gilt, dargestellt werden.[10]

Eingangs bezeichnet Hartlaub den Expressionismus als präreligiösen Stil. Damit ist ein überzeitliches Stilgesetz im Gegensatz zum Impressionismus gemeint. Während der Impressionismus an der Oberfläche des Dargestellten hängt und Kunst als sinnenbezogene Aufbereitung des Wahrnehmbaren versteht, will der Expressionismus diese Oberflächen durchsichtig machen auf dahinterliegende Formen von Ausdruck. Diese Möglichkeit muss gegeben sein, damit Kunst überhaupt religiös sein kann. Denn nur wenn mit den Gegenständen, die sie abbildet, etwas anderes gemeint sein kann, ist auch das Meinen von Transzendenz möglich. In verschiedenen expressionistischen Stilen über die Kunst- und Kulturgeschichte hinweg werden verschiedene Weisen der Jenseitsvorstellung ausgedrückt. Doch liegt für Hartlaub das Religiöse der Kunst nicht bereits im Stil. Zwar wird unexpressionistischer Stil nicht fähig sein, Religion auszudrücken, aber umgekehrt ist Expressionismus natürlich verwendbar, um immanente Bedeutungs- und Gefühlsgehalte darzustellen.

2.2. Deshalb beharrt Hartlaub auf der Sichtbarkeit der Religion im Kunstwerk. Er scheint hier wieder auf gegenständliche Sichtbarkeit, auf objektivreligiöse Kunst zurückzugehen. Allerdings meint er eher das notwendige Merkmal von Bewusstheit als Kennzeichen religiöser Kunst. Kunst muss Religion auch ausdrücken *wollen* – Religion einfach in die Kunst hineinzudeuten, scheint Hartlaub kein angemessener Weg. Und dieses Wollen, diese Bewusstheit von Religion in der Kunst ist deshalb notwendig ein Merkmal des schöpferischen Prozesses im Künstler. (Schwierig wird an dieser Stelle also die alte Verbindung von Naturschönheitsempfinden und vertiefter kosmologisch-religiöser Stimmung.) «Nur dadurch, dass die Kunst vom Göttlichen handelt, führt sie auch ganz zu ihm zurück, und hebt so jene Kluft zwischen Religion und Kunst auf …»[11]

Der geforderte religiöse Gegenstand religiöser Kunst ist also bereits an dieser Stelle als Darstellungsort reflexiver religiöser Bewusstheit zu verstehen, nicht als gegenständlicher Nachweis von Religion.

Ist aber solche religiöse Kunst noch Kunst? Ist nicht die Festlegung eines Inhalts ein unästhetisches Verfahren, muss die ästhetische Theorie davon nicht gerade abstrahieren können, um das Wesen der Kunst zu verstehen? Hartlaub erstrebt eine theoretische Bestimmung religiöser Kunst, die diese

10 Hartlaub, Gustav Friedrich: Kunst und Religion. Ein Versuch über die Möglichkeit neuer religiöser Kunst, Leipzig 1919.

11 A. a. O., S. 38.

als Möglichkeit «wahrer» (also Kunst bleibender, nicht in Kitsch oder religiöse Propaganda abgleitende) Kunst ansieht. Religiöse Kunst soll also am allgemeinen Kunstcharakter Anteil haben. Das geht allerdings nur, wenn die ästhetische Theorie an einem Verständnis von Kunst festhält, das nicht auf eine gleichsam oberflächliche Autonomie der Kunst gerichtet ist. Religion darf nicht zu einem der vielen verschiedenen und für den Kunstcharakter beliebigen Inhalte von Kunst werden, sondern soll in der Definition dessen, was Kunst ist, eine Rolle spielen können. Deshalb verwirft Hartlaub eine rein ästhetische Theorie der Kunst. Dies sei eine moderne Abstraktion. Vielmehr hält er an dieser Stelle an der anthropologischen Funktion der Kunst fest, an ihrem Ausdrucks-, Bildungs- und Symbolisierungspotenzial für die Erfassung des menschlichen Geistes. Denn der Künstler sei immer auch mehr als nur Künstler: «Nämlich: Mensch!»[12]

Die alte moralische Einbindung der Kunst in die (christliche) Religion, wie sie bei Pfennigsdorf im Vordergrund stand, wird also hier weitergeführt, um eine rein autonome Bestimmung der Kunst zu vermeiden. Religiöse Kunst ist nur denkbar, wenn Kunst nicht als «reine» Kunst verstanden wird. Es ist deshalb verständlich, wenn Hartlaub am pädagogischen bzw. volkserzieherischen Auftrag der Kunst dieses Surplus einer «menschlichen» Kunst verdeutlicht. Religion sickert also gleichsam über die anthropologisch-geistige Abzweckung von Kunst zur normativen Selbstbeschreibung des Menschen (Hartlaub nennt dies das «Literarische») in die Kunst ein. So bleibt ein Raum für die Weiterexistenz religiöser Kunst in der Gegenwart, die sonst durch die radikal autonome Ausdifferenzierung von Kunst und Religion erledigt wäre: «So müssten wir in Zukunft auf das religiöse Kunstwerk im eigentlichen Sinn verzichten».[13] Gleichwohl ist noch einmal daran zu erinnern, dass das Literarische nicht als möglicher Inhalt von Kunst gesehen wird, sondern als ein Wesenselement, das dem künstlerischen Akt selbst innewohnt. Kunstproduktion, so Hartlaubs Meinung, muss etwas vom Menschen erzählen wollen, sonst drohte sie «in einer allzu abstrakten und lebensfremden Gefühlsmässigkeit zu ersticken»[14].

2.3. Gegenständlichkeit der religiösen Kunst steht also für Bewusstheit der Religion in der Kunst, denn sie soll bewusst gemacht werden können, als ein Element des bewussten Wollens in Produktion und Rezeption wahrgenommen werden können. Doch betrifft dieses Element des bewussten Wol-

12 A. a. O., S. 40.
13 A. a. O., S. 41.
14 A. a. O., S. 40.

lens von Religion nicht nur einen objektiven, dogmatischen, gleichsam gegenständlichen Begriff von Kunst. Der Künstler muss nicht das Dogma bejahen, sondern Religion haben als ein «Fühlen, Denken und Wollen Zusammenfassendes».[15] Was Hartlaub auch in der religiösen Kunst als Religion auffasst, hängt also nicht am blossen Wissen, sondern ist mehr, nämlich eine Form existenzialer Innerlichkeit. An dieser Stelle trifft sich das Verständnis von Religion mit der nachimpressionistischen Selbstauffassung der Kunst in der (Hartlaubs) Gegenwart. Hartlaub verweist hier auf Kandinskys einflussreiche kunsttheoretische Überlegungen. Auch die heutige «autonome» Kunstästhetik sieht Hartlaub auf dem Weg zu einer geist- und sinnbezogenen Gesamtdeutung des Menschen, zur Auffassung der Kunst als einer Weise der Gestaltung des Innern, in der «das innerste Ich, welches die Totalität des ganzen Menschen zusammenschliesst»[16], zum Ausdruck kommt. An dieser Stelle sind dann die Begründungsgedanken von Kunst und Religion kaum noch zu unterscheiden. Hartlaub besetzt jenseits der vordergründigen Differenzen der Deutungssysteme den Grund der Kultur, der sich im Innern des Bewusstseins befindet, religiös. In der Tiefe des Bewusstseins, wo es um das innerste und gesamte Sein des Menschen geht, ist der Produktionskern menschlicher Sinndeutung für alle Kultur identisch, und dieser Kern ist in sich selbst religiös verfasst.

Doch wie ist das nun wieder an der Kunst ablesbar, ob sie auf diesen innersten Kern der Produktion verweist und ihn in sich durchsichtig macht? (An dieser Stelle wären gleichsam dann Erfüllung des Wesens der Kunst und Erfüllung des Wesens der Religion als gleichbedeutend zu betrachten.) Denn auch das Malen eines benennbaren religiösen (christlichen) Gegenstandes garantiert nach modernem Verständnis noch nicht «religiöse Kunst», sondern könnte gerade auch Ausdruck eines rein autonomen Kunstverständnisses sein. Religiöse Bewusstheit als Charakteristikum religiöser Kunst hängt deshalb an der «innere[n] Beziehung» des Künstlers zu diesem christlichen Gegenstand, an der «Religiosität des Schaffenden selbst».[17] Auch hier muss allerdings präzisiert werden: Nicht am frommen, die Persönlichkeit als ganze prägenden Bewusstsein, sondern an einer auf den künstlerischen Akt selbst zu beziehenden religiösen «Gesinnung» hängt die religiöse Kunst.

2.4. Was ist aber nun dieses in den Akt künstlerischen Schaffens als Bewusstheit hineinzudeutende religiöse Element? Das ist die entscheidende Frage des

15 A. a. O., S. 38.
16 A. a. O., S. 40.
17 A. a. O., S. 42.

Versuchs von Hartlaub, an dieser Stelle ist der Kern der Argumentation bezüglich einer anthropologisch möglichen (und insofern auch als Kunst der Gegenwart sinnvollen) religiösen Kunst erreicht. Leider ist die Beschreibung eben an dieser Stelle nicht besonders präzise. Hartlaub spricht vom Respektieren des unveränderlichen Wesensgehalts des religiösen Motivs, was für eine mehr gegenständliche Auffassung von Religion spricht.[18] Andererseits bindet Hartlaub dieses Respektieren an eine Bewusstheit des schöpferischen Aktes selbst. Der unveränderliche Wesensgehalt ist dann dadurch legitimiert und gegengezeichnet, dass der Künstler ihn auch im Akt «schaffend erlebt»[19]. Und schliesslich sieht Hartlaub das Religiöse in einer unbedingten Tiefe des Gewissens verankert, die sich in der Kunst Ausdruck verschafft, indem sie

> «den gesamten Ausdrucksgehalt der Gestaltung von der allgemeinen künstlerischen Handschrift an bis zu dem, was alle besondere gegenständliche Charakteristik ausmacht, durchfärbt und damit die religiöse Auffassung verbürgt».[20]

Das Religiöse ergibt sich nicht aus einem bestimmten Element der Kunst, gleichwohl ist es an der Kunst ablesbar und sichtbar. Das Religiöse ergibt sich aus dem Zusammenspiel von Stil und Gehalt und lässt von da aus zurückschliessen auf die Gesinnung des Künstlers, die erst das Zusammenspiel als ein vollkommenes schafft. Hartlaub denkt das Religiöse als den letzten produktiven Grund für die Kunst im Gewissen des Künstlers. Darauf deutet

18 In seiner Analyse der Beziehung der Kulturtheologie Tillichs zur Expressionismustheorie hat Werner Schüssler (Schüssler, Werner: Die Bedeutung der Kunst, der Kunstgeschichte und der Kunstphilosophie für die Genese des religionsphilosophischen und kulturtheologischen Denkens Paul Tillichs, Nachwort, in: Schüssler, Werner (Hg.): Paul Tillich. Kunst und Gesellschaft. Drei Vorlesungen (1952), Münster 2004, S. 49–90) darauf hingewiesen, dass Tillich die Theorie Hartlaubs in diesem Sinne als theistisch verstanden hat, während er dann selbst eine zwischen Pantheismus (nämlich der religiösen Kunsttheorie Eckart von Sydows) und Theismus (eben der Position Hartlaubs) vermittelnde Position eingenommen habe. Diese Tillich'sche Position deckt sich m. E. aber genau mit dem, was bei einer genauen Lektüre von Hartlaubs Versuch als Grundlegung der religiösen Kunsttheorie zu erkennen ist. Schüssler macht darauf aufmerksam, dass (bei Tillich) die Struktur des expressionistischen Elements derjenigen der religiösen Erfahrung entspricht, dass Tillich sie «fast mit den gleichen Worten» (S. 70) darstellt. Das deutet darauf hin, dass die «tiefere» Religion letztlich die Grundlage kulturell-symbolischer Produktion überhaupt ist. Genau dies ist aber auch als letzter Sinn von Hartlaubs Theorie erkennbar.

19 Hartlaub, Kunst und Religion, S. 43.

20 A. a. O., S. 42.

auch sein Festhalten am Menschsein des Künstlers hin. Die autonome Selbstbegründung der Kunst wird auf einer nach aussen hin gerichteten Betrachtung von Kunst zugestanden. Hier geht es um die Beschreibung des ästhetischen Stils, dann um die Wahl des Bildsujets und seine Bedeutung im Kontext einer historischen Geschichte. Gleichwohl wird die Kunst letztlich gedeutet als Ausdruck der gesamten, absolut für sich bestehenden Geistigkeit des Menschen, die wiederum ihrer selbst im religiösen Sinn ansichtig wird. Religion ist die Gründung des Gewissens in der Tiefe, ist das Bezogensein des menschlichen Geistes auf die Transzendenz des Absoluten am Ort seiner eigenen Begründung.[21]

3. Religion in Tillichs Religionsphilosophie und Kulturtheologie

3.1. Es ist bekannt, dass Tillich bei der Grundlegung seiner Kulturtheologie in den Jahren direkt nach dem Ende des Weltkriegs auf die Debatte um die expressionistische Kunst Bezug genommen hat.[22] «Expressionismus» wird, wie er sich selbst noch Jahrzehnte später erinnert, zu einer reflexiven Strukturformel, die den Unterschied von Gott als Inhalt und Symbol geschichtlicher Religionen und dem Gott in der Tiefe des Bewusstseins verdeutlicht. Die Möglichkeit der Gewinnung der Formel «Gott über Gott» beruht auf den Überlegungen zu einer religiösen Kunsttheorie, die zwischen dem Inhalt des Dargestellten und seiner «tieferen» religiösen Bedeutung zu unterscheiden gelernt hat. Tillich benutzt die Trias der Begriffe Inhalt, Form und Gehalt, um die Struktur des religiösen Kunstaktes zu beschreiben. Der Inhalt ist dabei nur der äussere Gegenstand, das mehr oder weniger zufällige Bild, an dem das Kunstwerk sich als Kunstwerk entzündet. Mit «Form» nimmt Tillich dagegen den Stilbegriff auf, aber nicht in einer zeitbezogenen, an einer Abfolge von Stilen orientierten Fassung, sondern in einer strukturellen Fassung, die das jeweilige Wesen des Kunstwerks zur Sprache bringt. Expressionismus ist ein Stil, der die Dinge durchscheinend macht für Sinn, für eine «höhere» Bedeutung. Damit wird das Gesamt der Behandlung eines Gegenstandes, wie er im Kunstwerk erscheint, aufgenommen. Im Stil wird die Gesinnung, mit der etwas zum Inhalt der Kunst gemacht wird, präzisiert.

21 «Und es gibt eine Ergriffenheit des ganzen persönlichsten[!] Wesens von Gott, die, fast könnte man sagen, bis in die Knochen geht, die Religiosität der grossen Heiligen und Ketzer.» A. a. O., S. 43.

22 Vgl. Schüssler, Werner; Sturm, Erdmann: Paul Tillich. Leben – Werk – Wirkung, Darmstadt 2007, S. 55–67.

Tillich geht es dabei, indem er den Expressionismus als den eigentlichen Stil «religiöser Kunst» aufnimmt, um die dadurch bewusst gemachte Reflexivität der Kunst auf den Produktionsprozess hin.[23] Insofern Hartlaub an einer religiösen Gegenständlichkeit zum Zwecke dieser Bewusstmachung festhält, wirft Tillich ihm eine theistische Kunstauffassung vor. Umgekehrt ist zu schliessen, dass Tillich das Moment reflexiver Bewusstheit zu einem eigentlichen Element der autonomen Kunst zu erklären geneigt ist. Die Differenz zwischen religiöser und autonomer Kunst, um die es in der Beschreibung Hartlaubs ja eigentlich ging, wird gleichsam aufgehoben und damit die Strukturmerkmale religiöser Kunst zum eigentlichen Wesen «wahrer» geistiger, ihrer Begründung im Absoluten bewussten, Kunst erklärt. Der «Gehalt» schliesslich ist also nicht mehr bloss eine Möglichkeit von Kunst, die sich bewusst für eine reflexive Weise des Kunstschaffens entscheidet, sondern er wird zur eigentlichen, das Wesen der Kunst in seiner Bindung an den Produktionsprozess des sich seiner selbst bewussten Geistes ausdrückenden Mitte künstlerischen Schaffens erklärt.

3.2. Die Möglichkeiten, die sich aus der Übertragung der Struktur religiöser Kunst auf die Religion ergeben, liegen auf der Hand. Zunächst: Es wird möglich, zwischen der Religion als einer geschichtlich sich entwickelnden Symbolwelt der menschlichen Kultur mit kontingenten und möglicherweise unvernünftigen Inhalten auf der einen und der eigentlichen Religion, die in dieser Symbolwelt sich ereignet, auf der anderen Seite zu unterscheiden. Diese Unterscheidung geschieht aber nicht so, wie Troeltsch dies mit seiner Religionsphilosophie vor Augen hatte, dass nämlich die eigentliche Religion als eine apriorische Struktur des menschlichen Geistes analysiert wird. Sondern die Unterscheidung von inhaltsbezogener und eigentlicher Religion ist möglich an den geschichtlichen Gehalten der Religionen und insbesondere des Christentums selbst. Die jeweilige Religion ist nicht bloss ein ihrer selbst unbewusster Realisierungsort der bewusstseinstheoretisch fundierten Religionsfunktion des Menschen, sondern sie bietet die Möglichkeit einer Ent-

23 Tillich, Paul: Die Überwindung des Religionsbegriffs in der Religionsphilosophie (1922), in: Tillich, Paul, Mainworks/Hauptwerke (Religionsphilosophische Schriften), Berlin / New York 1987, Bd. 4, S. 73–90, 84: «Hier ist nun der Ort, die Dialektik des Religionsbegriffs zu völliger Durchsichtigkeit zu bringen: […] Nun ist der religiöse Akt […] nur in den übrigen Akten wirklich. Er muss diesen also eine Formung geben, an der die religiöse Qualität sichtbar ist. Diese Formung ist die Paradoxie, d. h. zugleich die Bejahung und die Verneinung der autonomen Form. Das religiöse Denken, Anschauen, ist also ein Denken, Anschauen, das die autonomen Formen des Denkens und Anschauens zugleich benutzt und zerbricht.»

scheidung zur Religion in ihr selbst. Die Übertragung des Stil- bzw. Formbegriffs auf die Religion erlaubt es, die wirkliche Benutzung religiöser Bilder und Inhalte zu unterscheiden nach «bloss kulturell tradiert» und «richtig ernstgemeint». Die Benutzung der Religion erlaubt die Entscheidung für eine wahre religiöse Existenz, indem die Bilder durchsichtig gemacht werden auf ihren religiösen Kern.

Sodann: Die auf das Absolute bezogene Gründung des Geistes kann als eigentlicher Gehalt der Religion plausibel gemacht werden jenseits der bestimmten, kritisierbaren und zufälligen Inhalte. Dazu gehört auch der Gottesgedanke selbst. Als Inhalt der Religionen verfällt er der Religionskritik. Damit kann der kritische Duktus der modernen, die Theologie begründenden Religionsphilosophie seit Schleiermacher aufgenommen werden. Es kommt in der Religion nicht eigentlich auf die Inhalte und auf die Verehrung Gottes an, sondern auf den «Gott über Gott», nämlich jenen Transzendenzbezug, auf den hin der Glaube an die Inhalte in den wirklichen Religionen je nach individueller Verwendung durchsichtig gemacht werden kann. Der bewusste Vollzug von Religion entscheidet über das Vorliegen von «Religion», nicht die dogmatische Richtigkeit der Inhalte.

Drittens: Mit Hartlaub hält Tillich an den Resten einer auf das Gesamt des menschlichen Geistes bezogenen, insofern moralisch-werthaften Religionsdefinition fest. Die geschichtliche Religion weist auf diese Religion in einer «tieferen» Schicht menschlichen Geistes nur hin. Das tut sie wie jede andere Form kultureller Betätigung potenziell auch. Die historische Form der Religion wird dadurch in Tillichs Kulturtheologie latent ortlos. Sie besetzt eine mögliche Form der Bewusstheit der Tiefenschichtdimension des Geistes, der kein eigener Inhalt entspricht. Sie lebt religionsgeschichtlich gleichsam immer noch von dem Mythos, den sie aufklärt. Sie liesse sich zugleich als Form der Bewusstheit an anderen Sprachen der kulturellen Kommunikation, wie z. B. der Kunst, beschreiben.

Die Theologie wiederum wird dadurch zu einer spekulativ systembezogenen Wissenschaft der allgemeinen transzendenten Gründung des Geistes. Sie beansprucht einen übergeordneten, fundierenden Platz im Aufbau des Wissenschaftssystems. Damit muss sie sich in den allgemeinen Begründungsdiskurs hineinbegeben und kann hier prinzipiell natürlich auch falsifiziert werden. Tillich mutet damit der Theologie zu viel zu. Es wäre modernegemässer, den Anspruch der Theologie auf den Bereich der bewussten Religion einzugrenzen und gerade nicht eine weitgehende Entgrenzung ihres Zuständigkeitsbereichs vorzunehmen. Es ist zwar deutlich, dass diese Entgrenzung dem Versuch geschuldet ist, die Allgemeingültigkeit und Legitimierbarkeit von Religion auch jenseits bestimmter konfessionell-christlicher Annahmen festzuhalten. Aber es fragt sich, ob die unmittelbare Identifikation des Religionsbegriffs mit der Grundlegung des Geistes überhaupt der rechte Weg ist. Immer ergibt sich hier die Schwierigkeit, eine «gemeinte» Religion über dem bestimmten Glauben durch theoretische Konstruktion behaupten zu müssen.

IV. Expressionismus als reflexive Absolutheit von Innerlichkeit (Simmel und Barth)

1. Simmels Analyse religiöser Kunst

1.1. Georg Simmel nähert sich in seinem Aufsatz über die religiöse Kunst von 1914[24] der Malerei Rembrandts über eine Unterteilung der Religion. Diese Unterteilung entspricht der oben bereits aufgezeigten zwischen der objektiven, auf den realen, vorausgesetzten Gehalt bezogenen Weise von Religion und einem auf den glaubenden Menschen, auf die subjektive Seite gerichteten Religionsverständnis. Diese einfache Unterteilung überträgt Simmel auf die Kunst. Dabei geht es ihm aber nicht um eine ästhetische Theorie, sondern um eine Theorie der religiösen Kunst. Kunst, wie Simmel sie hier betrachtet, ist im Kontext des christlichen Abendlandes immer religiös, sie ist über die Inhalte und über die kulturelle Prägung der kunstschaffenden Personen immer christlich imprägniert. Aber er unterscheidet innerhalb der Kunst dahingehend, welche der beiden Formen der Religion sich in der Kunst ausdrückt. Diese Unterscheidung zielt wiederum nicht auf eine zeitliche Abfolge oder eine stilistische Entwicklung in der Kunst, sondern sie ist zeitlos. Es ist nicht so gedacht, als sei die Moderne subjektiv und das Mittelalter objektiv. Vielmehr wird Rembrandt zum Künstler stilisiert, der den subjektiven Charakter der Religion in der Kunst am meisten darstellt. An seinen Bildern wird für Simmel zugleich das Wesen der rein subjektiv entstandenen und gemeinten Religion konstruierbar. Rembrandt ist der Idealfall, anhand dessen Simmel – wie zusammenfassend zu charakterisieren wäre – den reflexiven und absolutheitsbezogenen Charakter von sich selbst

24 Simmel, Georg: Rembrandts religiöse Kunst (1914), in: Simmel, Georg; Latzel, Klaus (Hg.): Aufsätze und Abhandlungen 1909–1918, Frankfurt am Main 2000 Bd. II (Gesamtausgabe, Bd. 13), S. 70–89. Vgl. Lichtblau, Klaus: «Innerweltliche Erlösung vom Rationalen» oder «Reich diabolischer Herrlichkeit»? Zum Verhältnis von Kunst und Religion bei Georg Simmel und Max Weber, in: Faber, Richard; Krech, Volkhardt (Hg.): Kunst und Religion. Studien zur Kultursoziologie und Kulturgeschichte, Würzburg 1999, S. 51–78, bes. 63–66.

ausdrückender Innerlichkeit begrifflich zu klären versucht. Denn das einzige Thema der religiösen Kunst Rembrandts ist «de[r] religiöse[] Mensch[]».[25]

Inhaltlich gesehen scheint es Simmel entscheidend, dass Rembrandt diejenigen objektiven religiösen Sachverhalte, die er im Kontext der Bildthemen seiner Zeit darzustellen beansprucht (z. B. mittels der Bildtitel), gerade nicht sichtbar macht. Simmel schliesst daraus, dass diese religiöse Kunst nur den religiösen Zustand der menschlichen Seele schildert und diejenigen Gehalte, auf die sich der Zustand bezieht, als unerheblich ausschliesst. Damit wird die Bestimmung der Gehalte der Religion (zunächst) eingeebnet,[26] und zwar in letzter Konsequenz noch die gegenständliche Differenz von Immanenz- und Transzendenzreligion: «Diesseits und Jenseits spielen für sie keine Rolle.»[27] Denn es geht für Simmel in den Bildern Rembrandts nur um ein «Sosein der Menschenseele»[28]. Simmel denkt dies zunächst von einer Individualisierung bzw. besser von der Notwendigkeit einer je individuellen Gegenzeichnung für die religiöse Bedeutung kulturell vorgegebener Gehalte der Religion aus. Dies ist dann in der Tat ein Entwicklungsschritt hin zur Moderne, denn im «Mittelalter überhaupt ist die Frömmigkeit wie eine Substanz ausgegossen»[29]. Jetzt wird aber die Frömmigkeit als eine *Eigenschaft* der jeweiligen Personen verstanden, die dann die Geltung der Gehalte als religiöser erst konstituiert. Jesus ist in diesem Sinn individuell als Person mit der denkbar stärksten Religiosität ausgezeichnet.[30]

1.2. Nun ist an Simmels theoretischem Versuch nicht diese Innenverlagerung der Religion das Entscheidende, sondern sein darauf aufbauender Versuch, dieser Individualisierung der Religion wieder zu entkommen und eine Strukturtheorie der individuellen Gewissheit auszuarbeiten, die selber von allgemeiner Gültigkeit ist und zugleich diese allgemeine Gültigkeit als Element der religiösen Gewissheit selbst herauszustellen versucht. Das letzte Element ist für die hier verfolgte Fragestellung nach der Funktion der Kunsttheorie für die Theologie zentral, denn es bietet die Möglichkeit, die Inhalte der Gewissheit als innere reflexive Beschreibung der Gültigkeit der Struktur von Gewissheit aufzufassen. Theologisch gesprochen: Es erklärt theoretisch,

25 A. a. O., S. 73.

26 «... welches auch immer ihre Glaubensinhalte, ihre metaphysische Basis, ihre dogmatische Substanz sei.» A. a. O., S. 73f.

27 A. a. O., S. 74.

28 A. a. O., ebd.

29 A. a. O., ebd.

30 «... jene unbedingte Sicherheit als eine Qualität seines menschlichen Seins.» A. a. O., S. 76.

wieso der Ausdruck Gott als Bewusstsein derjenigen Absolutheit interpretiert werden muss, die dem religiösen Gottesbewusstsein selbst zu Grunde liegt – letzteres aber gerade nicht als «Gegenstand», auf den sich das Bewusstsein bezieht, sondern als Beschreibungselement des sich ereignenden religiösen Bewusstseins selbst.

Die Geltung der religiösen Seele ist für Simmel ein Moment der Transzendenz des menschlichen Geistes überhaupt. Simmel merkt an, dass philosophisch-kosmologische Absolutheitstheorien dazu neigen, die Funktion und den Ort des Bewusstseins als eigentlichen Ausgangspunkt für diese Transzendenz in einem undifferenzierten Konzept von «Ganzheit» zum Verschwinden zu bringen.[31] Demgegenüber könnte man seinen Versuch charakterisieren als eine Theorie von Transzendenz und Absolutheit, die sich erkenntnistheoretisch ihrer Anbindung an den menschlichen Geist bewusst bleibt.

Das Problem der Darstellung seelischer Tatbestände, des Wissens von der Struktur des Bewusstseins, bearbeitet nun Simmel in der Rembrandt-Interpretation in Form der Frage, wie eigentlich an den Bildern die gemeinte Religiosität sichtbar wird. Ausgangspunkt ist die Feststellung, dass man dies eben nicht mehr am Bildsujet erkennen kann. Denn es gilt die Differenz von Gegenstand und Deutung: Religiöse Gehalte können religiös, aber auch rein ästhetisch verwendet sein, umgekehrt können auch Alltagsszenen religiösen Sinn haben. Der jeweilige Deutungssinn ergibt sich also nicht aus dem, was man sieht, sondern aus einer Verbindung dessen, was man sieht, mit dem daran ablesbaren Gemeintsein der Produktion im Innern des Künstlers. Genau auf die Möglichkeit dieser reflexiven Sichtbarmachung kommt es an:

> «Bei Rembrandt dagegen wird die Malerei selbst von dem allgemeinen Grundmotiv des dargestellten Vorgangs, dem Religiös-Sein, getränkt und durch das Medium des so bestimmten artistischen Prozesses wird der Vorgang wiederum in jenes einbezogen.»[32]

Dabei handelt es sich eben um eine Beschreibung der objektiven Struktur religiöser Darstellung (in diesem Fall Malerei), nicht um eine Besonderheit

31 «... wo die Ganzheit des Daseins in ihrer Breite oder in ihrem objektiven Zentrum erfasst [...] werden soll, entgeht der Seele jener Sonderakzent, der von allen Dingen der Welt gerade nur ihr werden kann». A. a. O., S. 78. «... es offenbart, wie mit der Seele ein schlechthin Unvergleichliches gegeben ist [...]. Aber nur diese Absolutheit des Prinzips Seele kann jene Religiosität tragen, deren metaphysischer Inhalt keine gegebene Heilstatsache, sondern das religiöse Leben der Seele selbst[!] ist.» A. a. O., S. 79.

32 A. a. O., S. 81.

des Individuums Rembrandt. Vielmehr abstrahiert Rembrandt von seiner Person und macht sie zum Werkzeug der Selbstbezüglichkeit des Darstellungsprozesses. Denn «diese religiöse Charakterisierung haftet hier wirklich nur dem Malen an, sie ist dessen immanentes Gesetz und nicht eine eigene Lebensrealität, für die das Malen nur ein Ausdruck wäre».[33]

1.3. Damit ist der entscheidende Umschwung des Denkens über das Verhältnis von religiöser Existenz und Ausdruck benannt. Das Religiöse ist nicht eine Voraussetzung, kein vorausgesetztes Sein des Subjekts (das ist es nur im Hinblick auf einen Ausgang von einem Objekt, auf das es sich richten würde), das dann in einem zweiten Schritt dargestellt würde. Sondern das Religiöse ist ein Strukturgesetz des Darstellens. Die individuelle Gefühlslage des malenden Subjekts (also Rembrandts) kommt nur in der Weise vor, dass sie in der Funktion des Subjekts im Prozess der Darstellung überhaupt – also als allgemeines Element – mit ausgedrückt und aufgehoben ist. Damit verlagert sich aber das religiöse, absolutheitsbezogene Wesen des individuellen Glaubens in den Prozess der Darstellung selbst, wenn auch unter Einbeziehung der Darstellungsgehalte und des darstellenden Subjekts in den Darstellungsprozess. Das bedeutet also nicht, dass es egal ist, was dargestellt wird, und erst recht nicht, dass die bewusste Vollzugsinstanz der Darstellung verloren geht oder auch als Automat gedacht werden könnte. Vielmehr wird beides reflexiv in den Prozess der Darstellung mit aufgenommen und in ihm strukturell konstituiert. Das Subjekt ist nicht erst und stellt sich dann dar. Sondern es entsteht – als religiös-künstlerisches Subjekt – eben im Prozess der Darstellung. Und was dargestellt wird, ist genau das Wissen um dieses interne wechselseitige Begründungsverhältnis. Es zeigt sich in der Deutbarkeit und Aufhebung des Dargestellten in das reflexive Bewusstsein des Darstellungsprozesses. Das ist gemeint, wenn Simmel bei Rembrandt die Religion in einer «tiefere[n] Schicht» diagnostiziert.[34]

33 A. a. O., S. 82.

34 A. a. O., S. 82. Simmel fasst die Idee zusammen unter Abweisung einer Isolierung der bisher in der ästhetischen Theorie aufgezeigten Elemente: «dieser Vortrag selbst [sc. der Prozess der Darstellung] ist also religiös, er hat nicht einfach Religion – weder als Bekenntnis einer persönlich realen Gläubigkeit [sc. als individuelle subjektive Frömmigkeit] noch als Wiedergabe beobachteter Religiosität [sc. als Rekurs auf gegebenen Glauben in der Geschichte] noch als Darstellung an sich religiöser Inhalte [sc. im Sinne der am Anfang abgewiesenen Objektivität]. Mir ist kein Schöpfer religiöser Kunstwerke bekannt, bei dem das religiöse Element in dieser Schicht lokalisiert wäre, so frei von aller blossen Gegebenheit; ein Formungsgesetz des Schaffens selbst, das also ‹allgemein und notwendig› in dem Geschaffenen anschaulich ist.» (S. 83) Simmel geht es, wie der

Simmel legt bewusstseinstheoretisch gesehen Absolutheit in den sich auf sich selbst beziehenden Prozess der Selbstdarstellung hinein. Absolutheit ist gerade dieses, dass er sich nicht auf ein vorausgesetztes Element ausserhalb des Aktes bezieht, sei es nun ein gedachtes Objekt, ein «Ding an sich», oder sei es ein religiöses Subjekt, das religiös ist, bevor es sich auf sich selbst zurückwendet. Vielmehr wird der religiöse Gehalt des Subjektseins (nämlich im Schaffen selbst) im Akt der Rückwendung allererst aufgebaut. Damit wird der Bezug auf ein ganz Anderes oder auf das Absolute als das ganz Andere seiner eigentlichen religiösen Gegensätzlichkeit entkleidet. Andersheit des Absoluten wird in den Prozess der Selbstdarstellung als Element integriert. Die religiöse Selbstdarstellung als Prozess ist als Ganzes der Ort des erscheinenden Absoluten.

Simmel sieht dies als Schwierigkeit seiner Deutung des Religiösen an. Die Ganzheit des selbstbezüglichen Darstellungsprozesses, seine Absolutheit für sich selbst erlaubt keine harten Dissonanzen. Hoffnung auf ein in die Welt einbrechendes Jenseits, aber auch Gnade und Erlösung als Gottes Handeln in der Welt markieren gegen die Rembrandtsche Religionsform ein der Religion möglicherweise notwendiges Element von inhaltlicher Andersheit. In Simmels Konzeption religiöser Kunst als absoluter Darstellung von selbstbezogener Innerlichkeit wird die Andersheit inhaltlich, also im Innern der Darstellung, zum Verschwinden gebracht. Die Differenz, die mit dem Eintritt in diese in sich geschlossene Religionsform gesetzt ist, wird von Simmel nicht als Gewinn einer Selbständigkeit der Religion verzeichnet. Sein kulturell-funktionales Gesamtverständnis menschlichen Geistes verhindert die positive Auszeichnung der von ihm inhaltlich gesehen wunderbar beschriebenen radikalen Selbstbezüglichkeit der Religion, die sich noch gerade in der Anwendung des Gottesgedankens darstellt.

letzte Satz zeigt, um die radikale Auflösung und Kritik an «aller blossen Gegebenheit», darin Tillichs radikaler Objektkritik als Grundlage der Religionsphilosophie vergleichbar. Es verschiebt sich ihm die Gegebenheit des Religiösen – also das transzendente Absolute – in eine reflexive innere Strukturbeschreibung des Beschreibungsprozesses. Damit ist das Verhältnis von Glaube und Glaubensgehalt auf eine neue Stufe gehoben.

2. Barths Religionsverständnis im zweiten «Römerbrief»

2.1. In Barths «Römerbrief»[35] ist eine grundsätzliche Anerkennung der erreichten religionsphilosophischen Argumentationsstruktur sichtbar. Denn das religiöse Verhalten und der Glaube des Menschen im Sinne eines Fürwahrhaltens von bestimmten überlieferten Inhalten sowie das Befolgen religiöser Gebote im Kontext einer bestimmten religiösen Kultur sind kein Gradmesser für die tatsächliche Religion, die sich vielmehr auf einer höheren Ebene des Selbstverhältnisses im Umgang mit diesen kulturell fixierten Gehalten und Geboten verbirgt bzw. erst offenbart.

Barth nimmt damit – wie Tillich auch – die neuzeitliche Religionskritik in radikalisierter Weise auf. Denn auf der Ebene des Inhalts der Religion besteht gerade keine Möglichkeit der Unterscheidung von wahrem, transzendentem Gott und menschlichem, durch das Bewusstsein produziertem Gott. Denn auch die menschlichen Formen der Religion behaupten natürlich, sich auf die Sache selbst, auf die Wirklichkeit Gottes, auf Gott selbst zu beziehen. Auf dieser Ebene bleibt deshalb die Aufstellung der Tautologie «Gott ist Gott» bedeutungslos. Sie wäre nicht gegen die Auslegung gesichert, dass Religion eben allgemein sich auf Gott bezieht. Genau diese übergeordnete metaphysische Deutung des Religionsvermögens (die z. B. auch heutigen religionspluralistischen Theologieansätzen zugrunde liegt) will Barth aber zugunsten der Innensicht der christlichen Religion als einer Beschreibung des höherstufigen Selbstbezüglichkeitsmoments von «Religion» überwinden.

2.2. In den Überlegungen zur religiösen Kunst hat sich gezeigt, dass eine Unterscheidung zwischen der unreligiösen Benutzung traditioneller Inhalte und ihrem religiösen Gemeintsein nur möglich ist, wenn die *Verwendungsweise* des Inhalts mitberücksichtigt wird und insofern eine reflexive Deutung der Inhalte zur Mitdarstellung ihres Gemeintseins in den Vordergrund gestellt wird. Der Darstellungsprozess, nicht der Inhalt, entscheidet über den Gehalt. Barths Theologie des «Römerbriefs» bezieht nun genau die von Sölle kritisierte Darstellungsart purer Behauptung als Ausgangspunkt der Objektivität in die Gesamtbedeutung der Auslegung ein. Die Behauptung ist nicht Ausgangspunkt, sondern ein Mittel der Darstellung einer theologischen Sprache über die Religion, in der diese Sprache selbst als Moment des

35 Barth, Karl: Der Römerbrief (zweite Fassung) 1922, hg. v. van der Kooi, Cornelis und Tolstaja, Katja (Karl-Barth-Gesamtausgabe, Abt. II), Zürich 2010.

Selbstdurchsetzungsgeschehens religiöser Deutung erscheint. Die Behauptung, dass Gott Gott ist[36], ist deshalb in der Weise reflexiv zu lesen, dass die Selbständigkeit religiöser Sprache nicht auf bloss individuell-subjektiver Setzung beruht, sondern dass das notwendige Moment der Setzung ein Bestandteil der Selbstbezüglichkeit religiöser Rede insgesamt ist. *Zu behaupten*, dass Gott Gott ist (also nicht das pure Faktum als solches), weist auf den reflexiven Deutungsaspekt hin, mit dem hier die wahre Religion jenseits des religiösen Inhalts angezielt wird. Versteht man diesen Aspekt nicht mit (man mag das den Anrede-, den Verkündigungs- oder den Offenbarungscharakter der theologischen Rekonstruktion religiöser Rede nennen), dann fällt man auf die Stufe blosser Beschreibung der Identität der Religion mittels des traditionellen Gehalts zurück.

2.3. Der Rückgriff auf den kunstreligiösen Diskurs nötigt dazu, die Barthsche theologische Rede von Gott auf einer reflexiv-höherstufigen Ebene zu verorten als die inhaltliche Rede von Gott in der Religion. Nur auf der höheren Ebene nämlich kann das Wesen der Religion begründet und zum bewussten Ausdruck gebracht werden. Denn nur auf dieser höheren Ebene kann gezeigt werden, dass die Verwendung der religiösen Inhalte nicht bloss kulturell angelernt, ästhetisch abgezweckt oder moralisch funktionalisiert ist. Insofern ist es, wie die klare und leicht einsehbare Unterscheidung der beiden Ebenen im Bereich der Kunst zeigt, gerade im Sinne einer Besinnung auf das Wesen der Religion – bzw. das religiös Wesentliche – notwendig, eine Entscheidung über den «wahren» Gott nicht auf der Ebene des Inhalts, sondern der «Gesinnung» des Glaubenden zu treffen. Doch diese Gesinnung ist nicht Grundlage, sondern muss selbst am Inhalt zur Darstellung gebracht werden. Religiös zu sein, so wäre in Parallele zum kunstreligiösen Akt zu bestimmen, zeigt sich in der bestimmten reflexiven Verwendung des Gottesgedankens, mit dem Gott als Inhalt dann zur Beschreibung der Religion selbst erhoben wird. Dies kann man nun sprachlich gerade darüber erreichen, dass die Andersheit Gottes auf die Wesensbestimmung der

36 Ich fasse darin die den «*Römerbrief*» beherrschenden Satzgebilde zusammen, die Gottes Identität in Relation zur Differenz von allem anderen aussagen und insofern die Identität zugleich als Beschreibung seiner (weltlichen) Nichterkennbarkeit fassen. Die ersten deutlichen Beispiele: «Wir wären Gott entbehrlich, Gott müsste sich unser schämen, wenn er nicht Gott wäre – jedenfalls nicht umgekehrt.» A. a. O., S. 58. «Gott ist der unbekannte Gott.» A. a. O., S. 59. «Die Heilsbotschaft [...] redet von Gott, wie er ist, sie meint ihn selbst, ihn allein.» A. a. O., S. 61. «In Christus aber redet Gott, wie er ist [...].» A. a. O., S. 65.

Religion übertragen wird. Die Behauptung des Gottseins Gottes unterscheidet deshalb Gott von demjenigen menschlich-kulturell überlieferten Gott, der Inhalt von Religion ist. Der wahre Gott ist nicht Inhalt der Religion, sondern Beschreibung ihres Wesens als eines selbstbezüglichen und sich darin selbst darstellenden Aktes, der sich auf der Ebene der Reinheit der Religion fundamental von (andern) kulturellen Akten unterscheidet.

2.4. Damit ist zum Kern der neuen Religionsbestimmung in Barths Römerbrieftheologie überzugehen. Es umfasst drei Elemente, die gleichmässig in die formelhafte theologische Selbstbeschreibung Barths eingehen.

Erstens: Dass Gott Gott ist, ist nicht auf der Ebene des Gegenstands des Glaubens zu lesen. Es geht nicht um den Gegensatz von falschem menschlichem (bzw. religiösem) Gott und wahrem religiösem (bzw. offenbartem) Gott. Sondern es geht um eine Beschreibung des Glaubensaktes selbst und seines fundamentalen Unterschieds zu anderen Akten des Bewusstseins. Religion, so könnte man in ganz unbarthscher Diktion formulieren, ist eine Weise unmittelbaren Selbstbewusstseins, die in sich selbst abgeschlossen sich ereignet in Form spontaner Evidenzerzeugung. Diese In-sich-selbst-Abgeschlossenheit des unmittelbaren Selbstbewusstseins wird theologisch-sprachlich über die Identitätsaussage für Gott artikuliert. Dass also Gott nur durch und als Gott erklärbar ist, also jede Form einer bewusstseinstheoretischen, funktionalen oder gegenständlichen Erklärung abgewiesen wird, meint diejenige Absolutheit der Religion für sich selbst, die Simmel mit seiner Theorie subjektiver religiöser Kunst beschrieben hatte. Die Symbolisierung des innerlichen, reflexiven und von der Produktionsintention geleiteten Kerns der Religion schwebt bereichsmässig in sich selbst, es gibt keinen begründungs- oder konstitutionsfunktionalen Bezug auf die weltliche, menschliche Form der Gegenstandsauffassung und des Selbstbewusstseins.[37]

Damit ist das notwendige zweite Element des Kerns der neuen Religionsauffassung bei Barth angesprochen. Bei Tillich ging es in der Formel «Gott über Gott» um ein bleibendes geisttheoretisches Grundlegungsprogramm: Die Religion macht die innerste, sich ihrer selbst bewusste Begründungs-

[37] Die Voraussetzung der Offenbarung ist also nicht bloss eine naturhaft gegebene Grundstruktur von Bewusstsein. Sie wird selbst in einer dem Menschen zugänglichen Weise im Bewusstsein repräsentiert. Barth drückt dies mit den Worten aus: «Es wird nicht anschaulich neben andern Anschauungen; es wird anschaulich als das Unanschauliche.» A. a. O., S. 130. Diese Anschauung des Unanschaulichen ist viel mehr als der daneben noch mitgeführte Ursprungsbegriff die eigentliche Leitfigur des zweiten «Römerbriefs». Der ganze Kommentar versucht die Struktur und den Vollzug dieser besonderen Anschauung zu erläutern.

instanz des Geistes aus. Alle Kultur ist in ihrer Substanz religiös. Moderne-affin ist dieses strikt allgemeingültige Programm bei Tillich nur darüber, dass auf der Ebene des gegenständlichen religiösen Bewusstseins die Haltung der Dauerkritik eingenommen wird. Autonomie kann nur als Widerstand des menschlichen Bewusstseins gegen seine inhaltlich-religiöse Bestimmung gedacht werden. Damit verewigt Tillich zum einen die aufklärerisch-rationale Religionskritik, zum anderen die idealistische Einbeziehung des Religionsgedankens in die Letztbegründung des Geistes. Es geht nun Barth darum – und genau diese befreiende Funktion des Gedankens wird in Simmels selbstbezüglich-absoluter subjektiver Religiosität deutlich –, diese Letztbegründungsfunktionalität der Religion für das Selbstbewusstsein aufzusprengen. Er bestreitet diese Funktion nicht direkt, sondern nur ihre Konstruierbarkeit durch den menschlichen Geist selbst.[38] Das führt bei ihm zu einer Doppelkonstruktion. Einerseits wird immer wieder die gänzliche Unabhängigkeit des offenbarten Gottesglaubens von allem menschlichen Bewusstsein beschworen.[39] Andererseits hat die (neue) Religion gerade in dieser Unabhängigkeit und Selbstbezüglichkeit ihrer Produktions-, Symbol- und Gegenstandswelt analogen Charakter zur Begründung des Geistes.

Hier kommt dann als drittes Element des neuen theologischen Religionsbegriffs die Offenbarung ins Spiel. Die Differenz der Barthschen Konzeption kommt in der Idee der strikten Selbstidentität Gottes noch nicht ausreichend zum Ausdruck. Vielmehr muss die der Erschliessungsfähigkeit Gottes für das Gottesbewusstsein von vornherein mitberücksichtigt werden. Erst in der Offenbarung ist der bei Simmel aufgezeigte notwendige reflexive und auf die Produktionsintention gerichtete (den expressionistischen «Stil» ausmachende) Wesenskern religiöser Symbolisierung theologisch auf den Punkt gebracht. Die Idee der (Selbst-)Offenbarung Gottes ersetzt also die kunstreligiösen Theorieelemente, die sowohl bei Hartlaub als auch bei Simmel für die notwendige Reflexivität der Identität des Religiösen standen, und Barth nimmt darüber hinaus diejenigen auf sich selbst bezogenen Momente von Absolutheit auf, die Simmel für seine subjektive Religion beansprucht. Dass

38 «Die *Stimme* Gottes, die seine Kraft ist [sc. das Anschaulichwerdenkönnen], ist und bleibt die Stimme *Gottes* [sc. unanschaulich].» A. a. O., ebd.

39 Offenbarung bezeichnet in Barths Paulusauslegung also Erschliessung, reflexives Innewerden einer dem Bewusstsein zugrunde liegenden Selbsterkenntnisform. Die Abgrenzung des Inhalts dieser Offenbarung gegen das normale Bewusstsein ergibt sich gerade durch diese seine konstitutive Selbsterschliessung. Als immer schon benannt ist die Offenbarung eigentlich dem Bewusstsein nicht fremd. Soweit wäre das Konzept mit dem Tillichs vergleichbar. Aber entscheidend ist, dass Barth bezüglich der inhaltlichen Erschliessung, also des Wissenkönnens in dieser Offenbarung, die gänzliche Unabhängigkeit behauptet.

die Religion in ihrem symbolischen Ausdruck nicht auf externe Gegenstände, sondern auf die Produktion der Darstellung im Akt selbst und ihre Intention bezogen ist, das macht Barth in seiner neuen theologischen Sprache mit dem Gedanken der Offenbarung Gottes deutlich. Indem Gott so Gott ist, dass er dieses Gottsein selbst für den Menschen offenbart, bezieht sich Religion nur auf sich selbst, stellt sich selbst dar und erweist diesen Darstellungsprozess als zu sich selbst gehörig, als wesentlich religiös. Religion ist nicht an einem anderen Ort als im Prozess religiöser Sprache. Die religiöse Sprache drückt nicht etwas aus, was vor ihrem Vollzug schon im Bereich des menschlichen Bewusstseins substanzhaft vorhanden wäre. Nicht nur der Gegenstand wird entgegenständlicht und funktional zum Mittel der Selbstsymbolisierung eingesetzt, auch die Produktionsinstanz im Bewusstsein wird in den sprachlich-symbolischen Vollzug hinein aufgehoben. Dass Gott Gott ist, kann so zuletzt als zusammenfassender Ausdruck für die drei neuen Wesenselemente der Religion aufgefasst werden: Gott ist nicht Gegenstand wie andere Gegenstände des Bewusstseins, Gott ist aber auch nicht Produkt des Bewusstseins wie andere Gegenstände des Bewusstseins, sondern Gott ist Ausdruck für die strikte Absolutheit des sich auf sich selbst beziehenden Prozesses sprachlicher Symbolisierung von «Religion». Religion ist nur in diesem in sich selbst begründeten und insofern strikt unableitbaren sprachlichen Selbstbeschreibungs- und Selbstdarstellungsprozess.

2.5. Es ist eigens auf den Bewusstheitsaspekt der Formel «Gott ist Gott» zu verweisen. Es geht Barth um den theologischen Aufweis, dass die (eigentliche) religiöse Verwendung des Wortes Gott sich der Bedeutung und Funktion des Gedankens bewusst ist, ja dass eigentlich die Religiosität dieser (richtigen) Verwendung des Gottesgedankens genau in dieser Bewusstheit über die Verwendung besteht. Theologisch wird konstruiert, dass die Bewusstheit den eigentlichen Kern der Religion als ein bewusstes Deutungselement des religiösen Vollzugs für sich selbst darstellt. Damit lehnt Barth eine religionsphilosophische Rekonstruktion der religiösen Verwendung ab. Eine solche würde die Funktion der religiösen Verwendung nämlich in einer äusseren Form der Reflexion rekonstruieren, die dem religiösen Vollzug gerade nicht selbst zugeschrieben werden kann. Damit aber lehnt Barth gerade diejenige Begründungsfunktion von religiösem Bewusstsein ab, die bei Tillich für die religiöse Grundlegung des Geistes eintritt. Die Ursprungsfunktion wird umgeformt zu einer unübertragbaren Repräsentanzfunktion für die innere (allgemeine und notwendige) Struktur des sich selbst darstellenden absoluten Selbstverhältnisses. Diese Repräsentanz wird genau dann bedient, wenn die religiöse Funktion ganz rein an sich selbst betont wird, wenn also keine realen Begründungs- und Ableitungsverhältnisse gedacht werden.

Für diese Absetzung von Begründung, also genau im inhaltlichen Widerspruch zu der Tillich'schen Formel vom «Gott über Gott», verwendet Barth die Formel «Gott ist Gott». Sie markiert zugleich den Grund für die expressionistische Art des zweiten «Römerbriefs», nämlich die andauernde, als Basso ostinato der Strukturbeschreibung mitlaufende Betonung der grundsätzlichen Differenz des christlich-religiösen, auf Offenbarung beruhenden Beschreibungsgeschehens von allen anderen religiösen – nämlich als auf die gegebenen Inhalte gerichteten – Zusammenhängen.

2.6. Im Kontext des Erschliessungsaspektes ist weiter eigens darauf hinzuweisen, dass sich die reflexive Bewusstheit, die der Religion theologisch zugeschrieben wird, auch auf die Sprache als die Weise des religiösen «Stils» erstreckt. Die Sprache ist nicht bloss das Transport- und Darstellungsmittel für eine Struktur, die unabhängig und vor ihr bereits als religiös bestehen würde. Sondern sie ist (eben als Übernahme des kunstreligiösen Stilbegriffs) der Ort, an dem die Reflexivität der Religion auf ihren Kern (bzw. Gottes auf sein Gottsein) hin sich überhaupt erst und nur ereignet. Gott ist Gott, indem er sich als Darstellungsprozess selbst zu erkennen gibt. Religiöses Reden von Gott ist der Ort des Gottseins Gottes. Offenbarung als Wesen Gottes geht also nicht nur im Geschehen der Selbsterschliessung Gottes am Ort des Menschen auf, sondern bezieht die Rede von dieser Selbsterschliessung mit ein. Das in der religiösen Rede verwendete Symbol der Offenbarung Gottes wird damit durchsichtig für die Weise der Benutzung des Symbols selbst. Offenbarung ist die Beschreibung der Herstellung der internen Struktur des absoluten Darstellungsprozesses. Damit kann wieder an die von Simmel herausgearbeitete interne Struktur der (subjektiven, reinen) religiösen Kunst erinnert werden. Die für Rembrandt aufgezeigte Funktion des Lichtes in den Bildern als Träger des expressiven Kunststils kann auf die religiöse Rede übertragen werden. Der religiöse Sinn tränkt und affiziert alle Inhalte, die in der religiösen Rede benutzt werden. An den entsprechend mit religiösem Sinn aufgeladenen Inhalten wiederum kann dann der eigentliche religiöse Kern der religiösen Rede abgelesen werden. Diese dreipolige Zirkelstruktur von Darstellung, Intention und Inhalten (Stil, Gesinnung und Gegenständen) ist selbst das, was die religiöse Rede in ihrem Vollzug bewusst halten soll.

2.7. Als letztes Element der sich ergebenden neuen Ausrichtung der Theologie ist die Einbeziehung des Theologiebegriffs selbst in die Beschreibung der Struktur des religiösen Darstellungsaktes zu nennen. Die theologische Rede, dass Gott Gott ist, verweigert die Standards einer klassischen religionsphilosophischen Begründung des Verständnisses der Theologie als Wissenschaft.

Tillichs zeitgleiche Kulturtheologie zeigt, dass die Kritik am anthropologischen Begründungsgefälle der Religionsphilosophie und die Normativität einer die Transzendenz Gottes betonenden neuen Religionssicht durchaus mit einer «vernünftigen» Bestimmung der Wissenschaftlichkeit der Theologie einhergehen können. Denn Tillich versteht die Theologie gerade als Rekonstruktion der den Gedanken des menschlichen Geistes als Ganzen bestimmenden Transzendenz, des Gottes «über Gott». Der Überstieg der neuen Theologie über die kulturell und traditionell inhaltlich bestimmte Religion legitimiert sich aus der auch bei Hartlaub aufgezeigten Idee, dass die Grundlegung der religiösen Funktion der Inhalte bewusstseinstheoretisch geleistet werden kann. Die Begründungsidee einer reflexiven Benutzung zur Darstellung der eigenen Produktionsleistung im Innern des Subjekts behält die Inhalte der Religion im Auge, überführt sie zugleich in ihre reflexive Bedeutung.

An dieser Stelle radikalisiert Barth gleichsam die von Simmel für die Kunstreligion postulierte Selbstbezüglichkeitsstruktur zu einer auch für die beobachtende Instanz geltenden Maxime. Denn die Benutzung der religiösen Sprache für die Zwecke ihrer Selbstdarstellung kann nicht von aussen auf ihre Funktion hin durchsichtig gemacht werden. Vielmehr ist die Durchsichtigmachung gerade das zentrale Element der selbstbezüglichen Selbstdarstellung selbst.[40] Eine weitere Funktionalisierung jenseits reiner Reflexivität ist in Barths Neuansatz nicht mehr mit einsehbarem Sinn zu füllen.

2.8. Zusammenfassend lässt sich sagen, dass die Auslegungsmaxime von Barths radikalisierter Theologie im zweiten «Römerbrief» die Vermutung ist, dass die (parallel von Simmel als Kunstreligiosität beschriebene) innere Struktur eines selbstbezüglichen, in sich für sich selbst als absolut stehenden Darstellungsprozesses der eigentliche Kern des gemeinten Gottesgedankens ist. Dass Gott Gott ist, kann so von verschiedenen Seiten des inhaltlich strukturierten selbstbezüglichen Prozesses aus zur Kennzeichnung seiner generellen Unabhängigkeit von anderen mentalen Selbstrepräsentationsfunktionen im Bereich der Sprache und Kultur werden.

Die Leistung, die Barths Verschärfung seiner Offenbarungstheologie im zweiten «Römerbrief» erbringt, ist also die der Entkoppelung der theologischen Wissenschaft von bewusstseinstheoretischen Letztbegründungs- und Ursprungsgedanken. Barth gibt zwar diesen Gedanken nicht inhaltlich auf. Die autonome Selbstbezüglichkeitsstruktur der Religion als Weise mensch-

40 Dies wäre an einer entsprechenden Deutung der dogmatischen Gehalte zu zeigen, z. B. für die Christologie: «Als der *unbekannte* Gott wird Gott in Jesus *erkannt.*» A. a. O., S. 158.

licher Selbstdarstellung tritt für ihn durchaus mit einem ähnlichen umfassenden Begründungsanspruch auf wie in Tillichs geisttheoretischer Metaphysik. Aber Barth weigert sich, diese Funktion selbst zu einem möglichen Inhalt der theologischen Konstruktion aufzuwerten. Die Begründungsidee des «Gottes über Gott» wird theologisch eingeholt in die Selbstbeschreibungsidee der Identitätsaussage «Gott ist Gott». Dass die Theologie gerade als Analyse dieser Identitätsstruktur ein besseres, eigentliches Verständnis der Grundlegung des Geistes gewinnt (und insofern als eine Ursprungsphilosophie prozediert, ohne es im Einzelnen nachweisen zu müssen), ist die geheime Annahme des Diastasegedankens, der im zweiten «Römerbrief» den Duktus der theologischen Sprache beherrscht.[41]

Barths Theologie kann also als Modernisierung des kulturbezogenen Religionsverständnisses, wie es in der Debatte um die Kunstreligion zum Gegenstand wird, verstanden werden. Tillich hatte mit Hartlaub noch an Resten eines übergreifenden, geistbezogenen und sich moralisch äussernden menschlichen Selbstverständnisses festgehalten, das sich in allen kulturellen Produktionen als gemeinsamer Hintergrund erkennen lässt. Tillich handelt sich damit die bekannten Schwierigkeiten ein, die seine Idee einer theonomen Grundlegung des Geistes bedrängen. Letztlich wird hier religionsphilosophisch eine Gesamtdeutungshoheit über den Menschen und die Kultur beansprucht, denn in der Tiefe ist der Gehalt jedes kulturellen Aktes religiös bestimmt und muss deshalb theologisch analysiert werden. Barth kann diese Stelle offenlassen und insofern einer radikalen Autonomie verschiedener Deutungssprachen entgegenkommen. Sicher geht er davon aus, dass die Theologie mit ihrem Gottesgedanken den eigentlichen Ursprungspunkt menschlichen Wissens, Handelns und Fühlens benennt. Aber er erweist sich theologisch gerade darin als solcher, dass er nicht so konstruiert wird, sondern in der Sprache reiner Selbstbezüglichkeit dargestellt wird. So und deshalb gewinnt die Theologie als Wissenschaft Anteil am auf sich selbst bezogenen religiösen Bewusstsein. Und sie kann die Sprachen der Moral, der Kunst, der Metaphysik oder der Psychologie ohne theologische Deutungsübergriffe akzeptieren. Umgekehrt beharrt sie aber auf dem Recht, das Funktionieren religiöser Symbolproduktion in eigener theologischer Wissenschaftlichkeit analysieren zu können. Die Identität Gottes mit sich selbst, seine Offenbarung für den Menschen und die Rückbeziehung der Sprache über diese Offenbarung auf die Bibel sind die entscheidenden Annahmen einer neuen

41 «Denn als der *unbekannte* Gott wird Gott *erkannt*. Er ist gerade als solcher kein Ding an sich, keine metaphysische Wesenheit neben anderen Wesenheiten, kein zweiter, anderer Fremder neben dem, was ohne ihn wäre, sondern der ewige, der reine Ursprung alles dessen, was ist, als das Nicht-Sein aller Dinge ihr wahres Sein.» A. a. O., S. 112.

Theologie, mit denen sie die religionsphilosophischen Analysemethoden der humanen Religion, nämlich die Ideen der Funktion, des Wissenkönnens und der externen Beobachtung, sowohl aufnimmt als auch ersetzt.

III.

Ausblick: Theologie im Horizont der durch den autoritären Staat erzeugten politischen Krise

Kirchliche Opposition im Streit. Zu Vorgeschichte, Inhalt und Wirkung eines Vorworts

Michael Hüttenhoff

Eine Besonderheit der Reihe «Theologische Existenz heute» waren von Heft 3 bis Heft 10 die Vorworte, die Barth zu den von ihm verfassten Heften schrieb. In diesen Vorworten, die von Anfang November 1933[1] bis Anfang Mai 1934[2] entstanden, kommentierte Barth die Ereignisse in der deutschen evangelischen Kirche. Erst nachdem die Bayerische Politische Polizei die von ihm verfassten Hefte sowie das von Max Lackmann verfasste Heft 11[3] beschlagnahmt hatte, verzichtete er auf diese «Betrachtungen zur jeweilige kirchlichen Lage»[4], weil er vor allem die Vorworte als Anlass für die Beschlagnahme ansah. Eines der interessantesten Vorworte ist das zur «Lutherfeier 1933»[5], das im Kreis der kirchlichen Opposition für einigen Wirbel sorgte.

1 Vgl. Barth, Karl: Vorwort [zu: Reformation als Entscheidung] (1933), in: Barth, Karl: Vorträge und kleinere Arbeiten 1930–1933, hg. von Beintker, Michael, Hüttenhoff, Michael und Zocher, Peter (Karl-Barth-Gesamtausgabe, Abt. III), Zürich 2013 [abgek.: VuklA 1930–1933], S. 554–557, hier: S. 557.

2 Vgl. Barth, Karl: Vorwort, in: Ders.: Der gute Hirte (TEH 10), München 1934, S. 3–5, hier: S. 5.

3 Lackmann, Max: Herr, wohin sollen wir gehen? Ein Wort eines evangelischen Theologiestudenten an seine Kommilitonen (TEH 11), München 1934.

4 Barth, Karl: Vorwort, in: Ders.: Der Christ als Zeuge (TEH 12), München 1934, S. 3f., hier: S. 3.

5 Barth, Karl: Vorwort [zu: Lutherfeier 1933] (1933), in: VuklA 1930–1933 (s. Anm. 1), S. 591–599.

1. Der Anlass[6]

Am 15. November 1933 versammelten sich in der Wohnung Gerhard Jacobis in der Achenbachstrasse 18, Berlin, ca. 100 Pfarrer[7], die zum Pfarrernotbund gehörten. Anwesend waren auch Friedrich von Bodelschwingh und Karl Barth. Die Notbundleitung hatte sie am Vortag herbeigerufen,[8] damit sie an den Beratungen teilnähmen, wie auf die Suspendierung von Notbundpfarrern und vor allem die Sportpalastkundgebung zu reagieren sei. Bereits am Nachmittag des 14. November waren Jacobi sowie Martin und Wilhelm Niemöller bei Reichsbischof Ludwig Müller und drängten ihn, Joachim Hossenfelder, den Reichsleiter der Glaubensbewegung Deutsche Christen, und alle bei der Sportpalastkundgebung anwesenden Führungspersonen zur Rechenschaft zu ziehen.[9] Am Abend des 14. November fand ein Gespräch in kleiner Runde statt, zu dem Barth und Charlotte von Kirschbaum, die ihn begleitete, gegen 22 Uhr hinzukamen.[10] Diskutiert wurde vor allem, ob es sinnvoll sei, mit Müller zu verhandeln. Barth bestritt das und forderte, dass die kirchliche Opposition nun an den Staat herantreten solle. Dieser habe «die D[eutschen] C[hristen] eingesetzt, er» solle «jetzt diese Unterstützung zurückziehen»[11]. Die Gegenposition vertrat besonders Martin Niemöller. Bevor die kirchliche Opposition an den Staat herantrete, solle sie «das mit

6 Vgl. zum Folgenden die Einleitung zu «Kirchliche Opposition 1933» in: VuklA 1930–1933, S. 581–587.

7 Charlotte von Kirschbaum spricht von einem Brüderrat, einer «Gruppe von vielleicht 10 Pfarrern», und ausserdem «etwa 100 Pfarrern» (Charlotte von Kirschbaum an Anna Barth, 21. 11. 1933, in: Barth, Karl: Briefe des Jahres 1933, hg. von Busch, Eberhard unter Mitarbeit von Haase, Bartolt und Schenck, Barbara, Zürich 2004 [abgek.: Briefe 1933], S. 544–548, hier: S. 546; vgl. auch von Kirschbaum an Karl Gerhard Steck und Hellmut Traub, 18./19. 11. 1933, in: Briefe 1933, S. 524–529, hier: S. 526). Nach Eugen Weschke bestand die grössere Gruppe aus 50 bis 60 Pfarrern (vgl. Eugen Weschkes Aufzeichnungen zum 15. November, s. u. Anm. 33).

8 Vgl. von Kirschbaum an Steck und Traub, 18./19. 11. 1933, S. 524f.

9 Vgl. Aussprache im Gebäude die Evangelischen Oberkirchenrats in Berlin von 16 bis 17.15 Uhr, in: Reformationstag 1933. Dokumente der Begegnung Karl Barths mit dem Pfarrernotbund in Berlin, hg. und eingeleitet von Busch, Eberhard, Zürich 1998, S. 114–120, bes. S. 115.

10 Vgl. von Kirschbaum, Charlotte, Protokoll des Gesprächs am 14. November 1933 abends im Hause von Pfr. Jacobi, in: Reformationstag 1933, S. 121–131, hier: S. 121.

11 Barth nach von Kirschbaum, a. a. O., S. 130.

Müller begonnene Gespräch zu Ende führen»[12]. Niemöller wollte die Deutschen Christen «spalten»[13] und die Gemässigten unter ihnen bewegen, sich von den Radikalen und ihren bekenntniswidrigen Lehren zu distanzieren. Denn er schloss eine Verständigung mit dem Gemässigten nicht vollkommen aus.[14] Nach Jürgen Schmidt hielt es Niemöller jedoch

> «für aussichtslos, eine Revision der kirchlichen Entwicklung seit dem 24. 6., seit der Einsetzung des Staatskommissars und den Kirchenwahlen, anzustreben. Er glaubte, dass die kirchlichen Verhältnisse zunächst nur im Rahmen der bestehenden Ordnung geändert werden könnten».[15]

Doch Niemöller scheint sich nicht nur allgemein dagegen ausgesprochen zu haben, dass die kirchliche Opposition beim Staat intervenierte. Insbesondere wollte er anscheinend verhindern, dass Barth bei Hitler und Hindenburg als Repräsentant der kirchlichen Opposition auftrete.[16]

Das hatte eine Vorgeschichte: Über eine Audienz Barths mit Hitler war bereits zwei Wochen vorher gesprochen worden, als Barth anlässlich seines Vortrags «Reformation als Entscheidung» in Berlin weilte. Aufgrund eines Missverständnisses[17] war die kirchliche Opposition der Ansicht, Hitler sei bereit, Jacobi zu empfangen. Jacobi erklärte damals: «Ich will Barth mitnehmen.»[18] Obwohl diese Aussage laut Protokoll mit grossem Jubel aufgenommen wurde, regte sich bald darauf Widerstand gegen eine Audienz Barths bei Hitler. Am 9. November sprach sich, wie Jacobi Barth brieflich mitteilte, der Brüderrat des Pfarrernotbundes dagegen aus, dass Barth am Treffen mit Hitler teilnehme.

12 Niemöller nach von Kirschbaum, a. a. O., S. 130. (Im Original eine Frage.)

13 Niemöller nach von Kirschbaum, a. a. O., S. 128.

14 Vgl. dazu auch Niemöllers Aussage gegenüber Reichsbischof Müller am Nachmittag: «Als die ostpreussischen Richtlinien [der Deutschen Christen] kamen, war die Jungreformatorische Bewegung beinahe bereit, mit Ihnen zu gehen» (nach dem Protokoll der Aussprache [s. Anm. 9], S. 118).

15 Schmidt, Jürgen: Martin Niemöller im Kirchenkampf (Hamburger Beiträge zur Zeitgeschichte 8), Leipzig 1971, S. 150.

16 Das Protokoll von Kirschbaums ist an dieser Stelle leider ungenau. Sie notierte nur: Niemöller «will sichtlich nicht, dass Barth zu Hindenburg und Hitler geht» (Protokoll [s. Anm. 10], S. 130f.).

17 Vgl. dazu: Einleitung zu «Reformation als Entscheidung», in: VuklA 1930–1933 (s. Anm. 1), S. 516–523, hier: S. 521, Anm. 32.

18 Aussprache mit 150 Pfarrern am Nachmittag. Protokoll von Charlotte von Kirschbaum, in: Reformationstag 1933 [s. Anm. 9], S. 93–113, hier: S. 104.

> «Ausser mir stellten sich alle auf folgenden Standpunkt: Sie wären Schweizer, ausserdem Mitglied der ehemaligen SPD – also würde H., wenn er hinterher davon erfährt, sich hintergangen fühlen, die ganze kirchliche Opposition käme in das Licht einer politischen Opposition.»[19]

Im Umfeld des Brüderrats scheint sich der Barmer Pfarrer Georg Schulz, Gründer und Leiter der Sydower Bruderschaft, entschieden dagegen ausgesprochen zu haben, dass Barth auf einem Empfang bei Hitler die kirchliche Opposition vertrete. In einem von ihm verfassten Rundbrief schrieb er am 13. November: «Wie ich höre, hat der Brüderrat des Pfarrernotbundes, dem Br. Jacobi meinen Einspruch gegen Barth mitgeteilt hat, sich meinem Urteil angeschlossen. Karl Barth ist also von dem Empfangsplan abgesetzt.»[20] Schulz wäre gerne selbst zu Hitler gegangen, wurde aber vom Brüderrat ebenfalls nicht akzeptiert – was ihn sehr verstimmte.

> «Wie soll auch bei der Wahl des geeigneten Mannes das Richtige herauskommen, wenn dieselben Leute, die ‹einstimmig und freudigst› Barth für den geeigneten Vertreter hielten, nunmehr den Ersatzmann für B[arth] bestimmen?»[21]

In seiner am 13. November verfassten Antwort an Jacobi bestritt Barth, dass der Brüderrat zu entscheiden berechtigt sei, wer die kirchliche Opposition Hitler gegenüber vertreten dürfe.[22] Obwohl Barth klarstellte, er habe sich

19 Vgl. Gerhard Jacobi an Barth, 11. 11. 1933 (Karl Barth-Archiv, Basel [abgek.: KBA]).

20 Schulz, Georg, Rundbrief, 13. 11. 1933 (Landeskirchliches Archiv der Evangelischen Kirche von Westfalen, Bielefeld [abgek.: LA EKvW], Best. 5.1 / 99 F1 / Bl. 51–53), Bl. 51. – Wie die Entscheidung gegen Barth und die Bestimmung eines Ersatzmannes zustande kamen, ist nicht vollkommen klar. Die Darstellung in Schulz' Rundbrief und jene in Jacobis Brief an Barth vom 11. 11. lassen sich nicht zur Deckung bringen. Auch die Aufzeichnungen Karl Lückings zur Bruderratsitzung am 9. 11. helfen nicht weiter, weil Lücking nichts zu diesem Thema notiert hat (vgl. Handakte Lücking, LA EKvW, Best. 5.1, Nr. 837 F1, Bl. 113–113r). Dass Martin Niemöller im Rundschreiben, in dem er die Notbundpfarrer über die Bruderratsitzung vom 9. 11. informierte, die Frage aussparte, wer an einem Empfang bei Hitler teilnehmen solle und wer nicht, versteht sich von selbst, weil das nicht (halb)öffentlich erörtert werden konnte (vgl. Niemöller, Martin, Rundschreiben Nr. 2, 13. 11. 1933, in: Niemöller, Wilhelm: Der Pfarrernotbund. Geschichte einer kämpfenden Bruderschaft, Hamburg 1973, S. 170f.).

21 Schulz, Rundbrief, 13. 11. 1933, Bl. 52.

22 Vgl. Barth an Jacobi, 13. 11. 1933, in: Briefe 1933 (s. Anm. 7), S. 510–512.

«zu jenem Mandat nicht gedrängt»[23], zeigte er Interesse an einer Audienz bei Hitler. Als er am 28. November Hitler die Hefte 2 und 3 der Reihe «Theologische Existenz heute» zusandte, erklärte er im Begleitschreiben: «Es versteht sich von selbst, dass es mir eine Ehre wäre, sie [scil. meine Gedanken] Ihnen auch mündlich vortragen zu dürfen».[24] Doch wenn Barth am 20. Januar 1934 in einem Brief an Jacobi kritisch fragte «Wartet man darauf, dass etwa doch wieder der Staat ein Machtwort rede?»[25], deutet das darauf hin, dass er Interventionen bei staatlichen Stellen nicht mehr für sinnvoll hielt. Barth setzte nun auf die Freien Synoden.

Doch zurück zum 15. November: Kurz vor der Versammlung der Notbundpfarrer diktierte Barth Charlotte von Kirschbaum «in grösster Eile»[26] einen kurzen Text mit dem Titel «Kirchliche Opposition 1933. Grundsätzliches». In sechs Thesen skizzierte er, wie der «Protest»[27] gegen die Deutschen Christen aussehen müsste. Er müsse «bei jeder einzelnen Aktion das *Wesen* und das *Ganze* der Krankheit der Kirche im Auge haben».[28] Konkret bedeutete das für Barth, dass sich der Protest auf zwei Punkte zu konzentrieren habe. Erstens müsse er sich «gegen die *Irrlehre* der Deutschen Christen» richten. Diese bestehe darin, dass sie «*neben* der heiligen Schrift ... das deutsche Volkstum, seine Geschichte und seine politische Gegenwart als eine zweite Offenbarungsquelle behaupten».[29] Zweitens müsse er «die kirchliche *Usurpation* der Deutschen Christen»[30] anprangern, das heisst die unrechtmässige Übernahme der Kirchenleitung. Auch Barths Sicht der neuzeitlichen Theologie- und Kirchengeschichte fand in den Thesen Ausdruck: «Lehre und Haltung der Deutschen Christen» seien ein «Ergebnis der ganzen neuprotestantischen Entwicklung seit 1700». Nach der Schlussthese gehört jeder «zu den Deutschen Christen», der den ersten fünf Thesen nicht zustimmt. Streng genommen bedeutet das, dass man schon durch eine andere Sicht der Theologiegeschichte zum Deutschen Christen wird.

23 Barth an Jacobi, 13. 11. 1933, S. 511.
24 Barth an Adolf Hitler, 28. 11. 1933, in: Briefe 1933 (s. Anm. 7), S. 557.
25 Barth an Jacobi, 20. 1. 1934 (KBA).
26 Von Kirschbaum an Steck und Traub, 18./19. 11. 1933, S. 527; an Anna Barth, 21. 11. 1933, S. 546.
27 Barth, Karl, Kirchliche Opposition 1933. Grundsätzliches (1933), in: VuklA 1930–1933 (s. Anm. 1), S. 587–589, hier: S. 587 (1. These).
28 A. a. O., S. 588 (5. These).
29 A. a. O., S. 587 (3. These).
30 A. a. O., S. 588 (4. These).

Die entscheidende Versammlung am 15. November war zweigeteilt. In einem Raum beriet die Notbundführung, der Brüderrat. Zur Brüderratssitzung hatte die Geschäftsstelle des Notbundes wegen der Suspendierung der Pfarrer Martin Niemöller, Eitel-Friedrich von Rabenau und Kurt Scharf bereits am 13. November eingeladen.[31] Durch die Sportpalastkundgebung erhielt sie eine gesteigerte Dringlichkeit. In einem anderen Raum waren weitere Notbundpfarrer versammelt. Über den Ablauf sind wir durch die Berichte Charlotte von Kirschbaums und Barths gut unterrichtet. Zu den Beratungen im kleinen Kreis gibt es ausserdem ein Protokoll des Dortmunder Pfarrers Karl Lücking.[32] Informationen über die Vorgänge im grossen Kreis erhalten wir auch aus dem Tagebuch und aus Aufzeichnungen Eugen Otto Weschkes.[33] Weschke war damals Pfarrer in Niederjeser in der Niederlausitz. Gemeinsam mit seinem Freund Günter Jacob, der Pfarrer in Nossdorf über Forst/Lausitz war, hatte er am 11. September die Gründung des Pfarrernotbunds angeregt.[34] Die Aufzeichnungen Weschkes bestätigen

31 Vgl. Schulze, Martin: Pfarrernotbund Geschäftsstelle, 13. 11. 1933 (LA EKvW, Best. 5.1, Nr. 853 F2, Bl. 13).

32 Handakte Lücking, LA EKvW, Best. 5.1, Nr. 837 F1, Bl. 117–120. Lückings Aufzeichnungen geben einen Einblick in den Prozess, der zur Formulierung der Forderungen an den Reichsbischof führte, aber weder ist ein Redebeitrag Barths notiert noch ist die Diskussion um das ergänzende theologische Wort protokolliert.

33 Eugen Otto Weschke trug eine Kladde bei sich, in der er Sitzungen für sich protokollierte und Vorträge mitschrieb. Ausserdem führte er ein Tagebuch. Die Kladden und das Tagebuch befinden sich im Besitz seines Sohnes Eugen Günter Weschke. Auszüge aus dem Tagebuch hat er veröffentlicht und erläutert: Weschke, Eugen Günter: Tagebuchnotizen des Lausitzer Amtspfarrers Eugen Otto Weschke, in: JBBKG 82 (2007), S. 157–187. Weitere Tagebuchnotizen und Auszüge aus den Aufzeichnungen hat Eugen Günter Weschke in einem unveröffentlichten Manuskript transkribiert und kommentiert (Kirchlicher Widerstand in der Niederlausitz gegen die «Deutschen Christen» und dessen Bedeutung für das Entstehen der «Bekennenden Kirche». Aus dem Tagebuch des Pfarrers Eugen Otto Weschke). Das Manuskript und Kopien weiterer Aufzeichnungen und Tagebuchnotizen hat Eugen Günter Weschke freundlicherweise Hansjörg Buss für das Saarbrücker Günter-Jacob-Projekt zur Verfügung gestellt.

34 Vgl. Kupisch, Karl: Zur Genesis des Pfarrernotbundes, in: ThLZ 91 (1966), Sp. 721–730, hier: Sp. 724–727; zu Günter Jacob vgl. Hüttenhoff, Michael; Jacob, Günter: Kirchliche Praxis in zwei Weltanschauungsdiktaturen, in: Scherzberg, Lucia (Hg.), Doppelte Vergangenheitsbewältigung und die Singularität des Holocaust, Saarbrücken 2012 (theologie.geschichte, Beiheft 5), S. 357–394 (URL: http://universaar.uni-saarland.de/journals/index.php/tg_beihefte/issue/view/20/showToc).

im Wesentlichen die Berichte Barths und von Kirschbaums, aber sie erwähnen andere Details und repräsentieren eine andere Perspektive, nämlich die des «einfachen» Notbundpfarrers.

Barth nahm zunächst an den Beratungen der Notbundführung teil. Doch dann wurde er hinausgerufen, weil der inzwischen eingetroffene Otto Dibelius, der suspendierte Generalsuperintendent der Kurmark, vor den Notbundpfarrern Barths Thesen einer heftigen Kritik unterzog. Über den Inhalt der Kritik sind wir nicht unterrichtet. Barth verliess die Beratung der Notbundführung, um seine Thesen zu erläutern. Als er endete, war Dibelius nach von Kirschbaums Bericht bereits «verschwunden, lautlos und ohne Gruss»[35]. In der Zwischenzeit verständigte sich der Brüderrat auf einen Text, mit dem man an den Reichsbischof herantreten wollte. Nach diesem Text ist das «innerste Anliegen» des Notbundes «die Wahrung der Geltung von Schrift und reformatorischem Bekenntnis in Lehre, Leben und Verfassung der Kirche»[36]. Ohne dass der Text das inhaltlich erläuterte, formulierte er unter Berufung auf dieses Anliegen angesichts der Sportpalastkundgebung und der ersten darauf reagierenden Massnahmen des Reichsbischofs sieben Forderungen. Der Text berührt sich mit dem Katalog von Forderungen, der am 1. Dezember in der Jungen Kirche dokumentiert wurde,[37] ist aber nicht mit ihm identisch.[38]

Als die Notbundführung diesen Text im grösseren Kreis vorstellte, protestierten Barth und Heinrich Vogel, damals Pfarrer in Dobbrikow, weil dem Text ein grundsätzliches theologisches Wort fehlte. In der heftigen Debatte, die folgte, scheinen sich besonders die Niemöller-Brüder gegen ein solches Wort ausgesprochen zu haben. Doch schliesslich verständigten sich die Versammelten darauf, dass eine kleine Arbeitsgruppe, zu der Barth, Vogel, Bodelschwingh und Georg Schulz gehörten,[39] einen Ergänzungsvorschlag

35 Von Kirschbaum an Steck und Traub, 18./19. 11. 1933 (s. Anm. 7), S. 527. Vgl. von Kirschbaum an Anna Barth, 21. 11. 1933 (s. Anm. 7), S. 547.

36 Abgedruckt in: Niemöller, Wilhelm: Pfarrernotbund (s. Anm. 20), S. 40f., hier: S. 40.

37 Vgl. JK 1 (1933), S. 353; Nachdruck: Forderungen des Pfarrernotbundes an den Reichsbischof, in: Reformationstag 1933 (s. Anm. 9), S. 134f.

38 Eberhard Busch vermutet zu Unrecht: «Wahrscheinlich ist das der Text, den die Pfarrernotbundleitung am 15. 11. 1933 ausarbeitete, um damit dem Reichsbischof L. Müller am Nachmittag dieses Tages entgegenzutreten» (Reformationstag 1933, S. 134).

39 So von Kirschbaum an Steck und Traub, 18./19. 11. 1933 (s. Anm. 7), S. 527. Nach Weschke gehörten der Arbeitsgruppe nur drei Personen an: «Barth, Vogel und noch jemand» (Aufzeichnungen zum 15. 11. 1933; Transkription: Eugen Günter Weschke, Kirchlicher Widerstand [s. Anm. 33], S. 21).

erarbeiten sollte. Der kurze Text lag auf der Linie des ersten Kritikpunkts, den Barth in seiner dritten These formuliert hatte. Er verwarf die «Grundirrlehre» der Deutschen Christen, die darin bestehe, dass sie «das Volkstum in seiner Geschichte und politischen Gegenwart als eine zweite Offenbarungsquelle behaupten und behandeln»[40]. Der Usurpationsvorwurf hätte in einen Text, der Einfluss auf Müller als Reichs- und Landesbischof nehmen sollte, nicht gepasst. Barths kirchen- und theologiegeschichtliche These wäre nicht konsensfähig gewesen.

Als der Text vorlag, brach der Streit erneut aus. Die Notbundführung diskutierte noch einmal eineinhalb Stunden[41] darüber, ob die Ergänzung aufgenommen werden sollte oder nicht. Weder Barth noch Bodelschwingh durften an der Beratung teilnehmen. Schliesslich stimmte die Notbundführung der Ergänzung zu.

Die Stimmung im Kreis der wartenden Notbundpfarrer fing Weschke ein:

> «Nun berät der Bruderrat darüber. Stunden gehen hin – Ab und zu rennt jemand aus dem Bruderrat zu uns anderen 50–60. Sie einigen sich nicht. Es geht nicht. Furchtbar.
>
> Niemöller will weglaufen, allein zu Müller. Ich fasse ihn gerade noch an der Tür ab. Den Hut hat er schon in der Hand. Er kommt zurück. Weiter. N's Bruder tobt. Vogels Hände zittern. Barth raucht Pfeife. Endlich Einigung auf die Formulierung! Aufatmen.»[42]

Wie ein zurückblickender Tagebucheintrag vom 21. November verrät, sah Weschke in der Einigung anscheinend eine Gebetserhörung:

> «… Alles ist fast verzweifelt. Ich bete. Einige Sekunden nur danach: Einigung auf Barths Satz, der noch eingefügt werden soll.»[43]

Als Niemöller am 16. November den Pfarrernotbund in einem Rundschreiben über die Ereignisse unterrichtete, übernahm er im ersten Absatz leicht abgewandelt zwei der drei ergänzenden Sätze. Er verwendete dabei auch den

40 Zitiert in der Einleitung zu «Kirchliche Opposition 1933» (s. Anm. 6), S. 585.
41 So von Kirschbaum an Steck und Traub, 18./19. 11. 1933 (s. Anm. 7), S. 527.
42 Eugen Otto Weschke, Aufzeichnungen zum 15. 11. 1933 (Transkription: Weschke, Kirchlicher Widerstand [s. Anm. 33], S. 21).
43 Eugen Otto Weschke, Tagebuchaufzeichnung vom 21. 11. 1933 zum 15. 11. 1933.

Begriff «Grundirrlehre»[44]. Angesichts der Auseinandersetzung, die der Annahme der Ergänzung voranging, lässt sich jedoch die These Jürgen Schmidts, bei Martin Niemöller sei der Protest gegen die «Grundirrlehre» der leitende Gesichtspunkt gewesen, nicht halten.[45]

Aber warum sperrte Niemöller sich gegen ein grundsätzliches Wort? Nach Charlotte von Kirschbaum soll er geäussert haben, Müller verstehe das sowieso nicht.[46] Das mag er gesagt haben, dürfte aber kaum ausschlaggebend gewesen sein. Verständlicher wird der Widerstand Niemöllers, wenn er im Gegenteil damit rechnete, dass Müller das Wort sehr wohl in seiner Bedeutung verstehen konnte – wenn nicht von sich aus, so mit Hilfe seiner theologischen Berater. Denn dann hätte Müller erkennen können, dass auch seine Theologie durch die grundsätzliche Erklärung verworfen wurde. Das hätte wiederum dazu führen können, dass er sich den Forderungen der kirchlichen Opposition von vornherein verschlossen hätte. Niemöllers Versuch, auf Müller einzuwirken, wäre damit gescheitert.

2. Das Vorwort

Wahrscheinlich hätte Weschke nicht mit der Möglichkeit einer Gebetserhörung gerechnet, wenn er geahnt hätte, wie verärgert Barth Berlin verliess. Trotz der Einigung fühlte er sich in der Kritik, die er bereits im Sommer an der Jungreformatorischen Bewegung geübt hatte, «in erschreckender Weise bestätigt»[47]. Sein Ärger fand Ausdruck in Briefen, die Barth und Charlotte von Kirschbaum unmittelbar nach der Rückkehr aus Berlin schrieben[48], und öffentlich im Vorwort zu «Lutherfeier 1933», dem vierten Heft der Reihe «Theologische Existenz heute». Datiert ist das Vorwort auf den 19. November 1933: Barth warf der Führung des Pfarrernotbundes vor, sie sei nach der Sportpalastkundgebung «durch die Möglichkeit einer kirchenpolitischen Ausnützung» der Situation «*leidenschaftlicher* und durch die gerade an jenem wichtigen Tage gebotene grundsätzliche Besinnung *weniger leidenschaftlich* bewegt und in Anspruch genommen»[49] worden. Sachlich wiederholte er, was er in seiner Thesenreihe ausgeführt

44 Niemöller, Martin, Rundschreiben an die Mitglieder des Pfarrernotbundes, 16. 11. 1933, in: Niemöller, Wilhelm ,Pfarrernotbund (s. Anm. 20), S. 172–176, hier: S. 172.

45 Vgl. Schmidt, Niemöller (s. Anm. 15), S. 148.

46 Vgl. von Kirschbaum an Steck und Traub, 18./19. 11. 1933 (s. Anm. 7), S. 527.

47 Barth, Karl: Vorwort [zu: Lutherfeier 1933] (s. Anm. 5), S. 595.

48 Vgl. Barth, Karl: Briefe 1933 (s. Anm. 7), S. 513–540.

49 Barth, Karl: Vorwort [zu: Lutherfeier 1933] (s. Anm. 5), S. 592.

hatte. Die Kritik an den Deutschen Christen müsse sich auf den falschen theologischen «Ansatz» und das «Unrecht», konzentrieren, «durch das sie … in den Besitz der kirchlichen Macht gekommen sind».[50] Der falsche theologische Ansatz, der auf dem neuprotestantischen Irrtum beruhe, bestehe darin, dass die Deutschen Christen «das deutsche Volkstum, seine Geschichte und seine politische Gegenwart» als zweite Offenbarungsquelle neben die Schrift stellten. Der Protest gegen «die Irrlehre der Deutschen Christen» müsse hier und «nicht erst beim Arierparagraphen»[51] einsetzen. Die «Reichskirchenregierung und die vermeintlich Besseren unter den Deutschen Christen» hätten der kirchlichen Opposition nach dem Sportpalastskandal schnell Zugeständnisse machen können, «weil die deutschchristliche Substanz durch das alles mitnichten berührt wurde».[52] Dass auch der Arierparagraph «bis auf weiteres sorglich auf Eis gelegt»[53] werden konnte, liess Barth zufolge erkennen, dass in ihm *nicht* die Substanz des deutsch-christlichen Irrtums lag. Ein kirchenpolitischer Sieg über die Deutschen Christen oder die Trennung von der Reichskirche und die Bildung einer Freikirche würden ebenfalls nicht helfen, wenn nicht der neuprotestantische Irrtum aufgegeben werde. Barth wiederholte, was er bereits im Sommer in «Theologische Existenz heute!» und «Für die Freiheit des Evangeliums» gegen die Jungreformatorische Bewegung geschrieben hatte: Die Gefahr, die von einer Opposition ausgeht, die nicht mit dem neuprotestantischen Irrtum bricht, ist grösser als die Gefahr, die von den Deutschen Christen droht, weil die Konsequenzen des Irrtums bei den Deutschen Christen deutlicher hervortreten.[54]

Zu beachten ist jedoch nicht nur, was Barth im Vorwort schrieb, sondern auch, was er unterdrückte, aber in Briefen zum Ausdruck brachte. Das war der tief sitzende Ärger darüber, dass er der Notbundführung wegen seiner politischen Überzeugungen und seiner Nationalität verdächtig war, dass sie ihn zurückgesetzt und von den entscheidenden Beratungen ausgeschlossen hatte. So schrieb Barth am 17. November an Karl Gerhard Steck:

50 A. a. O., S. 594.

51 Barth, Karl: Kirchliche Opposition 1933 (s. Anm. 27), S. 587 (3. These). Das Vorwort verweist auf die dritte und vierte These dieses Textes.

52 Barth, Karl: Vorwort [zu: Lutherfeier 1933] (s. Anm. 5), S. 594.

53 A. a. O., S. 593. Zur Aussetzung des kirchlichen Arierparagraphen vgl. ebd., Anm. 23.

54 A. a. O., S. 597. Vgl. dazu Barth, Karl: Theologische Existenz heute! (1933), in: VuklA 1930–1933 (s. Anm. 1), S. 280–363, hier: S. 349–351; ders., Für die Freiheit des Evangeliums [Rede] (1933), in: VuklA 1930–1933, S. 294–412, hier: S. 407–409.

«Mich schien man schliesslich nur zu dem Zweck von meiner Arbeit weggeholt zu haben, um mich möglichst wenig – der Schweizer, der S. P. D. Mann usw. spukte wieder einmal – zum Schuss kommen zu lassen.»[55]

Es ist verständlich, dass Barth das nicht in einer Veröffentlichung ausbreiten wollte. Aber dann erhielt er die Gelegenheit, seinen Ärger brieflich auch gegenüber Vertretern des Notbundes auszusprechen.

3. Die Wirkung

Das Vorwort rief in den Kreisen des Notbunds Unwillen hervor, wie Heinrich Vogel Barth bereits am 6. Dezember berichtete. Aber Vogel stellte sich auf die Seite Barths und vertrat seinen Notbundbrüdern gegenüber die Auffassung, «dass hier weiter nichts angebracht wäre als hören, hören, hören!»[56] Von denen, die sich über das Vorwort ärgerten, wandte sich zunächst niemand direkt an Barth – ausser Günter Jacob.

Jacob war am 15. November sehr wahrscheinlich nicht in Berlin, aber er war über das Geschehene unterrichtet, vermutlich durch Weschke. In einem Telegramm an Reichsbischof Müller hatte er die Forderungen des Pfarrernotbundes unterstützt: «kirchliche gemeindeversammlung nossdorf über forst empört über ungeheuerliche vorgänge im sportpalast bekennt sich zu forderungen des notbundes jacob pfarrer»[57]. Als Mitinitiator des Pfarrernotbundes wollte Jacob anscheinend nicht hinnehmen, wie Barth diesen darstellte und beurteilte. Auch die Notbundverpflichtung, in welcher der scharfen Ablehnung eines kirchlichen Arierparagraphen eine Schlüsselstellung zukam, ging auf Jacob zurück.[58] Wenn Barth sich abschätzig darüber äusserte, welche Bedeutung im Notbund der Ablehnung des kirchlichen Arierparagraphen beigemessen wurde, musste Jacob das als Kritik an dem von ihm entworfenen Text verstehen. Am 12. Dezember schrieb er Barth einen Brief: Es irritierte Jacob, dass Barth eine derart tiefgreifende Differenz zwischen sich und dem Pfarrernotbund sah. «Gerade wir wussten uns mit Ihnen völlig eins in dem grundsätzlichen und radikalen Abweis der DC aus der Besinnung heraus, zu der wir durch Sie als unsern Lehrer seit Jahren[!] angehalten sind.» Für Jacob lagen die Aktionen der

55 Barth an Karl Gerhard Steck, 17. 11. 1933, in: Briefe 1933 (s. Anm. 7), S. 513–515, hier: S. 515 (korrigiert). Vgl. auch Barth an Heinrich Vogel, 20. 11. 1933, in: Briefe 1933, S. 538–540, hier: S. 539; von Kirschbaum an Anna Barth, 21. 11. 1933 (s. Anm. 7), S. 547.

56 Heinrich Vogel an Barth, 6. 12. 1933 (KBA).

57 Telegramm vom 24. 11. 1933, Evangelisches Zentralarchiv Berlin, Best. 1/1208.

58 Vgl. Eugen Otto Weschkes Tagebucheintrag vom 13. 9. 1933 zum 11. 9., abgedruckt in: Weschke, Eugen Günter: Tagebuchnotizen (s. Anm. 33), S. 182.

kirchlichen Opposition in Berlin und besonders die Gründung des Pfarrernotbundes auf der von Barth in «Theologische Existenz heute!» vorgegebenen Linie: «In jenen Wochen, wo ein unglaublicher Terror auf uns Pfarrern lag ..., haben wir diesen Zusammenschluss wahrhaftig nicht als kirchenpolitische Aktion, sondern als den gemeinsamen Protest derer durchgeführt, die um ihrer theologischen Existenz willen sich zum grundsätzlichen und jeweils zu erneuernden Protest aufgerufen wussten.» Der Arierparagraph sei «nicht in die Verpflichtung genommen» worden,

> «weil wir in ihm das einzige Übel gesehen hätten, sondern weil hier ganz konkret (Gesetze) die Irrlehre heraussprach und weil gerade dieser Paragraph, gegen den zu widerstehen dem natürlichen, völkischen Menschen ein Ärgernis ist, gerade deshalb ein Prüfstein werden musste».

Das Vorwort habe «tief geschmerzt» und der Vorwurf der kirchenpolitischen Ausnützung sei «ein sehr bitteres Unrecht»[59].

Barth beantwortete den Brief umgehend am 15. Dezember. Dass Jacobs Brief bis dahin der einzige war, in dem ein Mitglied des Notbundes ihm gegenüber den Unmut über das Vorwort aussprach, beklagte Barth als «Mangel an ... Aufrichtigkeit»[60]. Seine Kritik am Notbund schwächte er zunächst ab. Er gestand Jacob zu, dass «die Existenz des Pfarrernotbundes innerhalb der gegenwärtigen Lage eine Hoffnung» bedeute, «derer man sich wohl freuen»[61] dürfe. Einige der Pfarrer, die nicht zum engeren Führungskreis, sondern zum weiteren Kreis des Notbundes gehörten, hätten einen tröstlichen Eindruck auf ihn gemacht. Aber von seinen Vorwürfen gegenüber der Leitung des Pfarrernotbundes nahm Barth nichts zurück. Er könne nicht finden, dass der Ausdruck «kirchenpolitische Ausnützung» «zu scharf sein sollte»[62].

Nachdem Barth die im Vorwort geäusserte Kritik bestätigt hatte, brach hervor, was dort nicht zur Sprache gekommen war. Er warf der Oppositionsleitung vor, dass sie die Rolle, die sie Männern wie Günter Dehn und ihm selbst innerhalb der kirchlichen Opposition zuweise, von der politischen Einstellung abhängig mache. Diese «politische Ängstlichkeit» sei ihm «menschlich einfach ein bisschen verächtlich». Er beschwerte sich darüber, dass Niemöller im «entscheidenden Augenblick nicht nur» ihn, «sondern auch Bodelschwingh in aller Form aus dem Zimmer geschickt»[63] habe.

59 Alle Zitate des Absatzes aus Günter Jacob an Barth, 12. 12. 1933 (KBA).
60 Barth an Jacob, 15. 12. 1933, in: Briefe 1933 (s. Anm. 7), S. 573–576, hier: S. 573.
61 A. a. O., S. 573.
62 A. a. O., S. 574.
63 A. a. O., S. 575.

Jacob machte Barths Brief Jacobi und Vogel zugänglich. Jacobi verlas ihn auf Jacobs Wunsch hin im Brüderrat. Am 20. Dezember schrieben Jacobi und Vogel selbst an Barth. Ihre Briefe lassen erkennen, dass Barths Brief an Jacob den Graben zwischen Barth und der kirchlichen Opposition in Berlin und Brandenburg noch vertiefte.

Jacobi hatte am Vorwort besonders betrübt, dass Barth, indem er dem Notbund «kirchenpolitische Ausnützung» vorwarf, öffentlich die Kritik der Deutschen Christen am Notbund wiederholte und bestätigte.[64] Aber der Vorwurf sei unbegründet, ebenso wie die Kritik an Niemöller, mit dem sich Jacobi eins wusste in der «Sorge und Hoffnung auf eine neue Kirche, die wirklich aus dem Wesen der Kirche heraus sich erneuert und dem Worte Gottes freien Lauf lässt»[65]. Schliesslich versuchte Jacobi verständlich zu machen, warum viele Notbundpfarrer nicht wünschten, dass Barth den Notbund nach aussen repräsentiere:

> «Die Sorge bei vielen Amtsbrüdern ist nur die: wenn Sie und Dehn nach aussen hin als Führer des Notbundes in Erscheinung treten, dann kommt dadurch der Notbund unter einen politischen Schatten. So wenigstens verstehe ich meine Amtsbrüder. Gerade weil sie diesen politischen Schatten nicht wünschen, weil sie kirchlich handeln wollen – darum diese gewisse Zurückhaltung nach aussen hin.»[66]

Vogel äusserte in seinem Brief die Befürchtung, dass sich der im Brief an Jacob geäusserte Vorwurf mangelnder «Aufrichtigkeit»[67] und die Kritik des Vorwortes auch gegen ihn richte. Ausgelöst wurde die Sorge dadurch, dass Barth im Brief an Jacob zwar Dehn lobte, aber mit keinem Wort Vogel erwähnte: «... [W]as Sie von Professor G. Dehn schrieben, gab mir ... einen Stoss».[68] Um mögliche Bedenken, die Barth ihm gegenüber haben könnte, zu zerstreuen, berichtete Vogel, dass er im Kreis des Berliner und Brandenburger Notbundes stets für eine kompromisslose Linie eingetreten sei. Aber er bekundete auch seine «Solidarität»[69] mit dem Notbund.

Barths Kritik an der kirchlichen Opposition zielte jedoch ebenso wenig auf Vogel wie auf Dehn. Vogel gehörte zu den Pfarrern im «weitern Kreis»,

64 Gerhard Jacobi an Barth, 20. 12. 1933 (KBA), S. 2.
65 A. a. O., S. 3.
66 Ebd.
67 Heinrich Vogel an Barth, 20. 12. 1933 (KBA), S. 1.
68 A. a. O., S. 2.
69 A. a. O., S. 4.

von denen er tröstliche und ermutigende «Eindrücke empfangen»[70] hatte. Deshalb versuchte er Vogel in seinem Antwortschreiben vom 23. Dezember zu beruhigen.

> «Bitte lassen Sie doch meinen Brief an Jacob keinen Augenblick weiter einen Schatten zwischen uns sein! Ich habe bei den kritischen Elementen, die dieser Brief enthielt, wirklich keinen Augenblick und in keinem Nebensinn an Sie gedacht.»[71]

Jacobi gegenüber schlug Barth einen anderen Ton an und bekräftigte die im Vorwort und im Brief an Jacob geäusserte Kritik. In diesem Zusammenhang wiederholte er die vorhin zitierten Sätze Jacobis[72] wortwörtlich und kommentierte: «... da kommt Alles zum Vorschein ..., was ich gegen Ihren Kreis habe.»[73] So geriet der arme Jacobi zwischen die Fronten. Einem Georg Schulz war er verdächtig, weil er Barth im Kreis der Notbundpfarrer Gehör zu verschaffen versuchte.[74] Barth fuhr ihn scharf an, weil er die Haltung, welche die Notbundleitung und viele Notbundpfarrer ihm gegenüber einnahmen, verständlich zu machen versuchte. Am 7. Januar 1934 reagierte Jacobi nochmals. Ihm mache Barths SPD-Mitgliedschaft nichts aus, aber bei anderen finde Barth ihretwegen kein Gehör. «Wären Sie 1930 nicht der SPD beigetreten, hätten Sie heute 1000 Mal mehr Gehör.»[75] Aber so sehr Jacobi sich bemühte: es half nichts. Barth entdeckte in dem Brief nur weitere Indizien dafür, dass sich Jacobis Haltung von der anderer Notbundpfarrer nicht grundsätzlich unterschied.[76]

Auch Günter Jacob schrieb erneut. Am 4. Januar 1934 erklärte er, Barth habe ihn überzeugt. «Der ‹Brüderrat› ist in dieser Zusammensetzung schwer tragbar.» Auch der Kritik am Verhalten gegenüber Günther Dehn und an der politischen Ängstlichkeit stimmte er zu. Doch von der verächtlichen politischen Ängstlichkeit unterschied er «eine echte politische Zurückhaltung, die hiermit nichts zu tun hat, und die gerade» er «als Nationalsozialist (im Sinne der politischen Ordnung) fordern» müsse. Ohne Namen zu nennen, warf Jacob einigen Anhängern Barths vor, sie würden dessen Anliegen

70 Barth an Jacob, 15. 12. 1933 (s. Anm. 60), S. 573; zu Vogel vgl. Barth an Bonhoeffer, 20. 11. 1933, in: Briefe 1933 (s. Anm. 7), S. 535–538, hier: S. 537; von Kirschbaum an Steck und Traub, 18./19. 11. 1933 (s. Anm. 7), S. 527.

71 Barth an Heinrich Vogel, 23. 12. 1933, in: Briefe 1933, S. 587–589, hier: S. 587.

72 Siehe Text zu Anm. 65.

73 Barth an Gerhard Jacobi, 23. 12. 1933, in: Briefe 1933 (s. Anm. 7), S. 583–587, hier: S. 585.

74 Vgl. Schulz, Rundbrief, 13. 11. 1933 (s. Anm. 20), Bl. 2.

75 Jacobi an Barth, 7. 1. 1934 (KBA), S. 2.

76 Vgl. Barth an Jacobi, 20. 1. 1934 (KBA).

«zur Maskierung von allerlei sie bewegenden Ressentiments» missbrauchen. Das heisst: Diese Barthianer tarnten ihre politische Abneigung gegenüber dem Nationalsozialismus, die ihre Wurzel in einer bürgerlich-liberalistischen Gesinnung habe, als theologischen Widerspruch. Jacob sah darin eine Gefährdung des theologischen Anliegens der kirchlichen Opposition. Um zu verhindern, dass der theologisch motivierte Widerstand gegen die Deutschen Christen als politische Kritik missverstanden werde, schien es Jacob angebracht, «ein unbelastetes ... Ja zum Nationalsozialismus»[77] zu sprechen. Die Zustimmung zur nationalsozialistischen Politik und der theologisch begründete Kampf gegen die Deutschen Christen waren für ihn also kein Gegensatz, sondern harmonierten. Diese Sichtweise war nicht untypisch für die kirchliche Opposition, aber gerade Jacob legte auf diesen Punkt bis weit in das Jahr 1935 hinein besonderen Wert.[78] Um «der Reinheit der Sache willen», schrieb Jacob an Barth, müsse die Führung der kirchlichen Opposition «in Händen solcher» liegen, «bei denen jeder Verdacht einer bewussten oder unbewussten Tarnung abgewehrt» sei.[79] Jacob schrieb nicht direkt, dass Barth aus diesem Grund in der kirchlichen Opposition keine Leitungsfunktion übernehmen könne. Aber wie anders sollte Barth das verstehen?

Indem Jacob nicht nur politische Zurückhaltung forderte, sondern im Interesse der kirchlichen Opposition eine politische Zustimmung zum Nationalsozialismus befürwortete, ging er noch weiter als Jacobi. Barth konnte nur widersprechen. Wieder antwortete er schnell und ausführlich, nämlich am 8. Januar 1934: Wenn es um die «Reinheit der Sache» gehe, wenn also das theologische Anliegen nicht mit den politischen Urteilen vermischt werden dürfe, dann könne die Stellung, die eine Person innerhalb der kirchlichen Opposition einnehme, nicht von ihrer politischen Einstellung abhängig gemacht werden:

77 Jacob an Barth, 4. 1. 1934 (KBA), S. 1.

78 Vgl. dazu seine Sorge, kirchliche Äusserungen könnten politisch missverstanden werden. Vgl. Jacob, Günter / Weschke, Eugen Otto: An den Rat der Bekennenden Kirche der Altpreussischen Union, 9. 3. 1935 (Evangelisch Landeskirchliches Archiv in Berlin, Arbeitsgemeinschaft Kirchenkampf in Brandenburg: Materialsammlung, Forst IV 7/1); Günter Jacob an Martin Niemöller, 13. 9. 1935, in: Niemöller, Wilhelm (Hg.): Die Synode zu Steglitz. Geschichte – Dokumente – Berichte (AGK 23), Göttingen 1970, S. 123f., hier: S. 123.

79 Jacob an Barth, 4. 1. 1934 (KBA), S. 2.

> «Es kann doch hier unmöglich eine Entscheidung des Inhalts geben, dass jeder Nicht-Braune ein Geschöpf zweiter Klasse sei, das sich für die Reinheit seiner theologischen Absichten erst besonders zu verantworten habe.»[80]

Systematisch ist hier eine interessante Konstellation zu erkennen: Das gemeinsame Anliegen – die Reinheit der theologischen und kirchlichen Sache – führt die beiden Theologen zu widersprüchlichen Konsequenzen. Nach Barth darf für die Position in der Kirche die politische Einstellung keine Rolle spielen[81], nach Jacob dient der Reinheit der Sache, wenn man durch das Ja zur Politik des Nationalsozialismus dem Vorwurf, die kirchliche Opposition sei in Wahrheit politische Opposition, die Grundlage entzieht.

Barth, der sich 1933/34 in einen Kampf gegen die Einheitsfront der natürlichen Theologie verstrickt sah[82], deutete die Verbindung, die Jacob zwischen der politischen Einstellung und der Stellung in der kirchlichen Opposition herstellte, als Ausdruck natürlicher Theologie:

> «Denn wenn Sie im Ernst für das Vorhandensein einer solchen Entscheidung eintreten wollten, dann müssten Sie ja eine natürliche Theologie neben die Bibel stellen und also in concreto – entschuldigen Sie, D. C. sein.»[83]

Da Jacob sich durch Barths Antwort missverstanden fühlte, bemühte er sich um eine deutlichere Darlegung seiner Position. Zu diesem Zweck verfasste er den Vortrag «Christliche Verkündigung und politische Existenz»[84]. Der Ausdruck «politische Existenz»[85] im Titel und einige Wendungen, besonders im letzten Drittel des Vortrags, lassen erkennen, dass Jacob durch ihn das Gespräch mit Barth fortsetzte. Jacob schickte Barth den Vortrag zu mit der Bitte, ihn «doch einmal zu lesen»[86] und kritisch zu kommentieren. Rudolf Bultmann, der in den 1930er Jahren Jacob wissenschaftlich förderte,

80 Barth an Jacob, 8. 1. 1934 (KBA), S. 1.

81 Vgl. dazu auch Barth, Karl: Vorwort [zu: Die Kirche Jesu Christi] (1933), in: VuklA (s. Anm. 1), S. 601–618, hier: S. 613–616.

82 Vgl. Hüttenhoff, Michael, Im Kampf gegen die Einheitsfront der natürlichen Theologie. Karl Barth und seine Gegner 1932–1935, in: ZDT 53 (2010), S. 12–44.

83 Barth an Jacob, 8. 1. 1934 (KBA), S. 1f.

84 Jacob, Günter, Christliche Verkündigung und politische Existenz, in: JK 2 (1934), S. 309–321; Nachdruck: Ders.: Die Versuchung der Kirche. Theologische Vorträge der Jahre 1934–1944, Göttingen 1946, S. 7–21.

85 In seinem Brief an Barth vom 4. 1. 1934 (KBA) sprach Jacob von der «Leidenschaft der politischen Existenz» (S. 1).

86 Jacob an Barth, 10. 2. 1934 (KBA).

leitete den Text ebenfalls an Barth weiter und schlug ihm vor, ihn in der Schriftenreihe «Theologische Existenz heute» zu veröffentlichen.[87] Aber Barth wies die Bitte zurück und begründete das mit einer Stellungnahme, die er Bultmann und Jacob zukommen liess.[88] Der damals gerade 28 Jahre alte Pfarrer Jacob konnte Barths Argumente nicht nachvollziehen und war über die Zurückweisung, die er durch den grossen Theologen erfuhr, verärgert.[89] Der Briefwechsel brach ab.

4. Resümee

Durch seine Äusserungen im Kirchenkampf wollte Barth zum Aufbau eines «geistlichen Widerstandszentrums»[90] beitragen, das von einer theologischen Konzentration, besonders von einem klaren Offenbarungs- und Kirchenverständnis, geprägt sein sollte. Der Schluss des Vorworts zu «Lutherfeier 1933» forderte diese theologische Konzentration ein: «Was sollen wir tun? Eines und nur Eines: ‹Ein jeder sein Gesichte / In ganzer Wendung richte / Steif nach Jerusalem!›»[91] Ein geistliches Widerstandszentrum konnte nach Barths Auffassung aber nur entstehen, wenn es innerhalb der kirchlichen Opposition zu einer Scheidung kam.[92] Um diese Scheidung herbeizuführen, suchte Barth die Auseinandersetzung mit den Vertretern der kirchlichen Opposition, die seinem Verständnis von Offenbarung, Kirche und geistlichem Widerstand nicht folgten.

Doch ebenso notwendig wie die Scheidung war die Sammlung. Betrachtet man das Vorwort im Lichte der ihm folgenden Briefwechsel unter diesem Gesichtspunkt, erscheint es als Fehlschlag, zumindest in der Kurzzeitperspektive. Sogar Theologen, die wie Günter Jacob und Gerhard Jacobi ihm aufgeschlossen gegenüberstanden, konnte Barth nicht auf seinen Kurs bringen. Selbst Heinrich Vogel liess sich verunsichern. Warum aber gelang

87 Vgl. Rudolf Bultmann an Barth, 25. 2. 1934, in: Barth, Karl / Bultmann, Rudolf: Briefwechsel 1922–1966, hg. von Jaspert, Bernd (Karl-Barth-Gesamtausgabe, Abt. V), Zürich 1971, S. 141–143, hier: S. 142f.

88 Vgl. Barth an Jacob, 27. 2. 1934 (KBA); Barth an Bultmann, 27. 2. 1934, in: Barth/Bultmann, Briefwechsel, S. 144–147.

89 Vgl. Jacob an Erich Dinkler, 16. 6. 1970 (Archiv der Eberhard Karls Universität Tübingen, Nachlass Rudolf Bultmann, Mn 2–3503).

90 Vgl. Protokoll der Begegnung mit 150 Pfarrern (s. Anm. 18), S. 96.

91 Barth, Karl: Vorwort [zu: Lutherfeier 1933] (s. Anm. 5), S. 598. Das Zitat stammt aus der zweiten Strophe von Gerhard Tersteegens «Kommt, Kinder, lasst uns gehen» (1738) (vgl. a. a. O., S. 598f., Anm. 38).

92 Vgl. Aussprache in kleinerem Kreis am Vormittag [des 31. 10. 1933]. Protokoll von Charlotte von Kirschbaum in: Reformationstag 1933 (s. Anm. 9), S. 71–92, hier: S. 72.

es dem Vorwort nicht, die Notbundpfarrer zu bewegen, ihre Gesichter «in ganzer Wendung» auf «Jerusalem» auszurichten?

a) Im Blick auf die Konsequenz seines theologischen Denkens überragte Barth die anderen oppositionellen Theologen. Diese systematische Stärke hatte aber auch eine Kehrseite. Barth verfolgte eine Alles-oder-nichts-Strategie. Die Thesenreihe «Kirchliche Opposition 1933» zeigt das eindrücklich, indem sie sogar bei der Deutung der Theologiegeschichte den *status confessionis* konstatiert. Indem Barth seine Grundentscheidungen konsequent durchführte, fanden sich mit einem Mal Theologen, die sich ihm nahe fühlten, als latente Deutsche Christen auf der Seite der Gegner wieder.

b) Wenigstens die Notbundpfarrer, die bereit waren, auf Barth zu hören, hätten die Kritik anders aufgenommen, wenn Barth sie nicht öffentlich, sondern brieflich und in Gesprächen vorgetragen hätte. Ein breiter Konsens innerhalb der kirchlichen Opposition wäre aber auch dann kaum erreicht worden. Berücksichtigt man, wie die Gespräche Barths mit der kirchlichen Opposition in Berlin verliefen[93], besteht wenig Anlass zur Annahme, dass intensivere Beratungen Ende 1933 zu einer Verständigung geführt hätten.

c) Barth sprach im Vorwort Entscheidendes nicht aus und hätte es öffentlich auch nicht aussprechen können. Die nicht thematisierte Zurückweisung, die ihn verletzte, bestimmte aber den Ton des Vorworts. In den Briefen wurde sie und mit ihr die Frage nach dem Verhältnis von kirchlicher Opposition und politischer Überzeugung zum vorherrschenden Thema. In dieser Frage blieb ein Dissens, obwohl sich in anderen Punkten, die im Vorwort ausdrücklich benannt wurden, eine Annäherung zwischen den Briefschreibern abzeichnete.

93 Vgl. die in Anm. 16 und 92 zitierten Protokolle.

Autorin und Autoren

(mit Publikationen in Auswahl)

Hans-Anton Drewes, Dr. theol., Jahrgang 1946; 1997–2012 Leiter des Karl Barth-Archivs in Basel.

Hg. u. a. von Barth, Karl, Vorträge und kleinere Arbeiten 1914–1921, Zürich 2012; Hg. mit Jüngel, Eberhard, Karl Barth. Das christliche Leben. Die Kirchliche Dogmatik IV/4, Fragmente aus dem Nachlass 1959–1961, Zürich 1999.

Michael Hüttenhoff, Dr. theol., Jahrgang 1958. Seit 2001 Professor für Historische und Systematische Theologie an der Universität des Saarlandes, Saarbrücken.

Studium der Evangelischen Theologie in Wuppertal, Tübingen und München; 1990 Promotion an der Universität Münster; 1992–1993 Pastor bei der Evangelischen Aussiedlerarbeit in der Bundeserstaufnahmestelle für Aussiedler in Hamm/Westfalen; 1993–1994 Wissenschaftlicher Mitarbeiter am Seminar für Reformierte Theologie an der Universität Münster; 1994–2000 Wissenschaftlicher Assistent am Seminar für Reformierte Theologie an der Universität Münster; dort 1999 auch Habilitation.

Forschungsschwerpunkte: Theologie der Religionen, Karl Barth, Theologiegeschichte des 19. Jahrhunderts, Tugendethik.

Erkenntnistheorie und Dogmatik. Das erkenntnistheoretische Problem der Theologie bei I. A. Dorner, Fr. H. R. Frank und R. A. Lipsius, Bielefeld 1991; Der religiöse Pluralismus als Orientierungsproblem. Religionstheologische Studien, Leipzig 2001; Hg. mit Kraus, Wolfgang / Schröder, Bernd, Die Bibel und die Kultur der Gegenwart, St. Ingbert 2007; Hg. mit Bernhardt, Reinhold, Religion und Wissenschaft, Basel 2011.

Harald Matern, Dr. theol. des.; Jahrgang 1982. Forschungsassistent am Lehrstuhl für Systematische Theologie/Ethik der Universität Basel.

Studium der evangelischen Theologie und Philosophie in Freiburg i. Br., Basel, Buenos Aires und Heidelberg; 2009–2013 Wissenschaftlicher Mitarbeiter an der Universität Basel; 2010–2013 Wissenschaftlicher Mitarbeiter an der Universität Erlangen; 2013 Promotion in Basel; seit 2013 Koordinator des SNF-Projekts «Religion. Zur Transformation eines Grundbegriffs europäischer Kultur in der deutschsprachigen protestantischen Theologie (ca. 1830–1914)».

Forschungsschwerpunkte: Theologiegeschichte des 19. und 20. Jahrhunderts, Religionsphilosophie, Begründungmodelle theologischer Ethik, Schöpfungstheologie und bioethische Fragestellungen, Eschatologie.

Individualität und Sozialität. Historisch-Systematische Studien zum Verhältnis von Religionstheorie und Ethik bei Friedrich Schleiermacher, Wilhelm Herrmann, Karl Barth und Emanuel Hirsch (Diss., in Vorb.); Hg. mit Dietz, Thorsten, Rudolf Otto. Religion und Subjekt, Zürich 2012; Wertgefühle und gelebte Moral. Rudolf Ottos Begründung der Ethik im Anschluss an Kant, in: Lauster, Jörg; Schüz, Peter; Barth, Roderich; Danz, Christian (Hg.): Rudolf Otto. Theologie–Religionsphilosophie–Religionsgeschichte, Marburg 2014, S. 391–402.

Bruce L. McCormack, Dr. theol. Dr. h. c.; Jahrgang 1952. Professor für Systematische Theologie am Princeton Theological Seminary.

Studium der Theologie in San Diego, Kansas City und Basel; 1989 Promotion in Princeton. McCormack war Mitglied des *panel on doctrine for the Church of Scotland*. Mitglied der Karl Barth-Stiftung in Basel, Mitherausgeber der Zeitschrift für Dialektische Theologie.

For Us and Our Salvation: Incarnation and Atonement in the Reformed Tradition in «Studies in Reformed Theology and History», Princeton 1993; Karl Barth's Critically Realistic Dialectical Theology: Its Genesis and Development, 1909–1936, Oxford 1995; Orthodox and Modern: Studies in the Theology of Karl Barth, Grand Rapids 2008.

Andreas Pangritz, Dr. phil.; Jahrgang 1954. Seit 2004 Professor für Systematische Theologie an der Universität Bonn.

Studium der Evangelischen Theologie, Politikwissenschaft, Geschichte und Musikwissenschaft in Tübingen, Berlin und Amsterdam. 1984–1989 Wissenschaftlicher Mitarbeiter an der Freien Universität Berlin; dort 1987 auch Promotion; 1989–1995 Wissenschaftlicher Assistent für Systematische Theologie und Theologiegeschichte an der Freien Universität Berlin; dort 1992 auch Habilitation; 1999–2006 Professor für Systematische Theologie am Institut für Evangelische Theologie der RWTH Aachen; 2003–2006 Geschäftsführender Direktor des Instituts für Evangelische Theologie der RWTH Aachen.

Forschungsschwerpunkte: Aspekte der Theologie Dietrich Bonhoeffers, Probleme des christlich-jüdischen Verhältnisses, Theologie Friedrich-Wilhelm Marquardts, Dialektische Theologie und Kritische Theorie.

Dietrich Bonhoeffers Forderung einer Arkandisziplin – eine unerledigte Anfrage an Kirche und Theologie, Köln 1988; Vom Kleiner- und Unsichtbarwerden der Theologie. Ein Versuch über das Projekt einer «impliziten Theologie» bei Barth, Tillich, Bonhoeffer, Benjamin, Horkheimer und

Adorno, Tübingen 1996; Hg. mit Jäntsch, Juliane, Friedrich-Wilhelm Marquardt, Theologie in der bürgerlichen Gesellschaft I: Friedrich Daniel Ernst Schleiermacher. Vorlesung im Wintersemester 1975/76 an der Freien Universität Berlin, aus dem Manuskript rekonstruiert, Bonn 2012.

Georg Pfleiderer, Dr. theol.; Jahrgang 1960. Seit 1999 Professor für Systematische Theologie/Ethik an der Universität Basel.

Studium der evangelischen Theologie und Judaistik in München, Tübingen und Heidelberg; 1987–1992 Wissenschaftlicher Mitarbeiter an der Universität Augsburg; 1991 Promotion an der Ludwig-Maximilians-Universität München; 1994 Ordination; 1996–1999 Wissenschaftlicher Assistent an der Universität München; dort 1998 auch Habilitation.

Forschungsschwerpunkte: Grundfragen theologischer Ethik, Theorie des neuzeitlichen Christentums, Theologiegeschichte des 19. und 20. Jahrhunderts (bes. Karl Barth-Forschung), kulturwissenschaftliche Perspektiven der Theologie, politische Theologie, Grundfragen der Bio- und Medizinethik.

Karl Barths Praktische Theologie. Zu Genese und Kontext eines paradigmatischen Entwurfs systematischer Theologie im 20. Jahrhundert, Tübingen 2000; mit Heit, Alexander (Hg.): Religions-Politik I. Zur historischen Semantik europäischer Legitimationsdikurse (Religion – Wirtschaft – Politik, Bd. 6), Zürich/Baden-Baden 2013; mit Seele, Peter (Hg.). Kapitalismus – eine Religion in der Krise I. Grundprobleme von Risiko, Vertrauen, Schuld (Religion – Wirtschaft – Politik, Bd. 8), Zürich/ Baden-Baden 2013.

Dirk Smit, Dr. theol. Dr. h. c., Jahrgang 1951. Seit 2000 Professor für Systematische Theologie an der Universität Stellenbosch, Südafrika.

Studium der Theologie und Philosophie an der Universität Stellenbosch; dort 1979 auch Promotion; seit 1981 Head of Systematic Theology an der University of the Western Cape; Diverse Scholarships und Fellowships in den USA und in Deutschland; 2006–2010 Panel member, Templeton Prize for Theological Promise.

Essays on Being Reformed. Collected Essays 3, Stellenbosch 2009; Dieper as wat ons dink, Wellington 2009; Schreie nach Leben. Eine (süd-) afrikanische Stimme, in: Verkündigung und Forschung 2009, 1, S. 59–69; Eigenliebe – Calvin und Calvinismus als Fundament sozialen Lebens?, in: Möller, Ulrich; Weinrich, Michael (Hg.): Calvin heute. Impulse der reformierten Theologie für die Zukunft der Kirche, Neukirchen 2009, S. 187–211; Geloof en openbare lewe. Versamelde Opstelle 2, Stellenbosch: 2008.

Cornelis van der Kooi, Dr. theol.; Jahrgang 1952. Seit 2008 Professor für Systematische Theologie an der Freien Universität Amsterdam.

Studium der Theologie in Amsterdam und Tübingen; dort 1984 auch Promotion; 1992–2002 Dozent an der Freien Universität Amsterdam; 2003–2008 ausserordentlicher Professor für Systematische Theologie an der Freien Universität Amsterdam; seit 2007 Leiter des Instituts für Dogmatik und Ökumene. 2012 war van der Kooi 2012 Temporary visiting Fellow am Fuller Seminary, United States.

Forschungsschwerpunkte: Christologie und Pneumatologie, Neo-Calvinismus bei Kuyper und Bavinck, Reformierte Tradition, Evangelikalismus und charismatische Erneuerung, Karl Barths «Römerbrief» 1922.

De denkweg van de jonge Karl Barth: Een analyse van de ontwikkeling van zijn theologie in de jaren 1909–1927 in het licht van de vraag naar de geloofsverantwoording, Amsterdam 1985; Als in een spiegel. God kennen volgens Calvijn en Barth. Een tweeluik, Kampen 2002; Hg. mit Tolstaja, Katja, Karl Barth. Der Römerbrief 1922, Basel 2010; Christelijke Dogmatiek, mit G. van den Brink, Zoetermeer 2012.

Regina Wecker, Dr. phil.; Jahrgang 1944. 1997–2009 Professorin für Frauen- und Geschlechtergeschichte an der Universität Basel.

Studium der Geschichte, Anglistik, Judaistik und Publizistik in Berlin und Aberdeen; Studium der Fächer Geschichte, Englisch, Philosophie/Pädagogik in Basel; 1975 Promotion an der Universität Basel; 1975–1980 Assistentin am Historischen Seminar der Universität Basel; 1986–1992 Lektorin für Neuere Allgemeine und Schweizer Geschichte an der Universität Basel; 1986–1987 Lehrauftrag für Frauengeschichte an der Universität Bern; 1993 Habilitation in Neuerer Allgemeiner und Schweizer Geschichte an der Universität Basel; 1993–1996 Assistenzprofessorin für Frauen-/Geschlechtergeschichte an der Universität Basel.

Forschungsschwerpunkte: Geschlechter- und Rechtsgeschichte, Wissenschaftsgeschichte, Geschichte der Frauenarbeit und Industrialisierung, Psychiatriegeschichte und Eugenik, Gendertheorie.

Geschichte und Geschichtsverständnis bei Edmund Burke, Bern 1981; Zwischen Ökonomie und Ideologie. Arbeit im Lebenszusammenhang von Frauen im Kanton Basel-Stadt 1870–1910, Zürich 1997; mit Braunschweig, Sabine; Imboden, Gabriela; Ritter, Hans Jakob, Eugenik und Sexualität. Die Regulierung reproduktiven Verhaltens in der Schweiz, 1900–1960, Zürich 2013.

Folkart Wittekind, Dr. theol., Jahrgang 1963. Seit 2011 Professor für Systematische Theologie an der Universität Duisburg-Essen.

Studium der Theologie und Philosophie in Tübingen und München; 1987–1989 Assistent am Institut für Hermeneutik der Universität Tübingen; 1992 Promotion an der Ludwig-Maximilians-Universität München; 1992–

1996 Vikariat in Bochum; 1999 Habilitation an der Universität Bochum; 1999–2005 Assistent am Lehrstuhl für Praktische Theologie / Homiletik an der Universität Bochum. 2003–2009 Heisenbergstipendium.

Forschungsschwerpunkte: Religionsphilosophie seit der Aufklärung, Dogmatik und Dogmengeschichte des Protestantismus, Kulturtheologie, Literaturtheologie, Theologie und populäre Kunst, Religion in der Kinder- und Jugendliteratur, theologische Moderne- und Säkularisierungstheorien.

Religiosität als Bewusstseinsform. Fichtes Religionsphilosophie 1795–1800, Gütersloh 1993; Geschichtliche Offenbarung und die Wahrheit des Glaubens. Der Zusammenhang von Offenbarungstheologie, Geschichtsphilosophie und Ethik bei Albrecht Ritschl, Julius Kaftan und Karl Barth (1909–1916), Tübingen 2000; Absolutheit und Christologie im modernen Protestantismus. Tillichs Rezeption von Troeltschs Absolutheitsschrift im Kontext, in: Barth, Ulrich; Danz, Christian; Gräb, Wilhelm; Graf, Friedrich Wilhelm (Hg.), Aufgeklärte Religion und ihre Probleme. Schleiermacher – Troeltsch – Tillich, Berlin / Boston 2013.

Personenregister